Empirical Risk Quantitative Analyses on Some Hot Spot Issues

风险量化实证分析在当前热点问题上的应用

| 中央财经大学中国金融发展研究院 ◎ 著 |

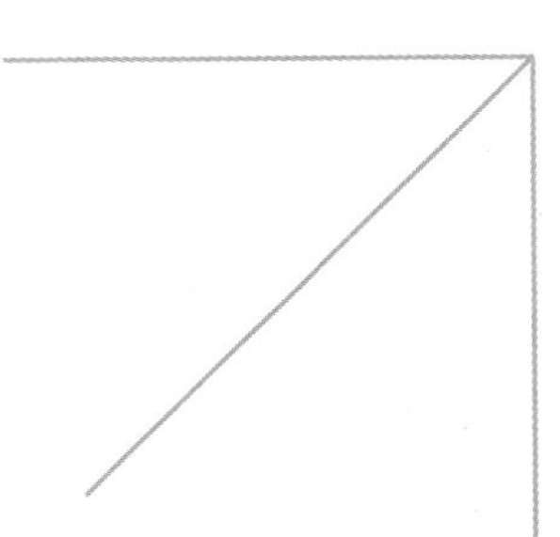

中国金融出版社

责任编辑：孔德蕴　王素娟
责任校对：孙　蕊
责任印制：陈晓川

图书在版编目（CIP）数据

风险量化实证分析在当前热点问题上的应用（Fengxian Lianghua Shizheng Fenxi zai Dangqian Redian Wentishang de Yingyong）/中央财经大学中国金融发展研究院著.—北京：中国金融出版社，2016.8
ISBN 978-7-5049-8572-9

Ⅰ.①风…　Ⅱ.①中…　Ⅲ.①金融风险—风险管理—研究　Ⅳ.①F830.9

中国版本图书馆CIP数据核字（2016）第126855号

出版发行　中国金融出版社
社址　北京市丰台区益泽路2号
市场开发部　(010)63266347，63805472，63439533（传真）
网上书店　http://www.chinafph.com
(010)63286832，63365686（传真）
读者服务部　(010)66070833，62568380
邮编　100071
经销　新华书店
印刷　保利达印务有限公司
尺寸　169毫米×239毫米
印张　16
字数　216千
版次　2016年8月第1版
印次　2016年8月第1次印刷
定价　48.00元
ISBN 978-7-5049-8572-9/F.8132

前　言

金融的本质就是对风险的管理与定价。金融学理论上的突破多是围绕着风险进行的，而现实中的金融行业各层面也不断出现因风险管理缺失、风险认识不足带来的危机。在中国全面实施经济转型的背景下，金融行业发挥着比以往更重要的作用。从创业者的融资到地方财政的政府债券，从股票市场的波动到外汇市场的管理，金融风险无疑需要我们更加深入地研究。

传统意义上的金融风险是指证券的价格波动性、贷款的可收回性、流动性管理、操作性风险等。但在金融行业中，对金融的研究可以从多个角度展开，风险的测量、影响风险的因素、风险的表现、对待风险的态度等呈现出变幻莫测的丰富性。本书将借助现代金融经济理论和计量经济工具，对一些重要和热点问题进行实证研究，提出我们的看法和建议。

本书涵盖6个领域，共分十一章，具体研究内容（主要作者）如下：

1. 银行业（裴沛、何重达）；
2. 地方财政（钟锐、冉齐鸣）；
3. 股票市场（吴仰儒、郭枫）；
4. 外汇市场（李杰、刘芳）；
5. 公司治理（卢钧、李建栋）；

6. 保险业投资监管（温健）。

这里的主要作者均为中央财经大学中国金融发展研究院教师。他们在各自擅长的领域就金融风险主题进行了实证研究，得出了相应的结论（详见书中章节）。

中国金融发展研究院（Chinese Academy of Finance and Development，CAFD）成立于2006年，是国内首家以在海外获得博士学位的人员为主体、从事高端金融研究及培养高级金融人才的学术机构，是一个集研究、教学、培训于一体的学院。学院致力于把先进的研究方法，以国际化的学术视野和严谨的研究风格，应用于中国的金融和经济学术研究。

我们衷心地希望能够呈现给读者一本关于风险量化实证研究的有价值的参考书。虽然我们做了努力，但囿于才识有限、时间紧迫，疏漏之处在所难免，恳请读者批评指正。

吴仰儒
中央财经大学中国金融发展研究院院长
2016 年 4 月 19 日

目　录

第一章
银行业市场集中度与银行风险[①]

银行业是金融系统重要的组成部分，银行业的风险控制问题一直都备受关注。在银行业市场集中度与银行风险的理论研究中，有“集中—稳定”和“集中—脆弱”两种观点。基于我国银行业发展现状，本章研究了我国银行业市场集中度的变化与银行风险之间的关系，并比较国有银行和非国有银行的不同。本章的实证研究验证了一系列假设：我国银行业市场集中程度与银行风险正相关，即市场结构越集中，商业银行的风险越大，市场结构的分散有利于降低银行的风险；与非国有银行相比，国有银行风险更低，并且国有银行在市场结构分散化发展的过程中风险下降程度更高。其中，在市场集中度变化的进程中，银行风险主要受银行收入波动的影响。结合当下我国银行业市场发展的现状，本章提出了一些政策建议，在推进银行业改革、提高银行业市场分散程度的进程中，要抓住供给侧改革的机遇，将传统信贷业务与互联网大数据相结合，提高银行的盈利能力，加强对银行收益波动的管理，降低银行的风险水平。

① 本章撰稿人为刘倩，裴沛。

一、引言

（一）背景与意义

为了探讨我国银行业市场集中度的变化与银行风险之间的关系，我们首先关注我国银行业的特点和市场集中度的发展变化现状，并进一步关注现有的相关理论，为我们接下来的分析提供背景介绍。

1. 现实背景

纵观世界各国的经济，每当某种经济模式发展到一定程度时，如果不适时转型，经济发展就会遭遇“瓶颈”，停滞不前。目前，我国“制造大国”的经济发展模式已经不能适应生产力发展的要求，想要跨越目前的“中等收入陷阱”离不开经济的转型，我国正处在经济转型的关键时期。经济发展的转型需要金融体系的改革来支持，近几年来，国家出台了一系列的政策法规，推动金融体系的改革：利率的市场化已基本完成，汇率市场化的步伐加快，人民币已被纳入特别提款权（SDR）货币篮子，存款保险制度已正式实施，放开民营资本进入银行业，取消银行存贷比的监管指标等。从这些改变中我们可以看出，金融领域正在向非国有资本放开，各种金融机构百花齐放，监管有所放开，金融领域的竞争更加激烈，更加市场化和国际化。

商业银行是我国经济金融的重要组成部分，是我国现阶段最主要的间接融资中介。由于市场上存在着信息不对称的现象，商业银行为金融中介，为企业提供融资服务并监管企业的投资活动，能够有效地减少逆向选择和道德风险问题。我国银行业有其自身发展的特点，现阶段市场结构相对集中，市场结构分散化是改革的发展方向。

（1）银行业发展特点

相比较其他国家，我国银行业的发展有着以下特点。第一，我国银行现阶段大多直接或间接被各级政府控制，受到政府管制，受政策影响较大。第二，银行业的市场结构集中程度有所下降。为了促进城市经济的发展，各大城市商业银行在中央政策的支持下如雨后春笋般蓬勃发展，截至2010年末，城市商业银行的数量达到147家，其资产占银行业资产总额的8.24%。第三，随着银行业的市场化改革推进，银行的盈利模式和盈利能力受到影响。在很长一段时间内，我国银行的盈利主要来源于中央银行规定的存贷利差，银行之间的竞争主要是市场份额的竞争。随着利率市场化的逐步推进，2013年中央银行全面放开贷款利率管制，金融机构贷款利率可自主确定，银行之间的竞争加剧。第四，我国银行风险管理能力相对较弱。与国外银行相比，我国银行业对风险的识别、测度和定价能力不足，贷款时更加偏好抵押贷款（Allen et al，2012）。第五，几个国有商业银行是我国银行业的主体，它们资产规模大，市场份额大，在经营中与固定的大客户群体建立了长期稳定的联系，国有大银行和国有大企业互相依赖，互相配合，共同发展。

从以上特点中我们可以看出，我国银行受政策影响较大、银行业市场集中度有下降趋势、银行业竞争加剧、银行风险管理水平有待提升、国有银行与大客户建立了稳定的联系。本章研究银行业市场集中度与银行风险的关系，并比较国有银行与非国有银行的不同，以我国银行业的特点为基础。

（2）现阶段市场结构相对集中

现阶段，我国银行业市场结构相对集中主要是出于两个方面的原因，政治政策原因和银行自身属性原因。

首先是政治政策因素。20世纪90年代，伴随着世界经济一体化发展进程的推进，我国作为一个发展中国家，经济基础较为薄弱，想要在世界的大舞台上谋求自身的发展，需要构建稳定的金融体系来支持社会各方面的建设，其中首先需要建设的就是大中型国有企业，在这种形势下，国有银行因为国有背景，与国有企业建立了稳定的业务关系，抢占了较大的市场份额。虽然在这期间银行业市场中也有其他股份银行的成立和发展，但是它们很难撼动国有银行的地位。在这种历史情况下，由于政策因素，国有银行垄断了中国的银行业市场，从而导致银行业市场结构的集中。虽然自21世纪以来，伴随着国有银行的股份制改革和其他政策的放开，国有银行的垄断地位有所改变，但是当下我国银行业市场集中程度仍然较高。

其次是银行自身属性因素。完全竞争市场的形成有四个条件：产品无差异、买方和卖方都是价格接受者、进入退出行业没有壁垒、信息充分。但是，我国商业银行市场满足不了这四个条件，无法形成完全竞争的市场。第一，银行产品存在差异。各家银行的服务质量、分支机构和特色产品等不尽相同，例如招商银行的信用卡业务为其特色，中国银行的外汇业务为其特色。第二，银行在定价时是有一定自主权的，不可能是完全的价格接受者。银行会根据资金市场的供需情况和央行的约束范围，自主制定利率和其他服务的价格。第三，我国银行业存在进出的壁垒。我国现阶段鼓励民营银行的发展，监管机构坚持“成熟一家，发展一家”的原则，对民营银行的设立进行限制和监管。各大国有银行是系统性重要银行，“太大而不能倒闭”。第四，银行业存在信息不对称的情况。银行的客户对银行资金运用的信息不能完全掌握，银行也不能完全了解客户的信用等情况，这种信息不对称容易使银行和客户之间形成“锁定关系”，银行和客户有时会形成长期稳定的合作关系，对银行而言，与新客户建立关系后需要花时间和成本了解客户，客户方面也存在同样的成本。

（3）市场结构分散化是改革的发展方向

如图1－1所示，2009—2014年，伴随着国有银行的上市和其他银行的发展，我国银行业的*HHI*指数呈现下降趋势，这表明我银行业市场有分散化发展趋势。

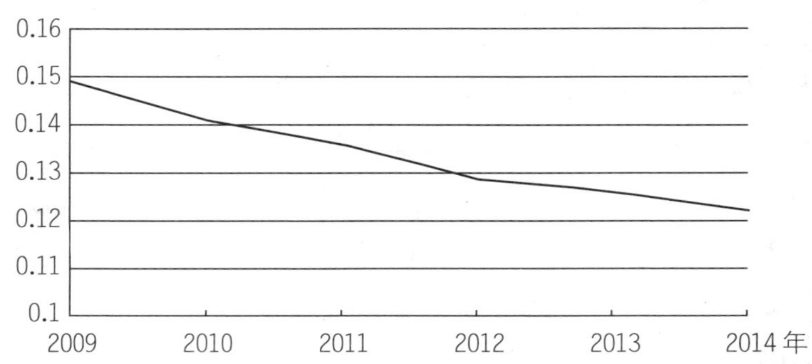

注：*HHI*指每一年所有银行的市场份额平方的加总额，用来衡量我国银行业市场结构的集中程度。

图1－1　2009—2014年 *HHI* 指数变化

2014 年以来，我国银行业市场结构又迎来新的变化，民营银行的试点工作正式启动，2015 年初银监会提出支持民间资本多渠道进入各类银行机构，扩大民营银行试点范围。5 家试点民营银行致力于服务小微企业、“三农”和社区等，支持我国实体经济的发展。

表 1－1　　五家民营银行情况

民营银行	发起机构	营业时间	注册资本
深圳前海微众银行	腾讯集团	2015 年 1 月	人民币 30 亿元
上海华瑞银行	海均瑶集团、美特斯邦威等企业	2015 年 1 月	人民币 30 亿元
温州民商银行	浙江正泰集团	2015 年 3 月	人民币 20 亿元
天津金城银行	天津华北集团、麦购（天津）集团	2015 年 4 月	人民币 30 亿元
浙江网商银行	阿里巴巴集团	2015 年 6 月	人民币 40 亿元

根据新浪财经的报道，截至 2016 年 3 月 9 日，5 家民营银行的总资产还不到 800 亿元，处在发展初期，短期内尚不会对银行业市场格局造成很大影响。但是伴随着越来越多的民营银行的获批设立，各家民营银行发展自身的经营特色，从长期来看，民营银行的发展将会在一定程度上改变我国当下国有银行的垄断地位，增大银行业的竞争程度，我国银行业的市场集中程度有分散化的发展趋势。

注意到我国银行业市场集中度的变化，本章研究了银行业市场集中度与银行风险的关系，因为目前从整体来看，虽然我国商业银行的发展较为稳定，但也在承受着不良贷款率升高、盈利水平下滑的压力。面对金融体系的转型和市场集中度的变化，我国商业银行若想适应转型后经济的发展要求，在竞争中谋求自身的发展，则需要加强对风险的识别和管理能力，在创新发展中稳健前行。

2. 理论背景

关于银行业市场集中度和银行风险之间的关系的研究，理论界主要有两种观点：“集中—稳定”和“集中—脆弱”（Uhde and Heimeshoff，2009）。

“集中—稳定”观点的支持者认为，集中的市场结构下的大银行可以通过至少五个途径减少金融系统的风险：（1）大银行可以增加利润，建立较高的“缓冲资本”，使它们较少地被流动性或者宏观经济冲击所影响。(2) 大银行可以增加它们的特许权价值，减少银行管理者的高风险行为。(3) 监管部门很容易监管几家大银行，这会提高监管部门的监管能力，减少系统传染风险。(4) 大银行一般都要提供信用监控服务。(5) 由于规模效应的存在，大银行通过各领域跨地区的协调，能够很好地分散贷款风险。

另一方面，“集中—脆弱”观点的支持者认为，集中的市场结构下，大银行会通过三个渠道减少系统稳定性：(1) 大银行“太大而不能倒闭”，大银行背后有政府为其行为买单，这会导致道德风险问题变得很严重。(2) 大银行的市场影响力很大，它们倾向于收取很高的贷款利率。这导致借款者为了支付高额利率而采用风险很高的工程，导致违约风险的增加。(3) 管理效率（例如资产负债的风险分散方面）会下降，导致高运营风险。

（二）研究内容与创新

本章研究内容分为以下三个方面：

第一，我国银行业市场集中程度与银行风险的关系。我国银行业正处在市场化的改革进程之中，市场结构的分散化是当下的发展趋势，与此同时，我国银行的风险管理水平有待提高，风险管理将是各家银行在市场化进程中需要研究的重要课题，研究它们之间的关系具有实际指导意义。

本章用赫芬达尔指数（Herfindahl - Hirschman Index，HHI）来衡量市场结构集中程度，赫芬达尔指数常被用来衡量市场集中度，它包含了样本中本行业的所有银行的信息。计算公式为

$$HHI_t = \sum_{i=1}^{n} MS_{it}^2$$

其中，MS_{it}是第 i 家银行第 t 年的资产占比率（资本 it/样本中银行的资本量加总值 it），反映了不同银行不同年份间的市场份额。每一年所有银行的市场份额的平方的加总额即为当年的 HHI，即每一特定年份下，只有一个市场集中度衡量指标。

一般来说，*HHI* 值应介于 0～1，但在实际应用时我们会将其值乘上 10000，予以放大，故 *HHI* 应介于 0～10000。美国司法部（Department of Justice）利用 *HHI* 作为评估某一产业集中度的指标，并且订出标准：以 *HHI* 值为基准的市场结构分类。

表 1－2　　　　以 HHI 为基准的分类

市场结构	寡占型				竞争型	
	高寡占Ⅰ型	高寡占Ⅱ型	低寡占Ⅰ型	低寡占Ⅱ型	竞争Ⅰ型	竞争Ⅱ型
HHI 值	$HHI \geqslant 3000$	$3000 > HHI \geqslant 1800$	$1800 > HHI \geqslant 1400$	$1400 > HHI \geqslant 1000$	$1000 > HHI \geqslant 500$	$500 > HHI$

本章用 *Z* 值来代理银行的风险。常用来测度银行风险的指标有 *Z* 值、不良贷款率、风险资产占比等，在衡量我国银行风险方面，我国许多学者都采用了传统的 *Z* 值模型。传统 *Z* 值模型是 De Nicolo 等人（2004）利用偿付风险概率模型，通过严密的数理推导构建的用于评估商业银行稳定性的指标。张金清等人（2011）在《中长期贷款占比对我国商业银行稳定的影响》中，就是基于传统的 *Z* 值模型衡量银行的风险。张健华和王鹏（2012）采用传统 *Z* 值模型衡量银行风险，研究银行风险、贷款规模与我国法律保护水平之间的关系。王鹏程等学者（2015）基于稳定性视角研究了商业银行最优非利息收入占比，也采用了 De Nicolo 的 *Z* 值模型，因此，本章用 *Z* 值来衡量我国商业银行的风险。

在 *Z* 值计算方面，参照了张健华和王鹏（2012）的研究，在回归分析中对 *Z* 值取自然对数 ln（*Z*）。*Z* 值的具体计算公式如下

$$Z = (ROA + CAR)/\sigma(ROA)$$

其中，*ROA* 表示银行的总资产收益率（银行净利润/总资产）。*CAR* 表示银行的资本充足率，σ（*ROA*）表示总资产收益率的标准差。*Z* 值采用移动平均计算。对某一银行来讲，计算 *Z* 值跨度为初始年度之后的 3 个年度，并依次类推。在每个年度跨度内，分别根据 *ROA*、*CAR* 的平均值以及 σ（*ROA*）计算 *Z* 值。*Z* 值越大，银行风险越小，*Z* 值越小，银行风险越大。

在 *Z* 值的组成成分中，资本充足率（Capital Adequacy Ratio，CAR）是商业

银行自有资本和风险加权资产的比率，它反映的是商业银行在经营不善的情况下，能有多少自有资本来弥补存款人或债权人的损失，化解风险。资本充足率对银行的影响是多方面的，对于银行的客户而言，在银行发生意外损失时，即使银行日常的盈利不足以弥补，银行的自有资本可以被用来偿还客户，保障银行客户的利益，增强公众对银行的信心；对于银行本身而言，为了达到监管部门要求的资本充足率，银行会减少冒险行为，稳健经营；对于银行体系而言，较高的资本充足率意味着较高的资本缓冲，在危机发生时，能够稳定市场，防止出现挤兑的现象发生。《巴塞尔资本协议Ⅲ》要求，银行的资本充足率不低于8%，核心资本充足率不低于6%。

第二，市场结构分散化发展的过程中，比较国有银行和非国有银行的风险变化的不同。La Porta 等（2002）认为，国家持股银行主要出于两个方面的原因：政治原因和经济原因。结合背景中提到的我国银行业的发展特点，出于经济原因，我国国有商业银行受国家管制程度较高，受政策影响大，与大型国企联系紧密。在市场集中度变化时，国有银行和民营银行的风险变化可能有所不同，因此，本章在研究分析时将银行性质纳入了讨论。

第三，在市场集中度变化的进程中，银行的风险（Z 值）主要受资产收益率、资产收益率标准差和资本充足率的影响。

与以往的研究相比，本章的主要创新点在于以下两个方面：

第一，在分析银行业市场集中度与银行风险关系时，将银行的性质加以考虑，将国有银行与非国有银行进行了比较，探究了国有银行与非国有银行变化的不同。

在关于市场集中度的研究中，我国大部分文献都关注的是银行业市场集中度与银行绩效之间的关系，对于银行风险的研究较少。在少量关于我国银行业市场集中度与银行风险的研究中，尚未有文章将银行性质同时加以考虑。在现有的实证研究中，大部分文献关注的是银行的性质对银行的绩效的影响，而银行的绩效会对 Z 值产生影响，本章用 Z 值来代理银行风险，所以本章进一步探讨了银行性质是否会对银行的风险产生影响。

第二，不仅仅对 Z 值进行了分析，也对构成 Z 值的各个组成部分（资产收益率、资产收益率标准差和资本充足率）分别进行了分析，进一步探究哪个组成部分的影响占据主导地位。

本章主要包括七个部分，第一部分是引言，介绍研究背景、意义、思路和创新；第二部分是文献综述，包括银行业市场结构和银行绩效、银行风险承担和银行股本研究的国内外研究成果综述；第三部分是理论分析与研究假设；第四部分是模型设定与变量说明；第五部分是实证研究，包括样本数据、描述性统计和回归结果分析；第六部分是应对银行风险的建议；最后一部分是结论。

二、 文献综述

在现有的研究中，我国大部分文献都关注的是银行业市场结构与银行绩效之间的关系，对于银行风险的研究较少。在少量关于我国银行业市场集中度与银行风险的研究中，尚未有文章将银行性质同时加以考虑。本章将从以下三个方面进行现有文献的综述：银行业市场结构与银行绩效关系研究、银行风险的研究和银行股本结构研究。

（一）银行业市场结构与银行绩效关系研究

1. 国外研究文献综述

国外大部分研究银行盈利能力的文章都是基于传统的“结构—行为—绩效”（Structure – Conduct – Performance）框架的，“结构—行为—绩效”或者“勾结假设”都假定市场集中度会影响公司的行为，比如说定价行为或者投资政策，最终影响公司的绩效。关于市场结构，也有学者提出了“相对市场势力”（Relative – Market – Power）假说，Berger（1995）提出相对市场份额较大的公司在市场中有很大的定价权，能够获得超额利润。

举例来说，Bourke（1989）通过研究欧洲、北美和澳大利亚的银行，发现这些国家的银行市场的集中程度和银行的盈利能力之间存在着正相关关系。Maudos and Fernández de Guevara（2004）研究了 1993—2000 年的欧洲的银行市场，发现欧洲银行市场的集中程度和银行的息差之间有显著的正相关性。Demirguc－Kunt and Huizinga（1999）研究了世界上所有的银行，Molyneux and Thornton（1992）研究了欧洲的银行，都得出了同样的结论。

然而，也有研究得出了不同的结论。Smirlock（1985）研究了美国各州的 2700 家银行，发现银行市场集中程度不能解释银行的利润率。Goldberg 和 Rai（1996）研究了欧洲 11 个国家的大银行的 1988—1991 年的数据，没有发现银行市场集中程度和银行利润之间存在正相关关系。

最近，有一些研究试图通过指定 X 效率和规模效益来解释市场集中度假说和利润—效率的关系。X 效率是由来宾斯坦提出的，他在《超越经济人》中引用了托尔泰斯的话，指出决定企业生产产出的因素不仅包括企业的投入和技术情况，还有一个未知因素，即 X 因素（例如，雇主与雇员之间的关系、企业激励机制等）。如果经济单位没有充分利用现有资源，就会产生“X 低效率”的情况。Berger，（1995）采用了随机前沿分析/数据包络分析的方法。Claeys 和 Vander Vennet（2008），以中欧和东欧国家的银行为样本，研究银行的高利润率是否是由低效率/非竞争市场环境所引起的。他们采用了随机前沿分析的方法，发现有证据支持“结构—行为—绩效”理论，低的运营效率导致了高的银行息差。Park and Weber（2006），采用了非参数方法，发现韩国银行的绩效与效率水平有关，但是与市场影响力无关，市场份额和市场集中程度都不会影响韩国银行的绩效。Tregenna（2009）的研究却得出了不同的结论，Tregenna（2009）研究的是金融危机前（1994—2005 年）的美国的银行市场，发现效率对盈利有较弱的影响，但是市场集中程度和利润间存在着明显的正相关关系。

有一些研究发现决定银行盈利能力的因素不仅包括市场集中度，还包括银行特定影响因素和金融市场集中度等。Demirguc－Kunt 和 Huizinga（1999）收集了 1988—1995 年 80 个发达国家和发展中国家的银行数据，研究了影响银行盈利能力和市场特点的因素，例如，税收、金融体系结构和金融监管。他们强调了规模大的银行，盈利性更强，低的市场集中程度也有利于银行的盈利。他们还发现在发展中国家中，国内银行的盈利能力低于国外银行。在发达国家中，国内银行的盈利能力高于国外银行。在他们之后（2000）的研究中，Demirguc－Kunt 和 Huizinga 发现银行发展成熟后会引起竞争、高效率和低利润。Kosmidouet al.（2005）分析了 1995—2002 年的英国商业银行，发现成本收入比率、资本充足率、流动性和贷款损失准备金都显著地影响银行的盈利能力。Pasiouras 和 Kosmidou（2007）衡量了资本充足率、成本收入比率、贷款量、短期资金、银行规模、通货膨胀、国民生产总值增长率和银行市场集中程度对银行盈利能力的影响，他们用的是 1995—2001 年 15 个欧盟国家的国内和国外的共 584 个银行的数据，除了市场集中程度、银行所有权结构之外的变量都很显著。另外，Athanasoglou et al.（2006）分析了 1998—2002 年 7 个东南欧国家的数据，发现银行盈利水平和资本水平、通货膨胀水平、营业外支出、银行规模、所有权结构、市场集中程度之间都有显著的关系。

2. 国内研究文献综述

赵旭（2001）在研究中，采用了 DEA 法来测度我国银行业的效率情况。他的研究结果表明，首先，我国商业银行的效率低下，国有银行更为严重；其次，我国银行业的市场结构与银行绩效之间没有显著的统计关系；最后，银行市场份额越大，其规模效率越低，并且这种关系十分显著。郭竟成，姚先国（2004）以 1986—2001 年我国银行的数据为样本，分析两种银行改革之路（市场结构和治理结构）对银行中介效率的影响。研究结果表明，我国银行的治理结构不会对其中介效率产生显著影响，中介效率是与银行业市场结构高度相关的，据此提出政策建议，我国银行业改革的重点应该放在市场结构上。高辉、刘灿（2004）用实证的方法研究了我国银行业市场集中度与银行绩效的关系，结果表明二者之间并不存在显著的正相关关系，“传统共谋假说”在中国市场并不成立。齐美东（2006）首先比较了西方国家银行业市场结构的异同，提出了对我国的借鉴意义，通过实证分析指出，要推动我银行业市场结构的变化需要同时推动银行产权结构的变革，提出应该发展民营银行，发挥银行市场的竞争机制，鼓励银行产品的差异化、特色化，提高银行市场的规模经济，降低我国银行业市场结构的集中程度，提高我国银行业整体的竞争能力。任森春，李峥峰（2009）以我国14家商业银行1996—2008年的数据为样本，研究了银行业市场结构与X效率之间的关系，文中用CR_4和HHI指数来衡量市场集中度，发现我国银行业市场集中度正在减小，而X效率呈现出上升的趋势，并且二者之间有较强的相关性，市场集中度的下降有利于X效率的提高。宋伟，李植（2009）通过实证研究发现，在中国银行业市场，银行的市场份额占比越大、市场集中度越高，银行的经营业绩越差；并且发现，GDP和国有股持股比例与银行的绩效间没有显著的相关关系。因此，提出政策建议：由于GDP和国有持股比例等因素并不显著影响银行的业绩，若想提高商业银行的经营业绩，应关注银行的市场份额、市场集中度等因素。

（二）银行风险的研究

1. 国外银行业市场集中度与银行风险关系研究综述

Beck等（2003）研究了1980—1997年79个国家的数据，发现银行风险与竞争存在正相关关系，De Nicolo等（2003）的研究却得出了与之相反的结论，研究结果显示银行市场垄断性越强，银行风险越大。Boyd&De Nicolo（2004）的模型不仅考虑了存款市场，还把贷款市场的情况加以考虑。他们从贷款市场的角度展开讨论，得出了和以往不同的结论。他们指出，银行的垄断势力会使其制定较高的贷款利率，这加大了贷款人的偿债压力。为了到期还本付息，贷款人会选择风险较大的项目以获得高收益，而较大的风险带来了较大的违约概率，贷款违约风险加大，反之，当贷款市场竞争程度较大时，贷款利率降低，贷款的违约风险随之下降，这被称为“风险转移效应”。Rajan（2005）提出了竞争效应：银行间竞争加剧，致使存贷利差缩小，银行边际利润下降。为了实现银行既定的收益目标，银行可能降低借贷的标准，给本不具有借款资格的法人或自然人发放贷款，使银行风险资产比重增大，增加了银行的风险。Martinez等（2010）对这个理论进行了补充，他们提出了“利润边际效应”，虽然贷款市场的竞争会使贷款利率下降，降低银行的信贷风险，但同时银行的收益也在下降，这会削弱银行抵御风险的能力。Beck et al.（2006）运用1980—1997年69个国家的数据，发现银行系统越集中，银行风险越小，金融危机越不易发生。Berger等（2009）考察了23个发达国家的数据，发现虽然贷款市场的垄断性会增加银行承担的违约风险，但是银行的整体风险不一定会增大，这一研究对以上两种说法均提供了一定的支持。Ali Mirzaei，Tomoe Moore和Guy Liu（2013）以世界范围的银行为样本，研究银行业市场结构与银行业绩和银行风险之间的关系，并且比较了发达国家和发展中国家的回归结果。

2. 国内银行风险研究文献综述

国内银行业风险研究与国外有所不同，主要原因如下：首先，国外的研究大多建立在金融市场自由竞争的基础之上，但是中国的银行业却受到诸多管制，到目前为止并没有完全放开。其次，在银行的风险方面，现阶段我国的银行大多受到政府的支持，不存风险过大导致银行破产的可能，但银行业的风险过大不利于银行业的发展，也会制约我国经济的发展。

目前关于中国银行风险承担的研究主要有以下几个方面：

曹艳华和牛筱颖（2009）研究了2000—2007年14家上市银行的数据，探究上市银行治理机制对风险承担的影响；陈雄兵（2011）分析各种度量竞争与稳定的方法，并对1990—2010年有关竞争、集中与稳定性的文献进行了综述；李冬琴（2011）选取了产业集中度和*HHI*指数对商业银行2000—2009年的市场集中度进行测算，文中提到产业集中度也被称为绝对集中度，指产业内规模最大的前几位企业的有关数值*X*占整个市场或者产业的份额，对于商业银行来说，*X*通常可以是资产总额、贷款总额或存款总额，作者在测算结果的基础上，对政府是否需要加大力度促进商业银行市场内部竞争的问题提出了相关的建议；张宇驰等（2011）运用静态、动态面板数据，分析1998—2009年市场竞争对商业银行信用风险和流动性风险等风险承担的影响；徐明东和陈学彬（2012）以我国59家商业银行1998—2010年的数据为研究对象，研究了货币环境、资本充足率与商业银行风险承担之间的关系，发现货币政策会影响无风险利率、信贷供给数量和银行资产组合风险等变量，与银行风险承担呈现负相关；王鹏（2012）

探讨了法律保护水平和银行风险承担之间的关系；张雪兰等（2012）用实证检验的方法研究了我国货币政策对银行风险承担的影响，同时讨论了货币政策传导的银行风险承担渠道假说；张宗益等（2012）以 14 家商业银行为研究对象，探究了银行业的价格竞争与风险行为的关系；张庆君和何德旭（2013）采用门限面板模型，利用 2000—2011 年我国商业银行的数据，研究了银行市场竞争力、非利息收入与商业银行风险承担之间的关系；杨天宇和钟宇平（2013）分析了 1995—2010 年我国 125 家商业银行的非平衡面板数据，研究了我国银行业集中度、竞争度与银行风险之间的关系，他们提出银行的集中度与竞争度是两个不同的概念，它们之间不是简单的线性关系，他们认为银行业市场结构集中并不意味着银行间缺乏竞争，分散也并不意味着银行间竞争激烈；Beck et al.（2006）和刘景中（2009）也研究了这一问题，他们是用政府管制、银行自由度和经济自由度等指标来作为竞争度的代理指标，他们的结论都是银行集中度与银行风险之间是负相关关系，而且银行集中度的变化并不是通过竞争度的变化来影响银行风险，但是这两篇文章都忽略了宏观经济政策的影响，有遗漏变量的问题；于申珅（2014）通过浦发银行陆家嘴支行违规二手房按揭贷款的案例，基于 Z 值模型的实证分析，提出提高我国商业银行信用风险管理水平方法。

（三）银行股本结构研究

1. 国外研究综述

国外银行股权结构研究中主要关注的是股权集中度和股权的性质两个方面。

Joseph E. Stiglitz 和 Andrew Weiss（1981）的研究发现，银行的股权集中度较高有利于减小银行的信用风险，因为当股权集中度较高时，银行发放关联贷款时可以对企业进行更详尽的审查，防止这些企业进行高风险投资。由于解决了信贷市场的信息不对称，银行承担的信用风险会减小。Saunders et al（1990）研究美国银行业发现，银行的冒险行为与股东对经理人的影响力相关。在存款保险制度下，Akerlof 和 Romer（1993）认为，当银行破产时，国家为其提供财务救助或直接向存款人支付部分或全部存款以保护存款人利益。因此，银行股东为了实现自身利益的最大化，可能掠夺银行的资产，让存款保险机构和纳税人来承担银行破产的成本。Morck（1999）等和Luc Laeven等（2009）的研究发现，银行大股东有时不以公司价值最大化为目标，只看重债权人的短期利益，贷款给经营不善的关联企业，增大了银行的违约风险。Takatoshi（2002）研究日本银行业发现，银行的风险资产扩张趋势与资本充足率的监管情况有关，当银行的资本充足率接近监管部门要求的最低值时，银行的风险资产扩张趋势明显减缓。La Porta et al（2003）研究墨西哥银行业发现，在经济危机期间，股权集中度高的银行关联贷款业务较多，大股东利用银行的现金流攫取私利，增大银行的违约风险。Arturo Galindo、Alejandro Micco等（2004）以1995—2002年的数据为样本，将各个国家分开来研究，分析了不同国家的银行绩效与股权结构之间的关系。他们的研究发现，发达国家和发展中国家的情况并不相同。在发达国家中，股权结构对银行的绩效没有显著的影响，在发展中国家，股权结构对银行的绩效却有着非常显著的影响。与Alejandro Micco等（2004）不同，Paola Sapiens（2004）将世界各国的国有银行放在一起研究，发现与非国有银行相比，国有银行在贷款业务方面更有竞争力，因为它们在利率定价方面的优势使它们的绩效更好。Berger、Clarke等（2005）提出了相反的观点，他们的研究样本是20世纪90年代阿根廷的商业银行，发现国家持股商业银行会对其绩效产生负面影响。Bonin Hasan和Wachtel（2005）研究了11个转型国家的银行，发现银行股权结构的私有化并没有提高银行的盈利水平。Micco等（2007）研究了1995—2002年的179个国家，发现在发展中国家，国有银行的业绩不如私有银行，并且这种现象在大选年间更为明显。在大选期间，政府会利用控制的银行向其支持者的企业提供各种优惠贷款，其结论支持了政府持有银行股权的政治原因。Bert Scholtensa et al（2010）的研究发现，在股东权益保护制度和监管制度不完善的情况下，股权结构集中的商业银行不良贷款率较低，资本充足率较高，银行的风险水平较低。

2. 国内研究综述

郎咸平（2004）对全球78个国家的958家银行进行了分析，研究发现股权结构没有显著影响银行的绩效。李维安、曹延求（2004）的研究得出了相同的结论，他们以山东省和河南省的28家城市商业银行为样本，分析后发现银行大股东的属性并不会对绩效造成显著的影响。魏华、刘金岩（2005）和吴栋、周建平（2007）的研究都发现，国有股会对银行的绩效产生负面的影响，不利于银行经营业绩的提高。李莉、朱向宇等（2009）以我国13家商业银行为样本进行分析，运用了EVA绩效评价的改进方法，得出了与魏华等人的研究相似的结论。杨有振和赵瑞（2010）研究了2004—2008年11家商业银行的数据，分析了商业银行股权结构与风险规避之间的关系。研究发现，银行的股权集中度越高，不良贷款越多，流动性越差；国家股的比重越大，不良贷款率越高，流动性越差。因此，作者提出分散股权集中度和降低国家股的比重有利于降低银行的不良贷款风险，增强其流动性。高正平和李仪简（2010）以我国部分上市银行为研究对象，以1999—2008年的数据为样本，发现银行股东间的制衡关系有利于银行绩效的提高，国家持股从总体来说对银行的绩效有正面影响，国家股权和银行的盈利是左高右低的非对称的U型曲线关系。谭兴民、宋增基和杨天赋（2010）研究了2006—2009年的11个上市的股份制银行，发现第一大股东的持股比例越大、控制能力越强、股权结构越集中，银行的盈利水平越低。祝继高、饶品贵和鲍明明（2012）以城市商业银行为研究对象，发现城市商业银行的股权结构通过影响贷款集中度和贷款流向来影响银行的绩效，第一大股东控股能力越强，不良贷款率越高，银行的绩效越差。并且，若第一大股东的性质为地方政府，银行的不良贷款率会更高。邓婕（2012）同时研究了我国上市银行的股东性质和股权集中度对绩效的影响，在银行绩效指标构建方面采用了主成分分析法，发现股权的集中有利于银行绩效的提高，但是国家持股比例过高会对银行的绩效产生负面影响。

三、 理论分析与研究假设

（一）理论分析

1. 市场集中度和银行风险

正如前文中提到的一样，“集中—脆弱”和“集中—稳定”是关于银行业市场集中度和银行风险之间关系研究的两种观点。

“集中—脆弱”观点的支持者中，Boyd&De Nicolo（2004）提出了“风险转移效应”，他们的模型不仅考虑了存款市场，还把贷款市场的情况加以考虑。他们从贷款市场的角度展开讨论，得出了和以往不同的结论。他们指出，银行的垄断势力会使其制定较高的贷款利率，这加大了贷款人的偿债压力。为了到期还本付息，贷款人会选择风险较大的项目以获得高收益，而较大的风险带来了较高的违约概率，贷款违约风险加大。反之，当贷款市场竞争程度较大时，贷款利率降低，贷款的违约风险随之下降。

“集中—稳定”观点的支持者中，Rajan（2005）提出了竞争效应：银行间竞争加剧，致使存贷利差缩小，银行边际利润下降。为了实现银行既定的收益目标，银行可能降低借贷的标准，给本不具有借款资格的法人或自然人发放贷款，使银行风险资产比重增大，增加了银行的风险。Martinez 等（2010）提出了“利润边际效应”，虽然贷款市场的竞争会使贷款利率下降，降低银行的信贷风险，但同时银行的收益也在下降，这会削弱银行抵御风险的能力。

在研究我国银行业市场集中度和银行风险之间的关系时，本章预期“集中—脆弱”理论更加符合中国现阶段银行业发展现状。

2. 银行性质

为了研究银行的股权性质是否会对银行的风险产生影响，我们比较了国有银行与非国有银行。

在银行股权性质的研究方面，La Porta 等（2002）认为国家持股银行主要出于两个方面的原因。第一是政治原因，政府作为银行的大股东，可以向其支持者提供就业、补贴或者其他福利，以助于巩固其政治地位。这一原因比较能够解释美国等国家的政治选举情况，不符合中国的情况。第二是经济原因，政府控制大银行，有利于中央经济政策的执行，方便经济战略的实施，能够促进经济金融的发展。这一原因比较符合中国的情况，央行制定的货币政策通过各家大银行来实施，各大银行与大型国企、央企建立了长期稳定的合作关系，对中国经济发展有着举足轻重的影响。

结合背景中提到的我国银行业的发展的特点和经济原因，本章预期在市场集中度降低时，国有银行的风险低于非国有银行。

（二）研究假设

本章以市场结构相关理论为基础，提出以下假设：

H1：我国银行业市场集中程度与银行风险正相关。“集中—脆弱”理论比“集中—稳定”理论更加符合中国现阶段银行业发展现状，我国大银行的市场影响力很大，它们倾向于收取很高的贷款利率。这导致借款者为了支付高额利率而采用风险很高的工程，导致违约风险增加。因此，本章假设市场结构越集中，商业银行的风险越大，市场结构的分散有利于降低银行的风险。

H2：与非国有银行相比，国有银行风险更低，并且国有银行在市场结构分散化发展的过程中风险下降程度更高。几大国有商业银行是我国银行业的主体，它们资产规模大，市场份额大。2009 年前五大国有商业银行的资产总和占银行业资产总额（不仅仅是本章样本中的 36 个银行的资产总额，而是全国银行业资产总额）的份额为 53.77%，到了 2014 年，虽然银行业市场的集中度有所下降，五大国有银行的份额下降到 43.43%，但是它们的市场份额还是很大的。国有银行在经营中与固定的大客户群体建立了长期稳定的联系，在市场结构变化的初期，国有银行的经营仍然保持原有的“惯性”，收入稳定，风险较小。因此，本章假设与非国有银行相比，国有银行风险更低，并且国有银行在市场结构分散化发展的过程中风险下降程度更高。

H3：在市场集中度变化的进程中，银行的风险主要受银行收入波动的影响。文献综述中提出的“集中—脆弱”理论共包括三点内容，本章预期第二点更能够解释中国银行业市场的情况，原因如下：根据第一点，虽然我国银行业市场的集中度在下降，但几大国有银行仍然对整个宏观经济有着系统性的影响，依旧是“太大而不能倒闭”的状态；根据第三点，大银行会导致管理效率的下降，提高运营风险。从当下情况来看，中国的银行受政策影响较大，管理效率对中国银行的影响并不会太大，不会显著地影响到银行的风险；根据第二点，市场集中度很大时，大银行的市场影响力很大，它们倾向于收取很高的贷款利率。借款者为了偿付高利率而采用高风险工程，致使银行收入波动增大，导致违约风险增加，这一情况比较符合中国银行业市场的现状。因此，本章假设在市场集中度变化的进程中，银行的风险主要受银行收入波动的影响。

四、 模型设定与变量说明

（一）模型设定

为了研究前文提到的三个假设，本章设定了相应模型。

为了研究 H1 和 H2，分析我国银行业市场集中度对银行风险的影响，并比较国有银行和非国有银行表现的不同，本章主要参照 De Nicol G 等和 Ali Mirzaei 等（2013）的回归方程，设定如下模型

$$Z_{it} = a_0 + b_1 HHIt_{-1} + b_2 D_{it-1} + b3\ HHI_{t-1} D_{it-1} + \sum_{m=1}^{M} C_m X_{m,it-1} + \varepsilon_{it} \quad (1)$$

模型（1）中，被解释变量为 Z_{it}，代表银行风险；解释变量为 HHI_{t-1}、D_{it-1} 和 $HHI_{t-1}\ D_{it-1}$，它们分别代表市场集中度、银行性质、市场集中度和银行性质相乘的交叉项，其中银行性质 D_{it-1} 为虚拟变量，国有控股取值 1，否则 0，交叉相乘项用来衡量市场集中度变化时国有银行的风险变化；控制变量包含银行特定变量和宏观因素变量，银行特定变量分别为市场份额（$X_{1,it-1}$）、管理费用（$X_{2,it-1}$）、净息差（$X_{3,it-1}$）、非利息收入（$X_{4,it-1}$）、银行规模（$X_{5,it-1}$）、营业外收入（$X_{6,it-1}$），宏观因素变量为国内生产总值增长率（$X_{7,it-1}$）。

为了研究 H3，分析 Z 值的构成部分，本章主要参照 De Nicol G 等人的研究，设定如下模型

$$M_{it} = a_0 + b_1 HHI_{t-1} + \sum_{m=1}^{M} C_m X_{m,it-1} + \varepsilon_{it} \quad (2)$$

$$S_{it} = a_0 + b_1 HHI_{t-1} + \sum_{m=1}^{M} C_m X_{m,it-1} + \varepsilon_{it} \quad (3)$$

$$C_{it} = a_0 + b_1 HHI_{t-1} + \sum_{m=1}^{M} C_m X_{m,it-1} + \varepsilon_{it} \quad (4)$$

模型（2）（3）（4）中，被解释变量分别为 M_{it}、S_{it}和 C_{it}，分别代表资产收益率、资产收益率标准差和资本充足率；解释变量为 HHI_{t-1}，其他变量为控制变量。

（二）控制变量说明

本章的研究内容部分已经说明过模型中的 Z 值（被解释变量）与 HHI 指数（解释变量）的定义与衡量方法，此处不再赘述，下面我们对控制变量进行说明。

银行特定变量是指与银行本身相关的变量，宏观因素是指银行外影响银行风险的因素，本章用国内生产总值（GDP）的增长来表示。现有的研究中发现银行特定变量和宏观因素变量会影响银行的风险，因此，本章把这些因素作为控制变量纳入到回归中。

市场份额是每个银行的资产占总资产的份额，用来衡量每个银行对市场的控制能力，市场份额越大，银行对市场的控制能力越强。“相对市场势力”理论认为，相对市场份额较大的公司在市场中有很大的定价权，能够获得超额利润。

净息差是净利息收入与平均生息资产规模的比值，用来衡量商业银行传统借贷业务的盈利能力，净息差越大，银行传统业务的盈利能力越强。

银行规模用来衡量规模效应的大小，一般来说，银行规模与银行盈利水平正相关。举例来说，Goddard et al.（2004）提出银行的规模可以从两个方面给银行盈利带来正面影响：资产规模较大的银行会受益于规模经济，并且它们可以利用自己的市场力量来攫取非正常利润。Smirlock（1985）提出，资产规模较大的银行的产品和贷款多种多样，这种分散化有利于降低银行的风险。但是，银行规模与银行盈利水平也有可能负相关。如果银行过大，代理成本、官僚程序成本和其他成本会拉低银行的盈利水平。

非利息收入是商业银行除利差收入之外的营业收入，主要是中间业务收入和咨询、投资等活动产生的收入，我国银行非利差收入是银行营业收入中重要的组成部分。

管理费用被用来衡量 X 效率，这个未知因素是银行的投入和技术之外的因素。

营业外收入是与银行经营没有直接关系的收入。与营业收入相比，营业外收入的取得不需要耗费企业资金，没有费用与支配比，是一种纯收入。一般来说，商业银行的营业外收入包括银行的长款、固定资产盘盈、固定资产净收益、罚没收入、抵债资产处置超过抵债金额部分、证券交易差错收入和教育费附加返还款等。

五、 实证研究

（一）样本数据

本章选择我国 36 家商业银行 2007—2014 年的年度财务数据为研究样本。之所以选择这个时间段，是因为我国大部分国有商业银行在 2007 年左右完成了在 A 股的上市，数据具有可获得性和可比性。样本包括中国工商银行、中国建设银行、中国农业银行、中国银行、交通银行、光大银行 6 家国家直接控股的银行，还有其他非国有银行，如民生银行、兴业银行、南京银行、浙商银行、宁波银行等。大部分数据来源于万德数据库，部分补充数据来源于各银行年度报告。

（二）描述性统计

表 1－3 为回归变量的描述性统计，它包括了各个变量的均值、标准差、最大值和最小值。下面，我们对被解释变量和解释变量进行简单的描述分析。

表 1－3　　描述性统计

	均值	标准差	最大值	最小值
Z 值（Z_{it}）	9.422	0.890	12.626	7.587
资产收益率（M_{it}）	0.011	0.003	0.022	0.002
资产收益率标准差（S_{it}）	0.001	0.001	0.006	0.000
资本充足率（C_{it}）	12.670	2.513	25.640	7.743
赫芬达尔指数（HHI_{t-1}）	0.139	0.009	0.153	0.126
银行性质（D_{it-1}）	0.167	0.374	1.000	0.000
市场份额（$X_{1,it-1}$）	2.755	5.441	22.517	0.025
管理费用（$X_{2,it-1}$）	33.903	6.053	59.097	17.244
净息差（$X_{3,it-1}$）	3.003	1.074	13.171	0.727
非利息收入（$X_{4,it-1}$）	14.862	8.000	46.234	－1.059
银行规模（$X_{5,it-1}$）	17.191	1.999	21.366	14.023
营业外收入（$X_{6,it-1}$）	0.722	0.923	6.676	0.017
国内生产总值（$X_{7,it-1}$）	9.174	1.079	11.000	7.573

变量计算说明：赫芬达尔指数：每一年所有银行的市场份额的平方的加总额；虚拟变量：若银行为国有银行，取值为 1，否则为 0；市场份额：各个上市银行资产占银行业总资产的份额；净息差：净利息收入的收益率，即净利息收入与平均生息资产规模的比值（净利息收益率）；非利息收入：非利息收入/营业收入；银行规模：银行总资产的自然对数；管理费用：管理费用/营业收入；营业外收入：营业外收入/营业收入；国内生产总值：（GDP_t-GDP_{t-1}）/GDP_{t-1}。

正如前文所提到的，本章中 Z 值是以三年为期的移动平均值，为了与 Z 值的定义保持一致，其他变量也取了相应年份跨度内的均值。

赫芬达尔指数的均值为 0.139，将这个数字乘以 10000 得到 1390，根据表 1－2 的分类，平均来说，样本区间内我国银行业市场属于低寡占Ⅱ型，结构比较集中。

银行性质这一变量的均值为 0.167，即国有银行占比为 16.7%，36 家银行中有 6 家为国有银行。2007—2014 年，中国工商银行、中国建设银行、中国农业银行、中国银行、交通银行、光大银行六家银行的第一大股东为中央汇金投资有限责任公司或财政部，为国家控股银行。在我们的传统观念中，只有工农中建交五大行为国有银行，但从光大银行的股本结构中我们可以看出，在本章选取的样本区间内（2009—2014 年），光大银行亦为国有控股银行。2015 年 5 月 13 日，光大集团股份公司增持光大银行的股票，持股比例达 23.69%，光大银行的第一大股东已变为光大集团，至此，光大银行不再是国有控股银行。

（三）回归结果与分析

本章采取的是混合面板数据，用 eviews 对数据进行了分析。我们对模型（1）进行回归，分析我国银行业市场集中度对银行风险的影响，并比较国有银行和非国有银行表现的不同；我们对模型（2）（3）（4）进行回归，分析市场集中度与 Z 值的各个组成部分的关系，探究哪个组成部分的影响占据主导地位。回归结果如表 1－4 所示。

表 1－4　　　　回归结果

自变量	因变量			
	Model（1）	Model（2）	Model（3）	Model（4）
	Z_{it}	M_{it}	S_{it}	C_{it}
HHI_{t-1}	−63.327**	−0.109	0.094***	−5.519
	(−2.216)	(−1.591)	(2.680)	(−0.093)
$HHI_{t-1}D_{it-1}$	−39.472*	−0.019	0.001	−29.037
	(−1.822)	(−0.362)	(0.057)	(−0.644)
D_{it-1}	5.509*	0.002	−0.000	4.183
	(1.778)	(0.321)	(−0.063)	(0.649)
$X_{1,it-1}$	0.028	0.000***	−0.000	0.190***
	(1.075)	(3.821)	(−0.101)	(3.496)
$X_{2,it-1}$	−0.024	−0.000***	−0.000	−0.083***
	(−1.972)	(−9.690)	(−0.173)	(−3.209)
$X_{3,it-1}$	−0.171**	0.001***	0.000***	0.034
	(−2.565)	(4.617)	(2.818)	(0.249)

续表

自变量	因变量			
	Model（1）	Model（2）	Model（3）	Model（4）
	Z_{it}	M_{it}	S_{it}	C_{it}
$X_{4,it-1}$	-0.003	0.000*	0.000*	0.041**
	(-0.331)	(1.732)	(1.880)	(2.072)
$X_{5,it-1}$	0.059	-0.001***	-0.000***	-0.954***
	(1.049)	(-4.939)	(-3.021)	(-8.101)
$X_{6,it-1}$	0.163**	-0.000	-0.000	0.528***
	(2.368)	(-0.340)	(-1.530)	(3.687)
$X_{7,it-1}$	0.336	0.001	-0.001*	0.157
	(1.336)	(0.870)	(-1.764)	(0.299)
R^2	0.263	0.661	0.307	0.470

注：* 表示在10%的水平上显著，** 表示在5%的水平上显著，*** 表示在1%的水平上显著，( ) 里标注的为 t 值。

1. 回归结果分析

（1）对 Model（1）的结果分析

回归的自变量为市场集中度、交叉项、银行性质，因变量为 Z 值，其他变量（市场份额、银行规模、非利息收入、营业外收入、净息差、管理费用、国内生产总值）为控制变量。

在因变量为 Z 值的情况下，市场集中度的系数在5%的水平下显著为负，交叉项的系数在10%的水平下显著为负，虚拟变量的系数在10%的水平下显著为正。首先，这表明我国银行业市场集中程度与银行风险负相关，即市场结构越集中，市场集中度数值越大，Z 值越小，银行风险越大。其次，银行性质会对银行的风险产生显著影响，与非国有银行相比，国有银行风险较低。最后，国有银行在市场集中度下降的过程中，风险下降程度高于非国有银行。

我国银行业市场集中程度与 Z 值负相关，这与研究假设 $H1$ 相一致。即，“集中—脆弱”理论能够解释中国现阶段银行业发展现状。伴随着银行业市场结构的分散化，商业银行的风险越降低。

银行性质会对银行的风险产生显著影响，国有银行比非国有银行风险低，国有银行在市场集中度下降的过程中，风险下降程度高于非国有银行。这与研究假设 *H*2 相一致，国有银行在经营中与固定的大客户群体建立了长期稳定的联系，在市场集中度变化的初期，国有银行的经营仍然保持原有的“惯性”，收入稳定，波动不大。

银行的市场份额和 *Z* 值正相关，即银行的市场份额越大，银行的风险越小，但是结果并不显著。在资产收益率同市场份额的回归中，二者显著正相关，这说明“相对市场力量”假说在我国银行市场成立，银行的相对市场份额越大，盈利能力越强。

银行规模与 *Z* 值正相关，即银行的规模越大，银行的风险越小，但是这种正相关并不显著。从对 *Z* 值的三个构成部分的回归结果中我们可以看出，银行规模与资产收益率和资本充足率显著负相关，与资产收益率标准差显著正相关，这说明与小银行相比，大银行的资产收益率较低，资产收益率波动较大，资本充足率较低。

非利息收入与 *Z* 值负相关，即银行经营中的非传统收入越高，银行风险越大，但是影响也不显著。从对 *Z* 值的三个构成部分的回归结果中我们可以看出，非利息收入与资产收益率、资产收益率标准差和资本充足率均显著正相关，也就是说，非利息收入越大，资产收益率和资本充足率越大，有利于银行风险的降低，但是资产收益的波动，会造成银行风险变大。这三个因素相互作用，最终导致非利息收入对风险的影响并不显著。

营业外收入与 *Z* 值显著地正相关，即营业外收入越大，银行风险越小。银行与日常经营无关的收入的增多，降低了银行的风险。

净息差与 *Z* 值显著地负相关，即净息差越大，银行风险越大。净息差越大，银行传统借贷业务盈利能力越强，但收益的波动变大，最终导致银行风险增大。

管理费用与 *Z* 值负相关，即管理费用越大，银行风险越大，但这一结果并不显著。管理费用的增多没有导致银行资产收益率降低，这说明我国银行不存在“*X*

低效率”的情况，银行充分利用除了投入和技术之外的未知因素，即 *X* 因素。

国内生产总值与 *Z* 值显著正相关，即国内生产总值越大，银行风险越小。宏观经济发展较好时，银行收益波动减小，银行风险减小。

（2）对 Model（2）（3）（4）的回归结果分析

为了探究影响银行业市场集中度和银行风险之间关系的主要因素，我们对 *Z* 值的三个构成部分分别进行了回归分析。

回归的自变量为市场集中度，因变量分别为资产收益率、资产收益率标准差和资本充足率，其他变量（交叉项、银行性质、市场份额、银行规模、非利息收入、营业外收入、净息差、管理费用、国内生产总值）为控制变量。

从回归结果中我们可以看出，资产收益率和资本充足率均与市场集中度负相关，资产收益率标准差与市场集中度正相关，即市场集中度越低，银行资产收益率和资本充足率越高，资产收益率标准差越低。但资产收益率和资本充足率的回归结果都不显著，只有资产收益率标准差的回归结果在 1% 的水平下显著。即伴随着我国银行业市场结构的分散化，银行收益率和资本充足率均有所上升，银行收益的波动程度下降，三者共同作用，引起银行风险的下降。

在银行市场分散化发展的过程中，各家商业银行资产收益率标准差显著下降，这说明银行收益的波动性减小，这与研究假设 *H*3 相一致。市场集中度很大时，大银行的市场影响力很大，它们倾向于收取很高的贷款利率。借款者为了偿付高利率而采用高风险工程，导致违约风险的增加。

2. 稳健性检验

稳健性检验是为了研究当实证分析中的某些参数设定改变时，实证结果是否会随之改变。*CR* 指数也是当下应用比较广泛的一个衡量市场集中度的指标，我们用 *CR* 指数替代 *HHI* 指数来回归，进行稳健性检验。

CR 指数是行业中前几家企业占行业总体的比例，目前很广泛地被用来衡量市场集中度。本章将样本中的银行按照资产规模排序，计算样本中前五大银行（中国工商银行、中国建设银行、中国农业银行、中国银行、交通银行）资产规模总和占银行的总资产规模的比例，用此比例来衡量我国银行业市场集中度。

从表 1 –5 的回归结果中我们可以看出，各变量的系数和显著性没有发生明显变化，这说明我们原模型得到的实证结果是稳健的。

表 1 –5　　稳健性检验

自变量	因变量			
	Model（1）	Model（2）	Model（3）	Model（4）
	Z_{it}	M_{it}	S_{it}	C_{it}
CR_{t-1}	−0.182**	−0.000	0.000**	−0.037
	(−2.083)	(−0.909)	(2.497)	(−0.204)
$CR_{t-1}D_{it-1}$	−0.146*	−0.000	0.000	−0.100
	(−1.968)	(−0.408)	(0.145)	(−0.646)
D_{it-1}	11.393*	0.005	−0.001	7.919
	(1.947)	(0.386)	(−0.148)	(0.650)
$X_{1,it-1}$	0.028	0.00***	−0.000	0.190***
	(1.069)	(3.760)	(−0.090)	(3.501)
$X_{2,it-1}$	−0.025*	−0.000***	−0.000	−0.082***
	(−1.984)	(−9.733)	(−0.152)	(−3.191)
$X_{3,it-1}$	−0.173***	0.001***	0.000***	0.035
	(−2.596)	(4.540)	(2.845)	(0.254)
$X_{4,it-1}$	−0.003	0.000*	0.000*	0.041**
	(−0.345)	(1.731)	(1.890)	(2.069)
$X_{5,it-1}$	0.059	−0.001***	−0.000***	−0.956***
	(1.050)	(−4.845)	(−3.017)	(−8.110)
$X_{6,it-1}$	0.163**	−0.000	−0.000*	0.528***
	(2.373)	(−0.325)	(−1.531)	(3.686)
$X_{7,it-1}$	0.250	0.000	−0.000	0.201
	(1.109)	(0.138)	(−1.481)	(0.427)
R^2	0.264	0.657	0.304	0.470

注：* 表示在 10% 的水平上显著，** 表示在 5% 的水平上显著，*** 表示在 1% 的水平上显著，( ) 里标注的为 t 值。

六、 应对银行风险的建议

（一）抓住供给侧改革的机遇

为了刺激我国经济的发展，供给侧改革成为了当下热门的话题。众所周知，拉动经济发展的三架需求侧马车为消费、投资和出口，而供给侧的四大组成部分分别是劳动力、资本、土地和创新。供给侧改革的目的之所在为以下四个方面：化解我国当下产能过剩的问题、降低企业的各项成本、消化以往累积的房地产业的库存和防范化解金融体系风险。这四个方面是紧密联系、相辅相成的，若解决了前三个方面的问题，那么金融体系部分的风险将随之减少。下面，我们重点分析化解产能过剩问题与银行风险之间的关系。

有关研究报告指出，在钢铁、煤炭和有色金属等产能过剩行业的公司中，有20%以上的公司在2014年的经营活动中没有产生正的现金净额，有高达85%～95%的公司在2014年的经营活动中产生的现金净额不足以覆盖当期债务偿还所需的现金。从数据中我们可以看出，产能过剩行业的部分公司债务过高，这些公司未来偿还现金，会进行新一轮的筹资融资，并且出现了从“借新还旧”走向“借新还息”的情况。由于这些行业中不乏大型国企，各家商业银行，尤其是国有商业银行会成为它们重要的融资渠道之一。对产能过剩行业进行调整，清除过剩产能，关闭问题公司。对于银行而言，风险资产的暴露会导致不良贷款率等指标的上升，加大银行的经营压力。但从长期来看，这有利于拔除银行不良债务的毒瘤，化解银行积蓄的风险。

银行不良资产证券化即将启动，中国银行山东省分行的不良资产证券化产品为试点首单，额度为500亿元，目前已进入到了评级的阶段。不良资产证券化剥离的是银行资产负债表中的不良资产，主要影响的是资产负债表，对利润的贡献很小。并且，由于我国国有银行的资产量很大，不良资产证券化达到一定的规模后，这种改善才能体现出来。

对于利润端，在不良贷款率较高的现实状况下，监管机构可以适当下调拨备覆盖率。银行拨备覆盖率是贷款损失准备与不良贷款的比值，它主要反映了贷款发生损失时商业银行的弥补能力，反映了银行防范贷款风险的能力。拨备覆盖率越高，银行抵御贷款质量波动的风险的能力越高。适当的拨备覆盖率水平有利于银行稳健经营，过高或过低都将制约商业银行的发展。银行可以通过改变拨备的计提来操纵利润。银行计提的不良贷款拨备会被纳入当期利润表，冲减当期的利润，影响银行当期的利润水平。如果拨备覆盖率的下限被降低，各大商业银行提取拨备的压力将得到缓解，有利于提高资本充足率，增强投放信贷的能力，稳定利润增长。在这里值得注意的是，通过降低拨备覆盖率来提高利润水平的方式并不是长远之计，治标不治本，只是一种“粉饰的太平”，银行利润持续稳定增长靠的应该是自身业务的发展创新和经营管理水平的优化。

（二）将传统信贷与大数据结合

银行信贷风险产生的重要原因之一便是信息不对称，借贷双方掌握的信息不同，容易导致逆向选择和道德风险问题。现如今，伴随着互联网的发展和普及，大数据时代来临，将互联网大数据和传统的信贷数据结合起来，将在很大程度上解决信息不对称的问题，从而降低银行的风险。

在传统的经营管理模式下，在银行借贷领域存在着“二八定律”。这一定律是意大利经济学家巴莱多提出的，该定律指出，任何事物中最重要的部分往往只占一小部分，大约为20%，而剩下的80%的部分都是次要的。银行的业务中，小客户就是这80%的部分。小客户群体人数庞大，数量占比大，但是他们给银行带来的利益却不大，远低于占比只有20%的大客户，因此，他们对于银行来说就似鸡肋，“食之无味，弃之可惜”。但是伴随着电子银行的发展，许多原来在物理网点办理的业务转移到了互联网上，服务小客户群体的成本随之下降。小客户在银行的发展中扮演越来越重要的角色，由“鸡肋”变成了“金矿”。

我国许多城市商业银行已经将传统的信贷和互联网大数据结合，发展自身的特色服务，提高自身的竞争力，增强盈利水平。

营口银行开发出了为小客户服务的微营银产品，整合了微信银行、网上银行和手机银行等资源，客户可以在线直接开通电子账户，也可以通过线下网点将账户升级为正常账户；营口银行为了建立企业和客户之间的纽带，用线下网点的资源建立了 O2O 平台，利用这个平台跟踪用户交易、现金等情况，与客户互动，反馈信息并且更新信息，同时对客户的信用和风险进行评估；关于防范小客户的风险方面，营口银行充分利用互联网平台的金融大数据，不仅关注原有信贷信息，还在此基础上引入能耗信息、纳税信息、社保信息等，进行综合的深度分析，并根据分析结果对客户进行信用评级、授信评估和风险管理。包商银行为了提高信息的科学性和使用效率，与合作伙伴共同积累和运用大数据，形成良好的协同效用。兰州银行利用互联网大数据来建设和发展自身的征信体系，重点关注“用户、交易、信用”三大基础数据。

七、 结论

本章从我国 36 家商业银行 2007—2014 年的数据出发，通过实证模型分析了银行业市场集中度与银行风险，并且比较了国有银行和非国有银行之间是否存在不同，分析了 Z 值的各组成部分。本章的实证研究结果表明：我国银行业市场集中程度与银行风险正相关，即市场结构越集中，商业银行的风险越大，市场结构的分散有利于降低了银行的风险；与非国有银行相比，国有银行风险更低，并且国有银行在市场结构分散化发展的过程中风险下降程度更高。其中，在市场集中度变化的进程中，银行的风险主要受银行收入波动的影响。

本章样本选取的时间段 2007—2014 年，为我国银行业繁荣发展的时期。商业银行的风险随着银行业市场集中度的下降而下降，主要原因是资产收益率波动在这段时间内有所下降。国有银行的风险承担低于非国有银行，这和我国国有银行的经营特点有关，国有银行在长期的经营发展中与国企等大客户建立了稳定的联系，经营比非国有银行稳健，风险较小。

但是伴随着银行业市场化改革的深入，商业银行的经营环境发生了很大的变化：产能过剩制约着我国经济的进一步发展，互联网金融迅速崛起与银行抢客户，利率的市场化引起利差收窄，民营银行的兴起有望改变我国银行业市场集中度，银行“高盈利、高增长”的黄金时代已过。这从我国国有银行的资产收益率中可以得到印证，五大国有银行的资本利润率（ROA）的均值在 2013 年、2014 年和 2015 年分别为 1.04%、10.2% 和 0.93%，呈逐步下降的趋势。对于国有银行来说，优质的大客户们也有流失的风险，也有变成劣质客户的风险。国有银行作为系统重要性银行，在以后的经营中不仅要保住优质大客户，也要甄别不良客户，加强银行体系中信用评级的建设，稳中求胜。

参考文献

[1] 曹艳华，牛筱颖. 上市银行治理机制对风险承担的影响（2000－2007）[J]. 金融论坛，2009（1）：43－48.

[2] 储著贞，梁权熙，蒋海. 宏观调控，所有权结构与商业银行信贷扩张行为[J]. 国际金融研究，2012，3：57－68.

[3] 牛丽娟. 资本充足率，股权结构与商业银行风险承担的实证检验[J]. 统计与决策，2015（22）：155－157.

[4] 齐树天. 商业银行绩效，效率与市场结构——基于中国 1994～2005 年的面板数据[J]. 国际金融研究，2008（3）：48－56.

[5] 谭兴民，宋增基，杨天赋. 中国上市银行股权结构与经营绩效的实证分析[J]. 金融研究，2010（11）：144－154.

[6] 徐明东，陈学彬. 货币环境，资本充足率与商业银行风险承担[J]. 金融研究，2012，7：48－62.

[7] 王耀青，金洪飞. 利率市场化，价格竞争与银行风险承担[J]. 经济管理，2014，5：93－102.

[8] 王鹏程，顾晓安，张涛. 基于稳定性视角的商业银行最优非利息收入占比研究[J]. 上海金融，2015（1）：89－93.

[9] 杨有振. 中国商业银行风险规避与股权结构：基于面板数据的经验与证据 [J]. 财贸经济, 2010 (6): 33-39.

[10] 杨天宇, 钟宇平. 中国银行业的集中度, 竞争度与银行风险 [J]. 金融研究, 2013, 1: 122-133.

[11] 杨荣. 债务周期催生风险化解, 不良资产证券化将重启 [R]. 北京: 中信建投证券研究发展部, 2016.

[12] 于申珅. 基于 Z 值模型的商业银行信用风险研究 [J]. 企业研究, 2014 (7X): 6-7.

[13 张金清, 张健, 吴有红. 中长期贷款占比对我国商业银行稳定的影响——理论分析与实证检验 [J]. 金融研究, 2011, 9: 009.

[14] 周鸿卫, 钟意. 关于商业银行稳定性度量的探讨 [J]. 中国统计, 2014 (12): 23-24.

[15] 张晓玫, 潘玲. 我国银行业市场结构与中小企业关系型贷款 [J]. 金融研究, 2013 (6): 133-145.

[16] 张健华, 王鹏. 银行风险, 贷款规模与法律保护水平 [J]. 经济研究, 2012 (5): 18-30.

[17] 张金清, 张健, 吴有红. 中长期贷款占比对我国商业银行稳定的影响——理论分析与实证检验 [J]. 金融研究, 2011, 9: 009.

[18] 张芳. 中国银行业市场结构与绩效实证研究 [D]. 东北财经大学, 2011.

[19] 张宇驰, 揭月慧. 监管改革, 银行竞争与风险承担 [J]. 财经问题研究, 2011 (10): 52-59.

[20] 张庆君, 何德旭. 银行市场竞争力, 非利息收入与风险承担 [J]. 金融论坛, 2013, 6: 004.

[21] 张晓玫, 李梦渝. 银行业市场结构与资产风险研究 [J]. 国际金融研究, 2013, 4: 010.

[22] 祝继高, 饶品贵, 鲍明明. 股权结构, 信贷行为与银行绩效——基于

我国城市商业银行数据的实证研究［J］．金融研究，2012（7）：31－47.

［23］张金清，吴有红，陈卉．商业银行安全水平的测度及其影响因素——基于跨国数据的实证分析［J］．管理评论，2012，24（2）：24－30.

［24］Al Jalal A，Boyd J，De Nicol G. Bank Risk Taking and Competition Revisited：New Theory and New Evidence［R］．forthcoming IMF Working Paper.

［25］Allen F，Gale D M. Competition and financial stability［J］．2003.

［26］Athanasoglou P P，Delis M D，Staikouras C K. Determinants of bank profitability in the South Eastern European region［M］．Bnk of Greece，2006.

［27］Athanasoglou P P，Brissimis S N，Delis M D. Bank－specific，industry－specific and macroeconomic determinants of bank profitability［J］．Journal of international financial Markets，Institutions and Money，2008，18（2）：121－136.

［28］Beck T，Demirgüç－Kunt A，Levine R. Bank concentration，competition，and crises：First results［J］．Journal of Banking & Finance，2006，30（5）：1581－1603.

［29］Berger A N. The profit－structure relationship in banking—tests of market－power and efficient－structure hypotheses［J］．Journal of Money，Credit and Banking，1995，27（2）：404－431.

［30］Bonin J P，Hasan I，Wachtel P. Bank performance，efficiency and ownership in transition countries［J］．Journal of banking & finance，2005，29（1）：31－53.

［31］Bourke P. Concentration and other determinants of bank profitability in Europe，North America and Australia［J］．Journal of Banking & Finance，1989，13（1）：65－79.

［32］Boyd J H，De Nicolo G. The theory of bank risk taking and competition revisited［J］．The Journal of finance，2005，60（3）：1329－1343.

［33］Casu B，Girardone C. An analysis of the relevance of off－balance sheet items in explaining productivity change in European banking［J］．Applied Financial

Economics, 2005, 15 (15): 1053 -1061.

[34] Claessens S, Van Horen N. Foreign banks: Trends, impact and financial stability [J] . 2011.

[35] Claeys S, Vander Vennet R. Determinants of bank interest margins in Central and Eastern Europe: A comparison with the West [J] . Economic Systems, 2008, 32 (2): 197 -216.

[36] Cebenoyan A S, Strahan P E. Risk management, capital structure and lending at banks [J] . Journal of Banking & Finance, 2004, 28 (1): 19 -43.

[37] De Nicolò G, Loukoianova E. Bank ownership, market structure and risk [J] . IMF working papers, 2007: 1 -44.

[38] De Nicolo G. Size, charter value and risk in banking: An international perspective [C] //EFA 2001 Barcelona Meetings. 2001.

[39] Demirgüç -Kunt A, Huizinga H. Determinants of commercial bank interest margins and profitability: some international evidence [J] . The World Bank Economic Review, 1999, 13 (2): 379 -408.

[40] Gilbert R A. Bank market structure and competition: a survey [J] . Journal of Money, Credit and Banking, 1984, 16 (4): 617 -645.

[41] Goddard J, Molyneux P, Wilson J O S. The profitability of European banks: a cross -sectional and dynamic panel analysis [J] . The Manchester School, 2004, 72 (3): 363 -381.

[42] Goldberg L G, Rai A. The structure -performance relationship for European banking [J] . Journal of Banking & Finance, 1996, 20 (4): 745 -771.

[43] Hellmann T F, Murdock K C, Stiglitz J E. Liberalization, moral hazard in banking, and prudential regulation: Are capital requirements enough? [J] . American economic review, 2000: 147 -165.

[44] Jagtiani J, Khanthavit A. Scale and scope economies at large banks: Including off -balance sheet products and regulatory effects (1984 - 1991) [J] . Journal

of Banking & Finance, 1996, 20 (7): 1271 – 1287.

[45] Kosmidou K, Tanna S, Pasiouras F. Determinants of profitability of domestic UK commercial banks: panel evidence from the period 1995 – 2002 [C] //Money Macro and Finance (MMF) Research Group Conference. 2005, 45: 1 – 27.

[46] Laeven L, Levine R. Bank governance, regulation and risk taking [J]. Journal of Financial Economics, 2009, 93 (2): 259 – 275.

[47] Maudos J, De Guevara J F. Factors explaining the interest margin in the banking sectors of the European Union [J]. Journal of Banking & Finance, 2004, 28 (9): 2259 – 2281.

[48] Micco A, Panizza U, Yanez M. Bank ownership and performance. Does politics matter? [J]. Journal of Banking & Finance, 2007, 31 (1): 219 – 241.

[49] Molyneux P, Thornton J. Determinants of European bank profitability: A note [J]. Journal of banking & Finance, 1992, 16 (6): 1173 – 1178.

[50] Mirzaei A, Moore T, Liu G. Does market structure matter on banks' profitability and stability? Emerging vs. advanced economies [J]. Journal of Banking & Finance, 2013, 37 (8): 2920 – 2937.

[51] Nicolò G D, Bartholomew P, Zaman J, et al. Bank consolidation, internationalization, and conglomeration: Trends and implications for financial risk [J]. Financial markets, institutions & instruments, 2004, 13 (4): 173 – 217.

[52] Park K H, Weber W L. Profitability of Korean banks: Test of market structure versus efficient structure [J]. Journal of Economics and Business, 2006, 58 (3): 222 – 239.

[53] Pasiouras F, Kosmidou K. Factors influencing the profitability of domestic and foreign commercial banks in the European Union [J]. Research in International Business and Finance, 2007, 21 (2): 222 – 237.

[54] Smirlock M. Evidence on the (non) relationship between concentration and profitability in banking [J]. Journal of money, credit and Banking, 1985, 17 (1):

69 – 83.

[55] Saurina Salas J, Jiménez G, Lopez J A. How Does Competition Impact Bank Risk Taking? [C] //EFA 2007 Ljubljana Meetings Paper. 2007.

[56] Tabak B M, Fazio D M, Cajueiro D O. The relationship between banking market competition and risk – taking: Do size and capitalization matter? [J]. Journal of Banking & Finance, 2012, 36 (12): 3366 – 3381.

[57] Tregenna F. The fat years: the structure and profitability of the US banking sector in the pre – crisis period [J]. Cambridge Journal of Economics, 2009, 33 (4): 609 – 632.

[58] Uhde A, Heimeshoff U. Consolidation in banking and financial stability in Europe: Empirical evidence [J]. Journal of Banking & Finance, 2009, 33 (7): 1299 – 1311.

[59] Vives X. Competition and stability in b.

第二章

银行监管、风险管理和公司银行贷款[1]

——基于国际层面的实证分析

本章主要利用世界银行关于全球28个国家或经济体（主要为亚太经合组织与欧盟成员）的银行监管数据及其6072家上市公司的数据，研究了监管环境对银行贷款的影响。我们将银行的监管环境分为监管独立性、监管对债权人的保护程度以及银行受政府支持程度三种情况分别进行研究。实证结果发现，在监管独立性越强的国家，银行贷款的风险偏好越小，规模更大、流动性更好、银企关系更密切的企业能获得更多的银行贷款；在监管对债权人的保护程度越强的国家，银行贷款的风险偏好越小，规模更大、流动性更好、银企关系更密切的企业能获得更多的银行贷款；而在银行监管受政府支持越强的国家，银行贷款的风险偏好越大，资产规模更小、流动性更小和银企关系较弱的企业能获得更多的银行贷款。这些结果表明，银行监管环境的不同使得银行的风险偏好发生了相应改变，并为探索银行监管环境对公司价值的影响提供了实证依据。

① 本章撰稿人为何重达，雷毅名，乔冠男。

一、 导言

在世界各国，银行作为金融核心行业，都会受到十分严格、来自方方面面的监管，而这些监管会对银行的运营产生显著的影响，对公司放贷就是其中之一。对于公司来说，银行的贷款又是其融资的重要手段，所以如果能了解银行选择放贷对象的机制，那么公司将能更有针对性地制定自身的发展目标。

本章旨在研究在不同的银行监管环境下，银行在公司贷款方面的风险偏好会有何种不同，也即在何种监管环境下，银行在放贷时会更谨慎，从而更多地放贷给信用风险小的公司；或者是更愿意承担风险，从而愿意更多地放贷给信用风险相对较大的公司。

现有文献中，针对银行监管的研究主要集中在监管的实施与银行自身利润如何最大化的问题上，鲜有研究将银行监管与公司能获得的银行贷款相联系。而在金融创新不断涌现、金融风险也随之溢出的现今，如何在银行所扮演的不同角色里动态地规避风险是一个严肃而深远的命题，了解银行监管对银行放贷的影响机制也显得十分重要。

因此，在银行层面，本章选取了三个较有代表性的维度来衡量银行监管：监管独立性（Overall Independence of Bank Supervision）、监管对债权人的保护（Protection for Depositors）、银行受国家支持程度（Support from Government）。同时，在公司层面，采用了银企关系、公司规模、公司现金存量来衡量公司的信贷风险，作为银行向公司发放贷款偏好的依据。由此，本章将银行的风险因素和监管因素均量化处理，以便进一步研究与阐释。

经过如上的研究发现：银行监管环境的不同使得银行的风险偏好发生了相应改变，并为探索银行监管环境对公司价值的影响提供了实证证据。细分到各个维度，在监管独立性越强的国家，银行贷款的风险偏好越小，银行越倾向放贷给规模更大、流动性更好、银企关系更密切的企业；在监管对债权人的保护越强的国家，银行贷款的风险偏好越小，银行越倾向于放贷给规模更大、流动性更好、银企关系更密切的企业；而在银行监管受政府支持越强的国家，银行贷款的风险偏好越大，银行越倾向于放贷给资产规模更小、流动性更小和银企关系较弱的企业。

本章所做的主要贡献在于，填补了监管对银行风险偏好影响的研究的空白，对公司贷款在不同的金融环境下所体现的难易程度作出了一定解释，从而为进一步研究银行监管对公司价值的影响提供了实证证据。

本章共分为五个部分。第一部分是导言；第二部分是文献综述和研究假设，简要阐述了已有文献在相关领域的研究成果，并提出了主要的假设命题；第三部分是研究设计，主要包括变量解释、回归模型设计，以及数据描述；第四部分是实证分析的结果以及稳健性检验，包括回归结果分析以及对数据缺失问题作的稳健性检验；第五部分是结论。

二、　文献综述和研究假设

（一）文献综述

在全球经济快速发展的今天，商业银行的作用显得尤为重要。一方面，银行在经济体中担任了相当重要的中介职能。除了稳定地吸储之外，银行的放贷职能更彰显出了它的举足轻重，银行通过高效率地配置资源，并在融资企业的公司治理中发挥重要作用而提高储蓄向投资转化的效率，以此增加资本形成或促进技术进步，促进经济的长期增长（Goldsmith，1969；Allen 和 Gale，2000；Levine，2004）。另一方面，银行业频频爆发危机，强度和密度相较之前都明显增加。自 1980 年开始，世界上大约有 93 个国家经历了 117 起系统性的银行危机，45 个国家发生了 51 次局部性的银行危机，平均损失高达 GDP 的 15% 以上（Caprio 和 Klinggebie，2003），危机影响之深远，甚至在全球范围内引发金融海啸。因此，对银行这样重要的金融机构，监管的存在显得必不可少，也是值得研究的重要命题之一。

与其他行业相比，银行业是受政府监管最为严格的行业之一（李涛，

2003)。2004 年起实施的《新巴塞尔资本协议》将最低资本要求、外部监管和市场约束作为其三大支柱，也构成了银行监管的主要着眼点。可以看出，银行监管体系随着金融业的发展而日益系统化、规范化，这也对银行业本身以及其他金融行业的影响越来越明显。针对《巴塞尔资本协议》中的三大支柱的影响有如下研究：对外部监管而言，外部监管会改变银行内部的监督机制，从而对银行价值产生较大的影响（洪正、周轶海，2008）。而对资本充足率来说，Gorton 和 Winton（1999）认为，较高的资本充足率要求会使银行的资本成本增加。而第三大支柱——市场约束的前提是有效的信息披露机制，信息披露的程度与银行的权益资本成本紧密相关，即较高的信息披露程度可以降低银行的融资成本，进而提升银行价值（Botosan，1997）。

然而，综观银行监管的变迁过程，银行业监管的松紧程度也随着市场的发展出现不同的变化。Kane（1989）指出，危机后的银行监管往往收紧，对经济复苏迅速的发达国家而言，阻碍了银行获利的机会。因此，银行会设法通过各种途径来躲避或者规避监管，以谋求利润最大化。但随着市场的竞争愈演愈烈，金融产品和技术的进一步发展，银行为了规避监管所进行的一系列金融创新会带来风险，而非效率。随后，国家机构和银行监管协会将再次调整监管对策，设计出新型的监管工具。综上，银行监管是一个动态的、弹性的过程，在不同的市场条件下，不能一概而论。

另外，针对信贷职能而言，银行贷款是上市公司十分重要的融资来源。在国外，银行贷款是中小型公司的主要融资渠道，Berger 和 Udell（1998）的统计显示，在美国，银行贷款约占中小型公司总资产的 26.66%，占其总债务的 53%。但同时，公司的贷款水平和偿还贷款的能力也使银行增加了风险负担，从某种程度上来说，银行需要对公司贷款采取一定的准入限制，以维持银行本身的安全性。Berger 和 Udell（2002）指出，银行给公司贷款之前，通常会考虑公司的财务比率、规模、现金流等衡量公司表现的“硬指标”，以此分析公司的违约风险和盈利能力；此外，公司的信誉和公司所有者、管理层的个人品行等一些主观性较强、难以量化与比较的信息对于银行来说也是需要考量的一部分，以便进行“关系借贷”。这两方面的披露缺一不可，这也能有效解决银行与企业之间存在的“信息不对称”，减少银行放贷过程中产生的风险。

而对获取银行贷款的公司而言，相关研究普遍认为银行贷款增加了成长机会与投资水平，对于公司未来的发展十分必要，对金融业的持续发展也大有裨益。Mikkelson 和 Patchm（1986）的研究表明，公司获得银行贷款并积极投资之后，公司的价值会得到提高。Datta et al.（2000）的实证研究显示，通过银行贷款融资的公司业绩表现更好。由此可知，研究银行监管水平如何影响公司贷款规模对于公司和银行而言都十分必要。

现有研究主要集中于两个方面：一是银行监管措施对银行本身的影响，如影响银行的运营效率（《银行监管历年的最新演进——基于有效银行监管核心原则的分析》，王刚，2007）、银行的价值（《内部监督、监管替代与银行价值》，洪正、周轶海，2008），而没有涉及公司层面；二是制度因素，如银企关系、政治联系等对公司银行贷款的影响（《银企关系、政治联系与银行借款——基于中国民营上市公司的经验证据》，杜颖洁，2013；《银企关系与企业投资效率》，翟胜宝、易旱琴、郑洁、唐玮、曹学勤，2014；《银企关系、制度环境与中小微企业信贷可得性》，何韧、刘兵勇、王婧婧，2012），而现存文献中并没有提到银行监管环境对银行贷款量以及贷款风险的偏好起到何种作用。同时，这些针对监管的研究通常仅仅局限于一个国家或者地区，在普适性上稍有欠缺。为了弥补以上不足，本章意在通过分析不同国家的银行监管和上市公司的情况，研究不同监管环境下，银行对公司放贷的情况会有什么作用，也即银行对贷款的风险偏好有何不同。

（二）银行贷款风险的度量

本章旨在研究不同监管环境下，银行对贷款的风险偏好有何不同，所以在提出关于银行监管的假设之前，首先对贷款风险的度量方式进行分析。

1. 通过银企关系（Bankown）度量风险

银企关系主要有高管任职和银行持股两种形式，学界对银企关系的影响主要有两种观点。部分学者认为，银企关系会增加企业的贷款规模。Boot 和 Thakor（1994）提出了“关系效应”理论，他们认为，随着企业与银行业务关系的持续，双方之间的信息不对称程度得到降低，银行的信息收集成本与监督成本降低，从而会降低贷款的门槛，增加企业贷款规模。但 Wislon（1993）却在实证研究中发现了相反的结论：企业与银行的业务关系越长久，支付的贷款利率越高，也即公司融资成本越高，获得的贷款相应减少。他提出了“锁定效应”假说，认为企业如果与某一银行业务往来的时间越长、关系越紧密，企业就会产生越多的转移成本，因此面临较高的“锁定”风险。

而对获取银行贷款的公司而言，相关研究普遍认为，银行贷款增加了成长机会与投资水平，对于公司未来的发展十分必要，对金融业的持续发展也大有裨益。Mikkelson 和 Patch（1986）的研究表明，公司获得银行贷款并积极投资之后，公司的价值会得到提高。Datta et al.（2000）的实证研究显示，通过银行贷款融资的公司业绩表现更好。综上，研究银行监管水平如何影响公司贷款规模对于公司和银行而言都十分必要。

本章认为，对银行而言，向有一定程度银行控股的公司放贷的风险更小。

2. 通过公司规模（Size）度量风险

公司的资产总值代表了公司在经营和周转方面的稳健性，在某个范围内，公司的规模增长会形成“规模效应”，进而促进公司的价值增长，也使公司的发展前景乐观化，有利于公司的债务融资。因此，对银行而言，向有一定规模的公司放贷的风险更小。

3. 通过公司现金存量度量风险

公司的现金存量代表了公司短期内的周转能力和流动性，现金存量越多，流动性越好，可调配资金越充足，偿债能力越强，对银行来说向这种公司发放贷款的风险相对较小。

（三）研究假设

1. 针对监管独立性（Overall Independence of Bank Supervision）的假设

银行的监管独立性可体现为监管机构的独立性（Authority Independence）。

一方面，如果监管不够独立、受政治等外界因素牵制较多，由于受到“政治或行业俘获”而导致“监管失灵”（张惠，2006），某种程度上也会导致“代理问题”，如银行会较多地贷款给有私人联系或有政治干预指向的公司，此时虽然贷款规模也增加，但造成了“代理成本”，引发的监管宽容、监管失败、监管寻租、监管腐败等问题是导致美国20世纪80年代储贷机构危机、90年代末东亚金融危机的主要原因之一（Robert Dekle和Kenneth Kletzer，2001）。另一方面，独立的监管能够使得银行避免被政治目标操控，减轻“政治俘获”，实现独立于政治、政府等因素的高效运营。综上，监管机构越独立，监管的效果越强，监管机构在对待银行的运营方面会采取更公正的态度，也即，银行的风险自己选择、自己承担。此时，银行会更谨慎地选择放贷对象，更偏好于各方面表现都较为稳健的公司。

由此，我们针对银行监管的独立性提出假设1：当银行监管的独立性更高时，银行更倾向于规避风险，资产规模大的、银企关系强的、现金存量多的公司能获得更多的银行贷款。

2. 针对监管对债权人保护（Protection for Depositors）的假设

银行对债权人的保护体现在对银行偿债能力的管控（Control of Bank Solvency）上。一方面，对银行维持偿债能力的限制降低了银行的风险耐受偏好，在这种限制下银行会更多地选择规避风险，而非谋求利益；另一方面，银行在这样的监管下，在发贷企业的选择上会更多地考虑各方面表现均稳健的公司，以期更好的流动性，面对储户时拥有更高的偿债能力。

另外，对银行风险的承担进行了补贴，因此，银行倾向于发放更多的贷款来谋求利润最大化（David C. Wheelock和Subal C. Kumbhakar，1995），也即提供给公司的贷款水平会相应提高。

由此，我们针对银行对债权人的保护提出假设2：当监管对银行偿债能力的要求更高时，银行更倾向于规避风险，资产规模大的、银企关系强的、现金存量多的公司能获得更多的银行贷款。

3. 针对银行受国家支持程度（Support from Government）的假设

银行受国家支持程度可体现在银行资产受国家支持程度（Percentage of Government－Owned Asset）上。首先，银行资产国有化的程度越高，说明国家对银行的重视程度越强，在银行遭受危机时，国家机构能够更迅速地作出反应，伸出援手。其次，银行有了国家的支持，在发放贷款时，会更有信心、更愿意去寻找一些不那么稳健但是很有发展潜力的中小型公司。也即，银行的风险耐受能力因此提高。

由此，我们针对银行受国家支持程度提出假设3：当银行资产受国家支持程度更高时，银行更倾向于承担风险，资产规模小的、银企关系较弱的、现金存量少的公司能获得更多的银行贷款。

三、 研究设计

1. 模型构建

本章构建的主要模型如下：

$$BANKLOAN_i = constant_i + \alpha_1 \cdot SUPERVISION_i + \alpha_2 \cdot CORPORATION_i + \alpha_3 \cdot INTERACTIONTERM + \beta \cdot controls_i + \gamma_1 \cdot D2002_i + \gamma_2 \cdot D2006_i + \varepsilon_{ii}$$

被解释变量 $BANKLOAN_i$ 是上市公司取得的银行借款规模。主要的解释变量为 $SUPERVISION_i$ 与 $CORPORATION_i$ 。$SUPERVISION_i$ 包括三类监管变量，$INDE_i$ 衡量的是监管机构的独立性（模型1），$LIMIT_i$ 衡量的是监管对债权人的保护（模型2），GOV_i 衡量的是银行资产国有化的程度（模型3），详细定义将在下文数据来源中做进一步介绍。

$CORPORATION_i$包括三类公司指标：*SIZE* 衡量的是公司规模，*BANKOWN* 衡量的是银企关系，*CASH* 衡量的是当期公司现金存量。

在此需要说明的是，由于本章选取的数据具有很大的国别性，无法用高管任职情况来统一衡量，因此，我们采用 $BANKOWN_i$ 这一虚拟变量，也即用公司股东中银行的控股与否来表示银企关系。

如果实证结果表明 α_2 为正，则说明该公司变量会获取更多的银行贷款；如果在此条件下，若 α_3 为正，则说明相应监管变量会进一步增加公司的银行贷款规模；若 α_3 为负，则说明监管变量会削弱银行控股的作用。

$$BANKLOAN_i = constant_i + \theta_1 \cdot INDE_i + \theta_2 \cdot CORPORATION_i + \theta_3 \cdot INDE_i \times CORPORATION + \beta \cdot controls_i + \gamma_1 \cdot D2002_i + \gamma_2 \cdot D2006_i + \varepsilon_{ii} \quad (1)$$

$$BANKLOAN_i = constant_i + w_1 \cdot LIMIT_i + w_2 \cdot CORPORATION_i + w_3 \cdot LIMIT_i \times CORPORATION_i + \beta \cdot controls_i + \gamma_1 \cdot D2002_i + \gamma_2 \cdot D2006_i + \varepsilon_i \quad (2)$$

$$BANKLOAN_i = constant_i + u_1 \cdot GOV_i + u_2 \cdot CORPORATION_i + u_3 \cdot GOV_i \times CORPORATION_i + \beta \cdot controls_i + \gamma_1 \cdot D2002_i + \gamma_2 \cdot D2006_i + \varepsilon_i \quad (3)$$

同时，为了控制公司各方面的财务特征对银行借款的影响，本章另外设置了以下控制变量：流动比率 $CURRATIO_i$，即期初流动资产占期初流动负债的比率；资产负债率 $LEVERAGE_i$，即期初的总负债占期初总资产的比值；上市公司盈利能力 ROE_i，即期初净资产收益率；上市公司成立年限的自然对数 $LAGE_I$；年度虚拟变量 D2002 和 D2006 控制观测值的年度差异。所有变量的详细定义见表 2－1。

表 2－1　变量描述

变量		定义
$BANKLOAN_i$		银行贷款
$CORPORATION_i$	$BANKOWN_i$	银企关系的虚拟变量，当该公司最大银行股东占股比例低于总样本均值或无银行控股时，定义为 0，否则定义为 1
	$LOGSIZE_i$	公司规模的对数值
	$LOGCASH_i$	公司当期现金存量的对数值
$SUPERVISION_i$	$INDE_i$	监管机构的独立性，也即是否会受到政府和银行本身的影响，数值越大，独立性越高，数值区间是 0～3
	$LIMIT_i$	监管机构有无规定银行偿债能力的最低标准，数值越大，则当低于标准时监管机构强制介入的力度越大，如果没有该标准，则为 0，数值区间是 0～6

续表

变量		定义
$SUPERVISION_i$	GOV_i	政府拥有银行的程度，也即银行资产中国有资产的比例，数值越大，政府拥有银行的程度越高
$CURRATIO_i$		期初流动资产/期初流动负债
$LEVERAGE_i$		期初总负债/期初总资产
ROE_i		期初净利润/期初股东权益
$LAGE_I$		上市公司成立年限的自然对数
$D2006_i$ / $D2002_i$		年度虚拟变量

注：（1）$BANKOWN_i$ 定义时所用的总样本均值是样本中同一年的、有银行持股的所有公司的最大银行股东持股比例的均值，2002 年均值为 6.81%，2006 年均值为 4.56%，2011 年均值为 4.72%。若该公司无银行控股，则 $BANKOWN_i$ 取 0。

（2）表 2－1 中的所有期初财务数据均从上一年度的财务报表中获得。

（二）样本选择和数据来源

本章的银行监管得分数据来自世界银行资助的一个统计各国银行监管情况的项目，该项目采用了问卷调查的形式，分别于 1999 年、2002 年、2006 年、2010 年四次搜集了世界上 118 个国家和地区的 12 个方面的银行监管数据。本章选取了亚太经合组织及欧盟共 28 个国家的 3 个维度的银行监管数据进行研究，由于 1999 年数据在我们的样本中缺失太多，我们剔除了 1999 年的调查数据，使用 2002 年、2006 年和 2010 年三个年份的数据来计算银行监管变量。

本章的 6072 家上市公司的数据均来自 Osiris 全球上市公司数据库。样本公司仅包括 2001 年之前成立的工业企业，并剔除了金融、保险类公司的财务数据，剔除了财务数据缺失的公司数据。

（三）数据描述

1. 银行监管变量的统计数据

本章选取了亚太经合组织及欧盟共 28 个国家的 3 个维度的银行监管数据进行研究。三个维度分别是银行监管的独立性、监管机构有无规定银行偿债能力的最低标准，以及银行资产的国有化程度。三个维度监管变量的统计数据如表 2－2 所示。

表 2－2　监管变量数据统计

国家	INDE			LIMIT			GOV			Firm Sample Size
	2010 年	2006 年	2002 年	2010 年	2006 年	2002 年	2010 年	2006 年	2002 年	
奥地利	3	3	2	6	2	4	11.78	70	0	40
澳大利亚	3	3	3	5	5	0	0	100	0	138
比利时	2	2	2	0	0	0	0	50	0	64
加拿大	3	3	2	5	0	0	0	n. a.	n. a.	72
智利	0	0	0	6	3	2	19.46	19.46	13.3	110
中国	n. a.	1	n. a.	n. a.	n. a.	n. a.	n. a.	68.76	n. a.	759
捷克斯洛伐克共和国	n. a.	2	3	n. a.	3	2	n. a.	2.49	3.8	2
德国	1	1	1	5	3	0	31.52	39.99	42.2	291
丹麦	2	2	1	6	2	3	0.6	0	0	52
爱沙尼亚	2	1	2	0	5	6	0	0	0	11
西班牙	3	1	2	0	4	2	0	0	0	105
芬兰	3	2	2	0	1	1	0	0	0	54
法国	3	2	n. a.	0	0	0	1.58	0.3	n. a.	332
英国	n. a.	n. a.	1	n. a.	0	0	26	n. a.	0	342
希腊	2	1	2	6	0	0	10.8	n. a.	22.8	113
匈牙利	3	3	3	6	5	6	3.94	0	9	7
爱尔兰	3	2	3	4	0	0	20.69	n. a.	n. a.	24
以色列	1	1	1	0	0	0	0	n. a.	46.1	261
意大利	1	2	0	5	0	0	0.05	9.3	10	133
日本	n. a.	2	n. a.	n. a.	6	6	n. a.	n. a.	0	2657
韩国	0	n. a.	1	3	4	5	22.3	18.8	39.97	787
卢森堡	2	2	2	6	0	0	5.2	5.11	5.05	12
墨西哥	1	1	n. a.	n. a.	4	6	13	n. a.	0	51
荷兰	2	2	2	6	0	0	14	4.5	3.9	42
新西兰	3	3	3	6	0	0	3.42	1	0.4	26
葡萄牙	3	3	3	0	0	0	22.64	25	22.8	40
瑞典	n. a.	2	2	n. a.	0	0	0	n. a.	n. a.	101
美国	2	2	1	6	5	4	0	0	0	1645

从表 2－2 中数据可以看出，综合三次银行监管的调查，监管机构独立性最高的国家是匈牙利、新西兰、葡萄牙（三次调查结果均为 3），最低的国家是智利（三次调查结果均为 0）；银行资产国有化程度超过 40% 的国家有德国（2002）、以色列（2002）和中国（2006）；监管对银行偿债能力的限制最严格

的三个国家是日本、墨西哥、匈牙利，而完全不存在该限制的国家有比利时、葡萄牙、以色列、法国；另外，值得注意的是，新西兰、荷兰、卢森堡、意大利、希腊、加拿大、爱尔兰在前两次调查（2002、2006）中都不存在对银行偿债能力的限制，而在最后一次调查（2011）中出现了非常严格的限制标准，这可能是由于在2008年全球金融危机、世界范围内银行大规模破产之后，许多国家开始重视控制银行的偿债能力。

2. 公司数据描述性统计

上市公司的财务指标也在时间跨度上有一定的变化。从均值和中位数来看，各国上市公司的资产规模、得到的银行贷款呈增多趋势；样本整体的资产收益率在2006年最高，而在2002年最低并且为负值，公司的经营状况最差；而流动比率、资产负债率则没有较大变化。

（1）以公司资产规模分类的描述性统计

表2-3.a显示的是以公司资产规模分类的公司数据描述性统计。我们以样本中公司资产规模的中位数（3.61459亿美元）为"大公司"与"小公司"的分界。从表2-3.a中可以看到，样本中资产规模最小的接近于零，而最大的公司资产规模超过3000亿美元；大公司的权益报酬率要略优于小公司，最大值、最小值、均值以及中位数均略高于小公司的数据。我们通过t检验进一步证实，大、小两种公司的数据是有明显区别的。大公司的bankloan均值为8.94041亿美元，最大值为720.172亿美元，最小值为0，即没有银行贷款；相比之下，小公司银行贷款明显较少，最大值为40.4483亿美元，均值为0.162亿美元，最小值亦为0。大、小公司的bankloan数据在99%的显著水平上有明显的分别。此外，大公司和小公司的size、cash、ROE、current ratio与bankown 5个变量的数据也都在99%的显著水平上有明显差别。

（2）以公司是否由银行持股分类的公司数据描述性统计

表2-3.b显示的是以公司是否由银行持股分类的公司数据描述性统计。我们将样本公司分为"有银行持股的公司（Firms with Bank-ownership，bankown=1）"和"无银行持股的公司（Firms without Bank-ownership，bankown=0）"。从表

2－3. b中可以看出，有银行持股公司的公司规模、银行贷款、现金存量都明显大于无银行持股的公司，权益报酬率也略高于无银行持股的公司。我们通过 t 检验进一步证实，有、无银行持股这两种公司的财务数据是有明显区别的。有银行持股的公司的 bankloan 均值为 11.48048 亿美元，最大值为 720.172 亿美元，最小值为 0，即没有银行贷款；相比之下，没有银行持股的公司银行贷款较少，最大值为 528.066 亿美元，均值为 313.696 亿美元，最小值亦为 0。大、小公司的 bankloan 数据在 99% 的显著水平上有明显的分别。另外，两种公司的 size、cash 和 ROE 3 个变量的数据也都在 99% 的显著水平上有明显差别，current ratio 的数据在 95% 的显著水平上有明显区别。

（3）以现金量分类的公司数据的描述性统计

表 2－3. c 显示的是以现金量分类的公司数据的描述性统计。我们以样本公司现金量的中位数（0.2885 亿美元）为“现金量多的公司（Fims with a large amount of cash）”和“现金量少的公司（Firms with a small amount of cash）”。从表 2－3. c 中可以看出，样本公司中，现金量最大值为 286.71 亿美元，最小值为 0，即不持有现金。同时，现金量多的公司会有更多的银行贷款、更大的公司规模、更高的权益报酬率。我们通过 t 检验进一步证实，现金量多、少这两种公司的财务数据是有明显区别的。现金量多的公司的 bankloan 均值为 8.45283 亿美元，最大值为 720.172 亿美元，最小值为 0；相比之下，没有银行持股的公司银行贷款明显较少，最大值仅为 80.18 亿美元，均值为 0.65963 亿美元，最小值亦为 0。大、小公司的 bankloan 数据在 99% 的显著水平上有明显的分别。另外，两种公司的 size、cash、ROE 与 bankown 的数据也都在 99% 的显著水平上有明显差别，current ratio 的数据在 95% 的显著水平上有明显差别。

3. Pearson 相关性分析

表 2－4 为企业相关变量的 Pearson 相关性检验结果。

该表显示，所有变量中，bankloan 和 log（size）、log（size）和 log（cash）、current ratio 和 leverage 这三对变量之间的相关系数分别为 40.98%、80.81%、－43.78%，相关性较强（相关系数的绝对值超过 40%），其他变量相关性均不大。

表 2-3. a　公司数据的描述性统计——以公司资产规模分类

变量	Large Firms					Small Firms					T-test
	Max (1)	Min (2)	Mean (3)	Median(4)	SD (5)	Max (6)	Min (7)	Mean (8)	Median(9)	SD (10)	
bank loan	72017.200	0.000	894.041	139.269	3047.722	4044.830	0.000	16.200	5.133	52.847	0.000***
Size	358693.000	361.459	5833.433	1311.820	17671.480	361.449	0.132	137.273	116.805	98.31573	0.000***
leverage	0.997	0.008	0.587	0.601	0.185	0.999	0.011	0.518	0.524	0.200	0.000***
cash	28671.000	0.051	401.942	103.944	1248.693	214.677	0.000	16.857	9.499	21.296	0.000***
ROE	984.270%	-844.130%	7.850%	8.120%	36.700%	965.030%	-996.920%	-3.567%	5.405%	63.468%	0.000***
Current ratio	52.090%	0.010%	1.696%	1.370%	1.646%	94.040%	0.000%	2.114%	1.530%	2.613%	0.000***
bankown	1.000	0.000	0.248	0.000	0.432	1.000	0.000	0.092	0.000	0.289	0.000***

表 2-3. b　公司数据的描述性统计——以是否由银行持股分类

变量	Firms without Bank-ownership					Firms with Bank-ownership					T-test
	Max (1)	Min (2)	Mean (3)	Median(4)	SD (5)	Max (6)	Min (7)	Mean (8)	Median(9)	SD (10)	
bank loan	52806.600	0.000	313.696	15.836	1638.409	72017.200	0.000	1148.048	123.867	3843.715	0.000***
Size	321603.000	0.132	2213.846	295.843	10016.750	358693.000	1.148	6749.575	1106.185	21429.420	0.000***
leverage	0.999	0.008	0.553	0.565	0.197	0.998	0.018	0.550	0.560	0.189	0.459
cash	28671.000	0.000	159.854	24.773	746.055	27482.100	0.000	451.139	74.041	1420.169	0.000***
ROE	984.270%	-996.920%	0.995%	6.260%	52.068%	879.530%	-930.610%	7.737%	9.790%	52.212%	0.000***
Current ratio	94.040%	0.000%	1.895%	1.420%	2.282%	30.230%	0.040%	1.951%	1.550%	1.696%	0.044**

表 2－3. c　公司数据的描述性统计——以现金量分类

变量	Fims with a large amount of cash					Firms with a small amount of cash					T－test
	Max（1）	Min（2）	Mean（3）	Median(4)	SD（5）	Max（6）	Min（7）	Mean（8）	Median(9)	SD（10）	
bank loan	72017. 200	0. 000	845. 283	81. 794	3048. 873	8018. 000	0. 000	65. 963	7. 968	279. 817	0. 000 ***
Size	358693. 000	34. 703	5658. 170	1123. 720	17702. 260	42911. 100	0. 132	312. 555	122. 443	944. 379	0. 000 ***
leverage	0. 997	0. 029	0. 562	0. 578	0. 197	0. 999	0. 008	0. 543	0. 552	0. 195	0. 000 ***
cash	28671. 000	28. 850	409. 065	106. 963	1246. 608	28. 842	0. 000	9. 734	7. 648	8. 209	0. 000 ***
roe	984. 270%	-967. 570%	7. 154%	7. 720%	37. 188%	965. 030%	-996. 920%	-2. 871%	5. 860%	63. 302%	0. 000 ***
Current ratio	52. 090%	0. 090%	1. 944%	1. 490%	2. 026%	94. 040%	0. 000%	1. 866%	1. 400%	2. 349%	0. 017 **
bankown	1. 000	0. 000	0. 227	0. 000	0. 419	0. 000	0. 000	0. 114	0. 000	0. 317	0. 000 ***

注：bank loan、size、cash 的单位均为百万（million）。

表 2－4　Pearson 相关性检验

	$BANKLOAN_i$	$BANKOWN_i$	$INDE_i$	GOV_i	$LIMIT_i$	$LOGCASH_i$	$LOGSIZE_i$	$LEVERAGE_i$	ROE_i	$CURRATIO_i$
$BANKLOAN_i$	1									
$BANKOWN_i$	0. 1425 ***									
$INDE_i$	0. 0410 ***	0. 1765 ***								
GOV_i	-0. 0959 ***	-0. 0788 ***	-0. 2917 ***							
$LIMIT_i$	0. 0317 ***	0. 0488 ***	0. 1170 ***	-0. 1324 ***						
$LOGCASH_i$	0. 2950 ***	0. 1921 ***	0. 1137 ***	-0. 0803 ***	0. 1864 ***					
$LOGSIZE_i$	0. 4098 ***	0. 2546 ***	0. 0701 ***	-0. 1029 ***	0. 0792 ***	0. 8081 ***				
$LEVERAGE_i$	0. 1448 ***	-0. 0054	-0. 0302 ***	0. 0563 ***	-0. 1211 ***	0. 0725 ***	0. 2306 ***			
ROE_i	0. 0396 ***	0. 0486 ***	0. 0082	0. 0265 ***	-0. 0286 ***	0. 1404 ***	0. 1689 ***	-0. 0824 ***		
$CURRATIO_i$	-0. 0595 ***	0. 0095	0. 0225 **	-0. 0768 ***	0. 0432 ***	-0. 0167 **	-0. 1399 ***	-0. 4378 ***	-0. 0010	
$LAGE_I$	0. 0590 ***	0. 0632 ***	0. 1149 ***	-0. 1145 ***	0. 0361 ***	0. 1945 ***	0. 2599 ***	0. 0759 ***	0. 0609 ***	-0. 0586

注：***、**、* 分别表示在 1%、5%、10% 显著性水平上显著。

四、 实证结果

本章的所有回归均是控制了年度虚拟变量的最小二乘回归，回归通过聚类分析（Cluster by Firms）对变量的标准差做了稳健处理，对连续变量进行了1%的缩尾处理。本章的所有t检验均为双侧。

（一）银行监管对公司贷款影响的实证分析

1. 公司规模作为研究变量的实证分析

表2－5. a主要研究的是在不同监管环境下，银行贷款与公司资产规模的关系。

表2－5. a中，第1列为仅将上市公司的财务数据等控制变量作为解释变量得到的结果，第2列和第3列分别是将三个监管变量及其与log（size）的交叉项作为解释变量而得到的结果，而最后1列则是将三个监管变量与财务数据同时作为解释变量时的回归结果。

对上市公司的财务指标等控制变量的回归结果（见表2－5. a第1列）显示，公司规模（总资产的自然对数值）、银行控股都与公司的银行贷款在99%的水平上显著正相关，这说明有银行持股的公司会获得更多的贷款。另外，杠杆比率、公司资产负债率也与银行贷款显著正相关。而公司成立年限（自然对数值）与银行贷款显著负相关，原因可能是成立不久的新兴公司对银行贷款的需求比成立很久、相对较为成熟的公司更高，这促使它们更积极地申请银行贷款，从而产生年限与银行贷款的负相关关系。另外，公司的现金量（自然对数值）也与银行贷款显著负相关，原因是现金量多的公司对贷款的需求少，其银行贷款存量因此较少。在模型中加入监管变量以及交叉项后（表2－4的第2列、第3列、第4列、第5列），以上相关性基本保持一致，证明回归结果的可靠性。

对监管独立性（INDE）的回归结果（见表2－5. a的第2列）显示：在99%的置信水平上，log（size）的系数显著为正，同时，INDE与log（size）的交叉项系数显著为正，这一实证结果支持了我们的假设1：当银行监管的独立性更高时，银行更倾向于规避风险，更倾向于贷款给资产规模大的公司。第 3 列的结果显示，log（size）系数显著为正的同时，LIMIT × log（size）的系数在 99% 的置信水平上亦显著为正，这一结果支持了我们的假设 2：当监管对银行偿债能力的要求更高时，银行更倾向于规避风险，也即更倾向于贷款给资产规模大的公司。第 4 列的结果显示，log（size）的系数依然显著为正，且 GOV × log（size）的系数显著为负，这一结果支持了我们的假设 3：当银行资产受国家支持程度更高时，银行更倾向于承担风险，也即会更多地贷款给资产规模小的公司。

而第 5 列的回归显示，将所有监管变量及其交叉项加入之后，结果与第 2 列、第 3 列、第 4 列基本相符，说明以上假设验证基本可靠稳健。

表 2 –5. a 五个回归的 R^2 都稳定在 17. 92% ~22. 72%，且第 5 个回归的 R^2 最高，为 22. 72%，模型解释力最好。

2. 银行持股作为研究变量的实证分析

表 2 –5. b 主要研究的是在不同监管环境下，银行贷款与银行持股的关系。

表 2 –5. b 中，前三个回归分别是将三个监管变量及其与 bankown 的交叉项作为解释变量而得到的结果，而最后一个回归则是将三个监管变量同时作为解释变量时的回归结果。从表 2 –5. b 中可以看出，各个回归中控制变量的系数符号都与表 2 –5. b 第 1 列一致，证明了回归结果的可靠性。

表 2 –5. b 第 3 个回归显示，bankown 的系数在 99% 的置信水平上为正，同时，GOV × bankown 的系数在 99% 的置信水平上显著为负，这进一步支持了假设 3：当银行资产受国家支持程度更高时，银行更倾向于承担风险，也即会更多地贷款给银企关系相对较弱的公司。而在回归 1 和回归 2 中，bankown 系数、交叉项系数并不显著，但是系数的符号与假设预期相符，因此，这两个回归中的结果并不能支持我们的假设 1 和假设 2，但是这一结果也可能是因为 bankown 并不是非常好的银企关系度量所导致。

而第 4 列的回归显示，将所有监管变量及其交叉项加入之后，结果与第 1 列、第 2 列、第 3 列的回归一致。

表 2 –5. b 四个回归的 R^2 都稳定在 18. 79% ~19. 95%，且第 4 个回归的 R^2 最

高，为 19.95%，模型解释力最好。

3. 公司现金存量作为研究变量的实证分析

表 2－5. c 主要研究的是银行贷款和银行监管与公司现金存量（cash）的关系。

表 2－5. c 中，前三个回归分别是将三个监管变量及其与 log（cash）的交叉项作为解释变量而得到的结果，而最后一列则是将三个监管变量同时作为解释变量时的回归结果。从表 2－5. c 中可以看出，各列控制变量的系数正负性都与表 2－5. c 第 1 列一致，证明了回归结果的可靠性。

表 2－5. c 第 1 个回归显示，在 99% 的置信水平上，log（cash）系数为负且 INDE × log（cash）系数为正，这一结果支持了我们的假设 1：当银行监管的独立性更高时，银行更倾向于规避风险，更倾向于贷款给现金存量大的公司。回归 2 显示，在 99% 的置信水平上，log（cash）系数为负且 LIMIT × log（cash）系数为正，这与假设 2 相符：当监管对银行偿债能力的要求更高时，银行更倾向于规避风险，也即更倾向于贷款给现金存量大的公司。回归 3 显示，在 99% 的置信水平上，GOV 系数显著为正且 GOV × log（cash）系数亦为负，而 log（cash）系数虽不显著但方向保持不变，这一进步支持了假设 3：当银行资产受国家支持程度更高时，银行更倾向于承担风险，也即会更多地贷款给现金存量小的公司。

而第 4 列的回归显示，将三个监管变量及其交叉项都加入回归之后，结果与前 3 列一致，说明以上假设验证结果稳健。

表 2－5. c 四个回归的 R^2 都稳定在 18.96% ~ 21.53%，且第 4 个回归的 R^2 最高，为 21.52%，模型解释力最好。

表 2－5. a　公司的银行贷款、银行监管变量与公司规模

Explanatory Variables	(1)	(2)	(3)	(4)	(5)
INDE		－346.420***			－199.272
		(0.010)			(0.152)

续表

Explanatory Variables	(1)	(2)	(3)	(4)	(5)
INDE × log (size)		72. 610 *** (0. 004)			40. 819 (0. 124)
LIMIT			-203. 580 *** (0. 001)		-264. 395 *** (0. 001)
LIMIT × log (size)			37. 039 *** (0. 001)		52. 781 *** (0. 001)
GOV				53. 745 *** (0. 0000)	52. 857 *** (0. 000)
GOV × log (size)				-10. 785 *** (0. 0000)	-10. 678 *** (0. 000)
Log (size)	569. 381 *** (0. 000)	461. 411 *** (0. 000)	428. 086 *** (0. 0000)	677. 925 *** (0. 0000)	424. 405 *** (0. 000)
Log (cash)	-101. 977 *** (0. 000)	-74. 459 *** (0. 000)	-88. 166 *** (0. 000)	-80. 185 *** (0. 000)	-54. 672 *** (0. 007)
bankown	223. 894 *** (0. 000)	221. 932 *** (0. 005)	193. 905 ** (0. 014)	120. 748 * (0. 083)	-32. 609 (0. 769)
Current ratio	31. 308 *** (0. 000)	24. 600 *** (0. 000)	24. 744 *** (0. 000)	20. 648 *** (0. 002)	17. 301 ** (0. 026)
leverage	628. 372 *** (0. 000)	611. 606 *** (0. 000)	598. 136 *** (0. 000)	584. 867 *** (0. 0000)	724. 716 *** (0. 000)
roe	-0. 987 *** (0. 000)	-1. 098 *** (0. 000)	-0. 996 *** (0. 0000)	-1. 476 *** (0. 0000)	-2. 164 *** (0. 000)
Log (year)	-154. 799 *** (0. 000)	-165. 444 *** (0. 000)	-212. 681 *** (0. 000)	-169. 302 *** (0. 0000)	-63. 147 (0. 163)
D2002	-77. 477 *** (0. 001)	-16. 202 (0. 676)	-204. 637 *** (0. 0000)	-248. 144 *** (0. 000)	-5. 939 (0. 895)
D2006	-54. 636 *** (0. 004)	-168. 877 *** (0. 000)	-157. 630 *** (0. 000)	-21. 724 (0. 527)	33. 000 (0. 384)
constant	-2507. 632 *** (0. 000)	-1923. 446 *** (0. 000)	-1424. 174 *** (0. 000)	-2922. 749 *** (0. 000)	-2157. 409 *** (0. 000)
Observations	18045	11550	13409	11083	8326
R - squared	0. 1792	0. 1899	0. 1915	0. 2144	0. 2272

表 2-5.b　公司的银行贷款、银行监管变量与银行持股

Explanatory Variables	(1)	(2)	(3)	(4)
INDE	66.470***			39.544**
	(0.000)			(0.036)
INDE × bankown	39.740			3.562
	(0.639)			(0.966)
LIMIT		9.635		65.175***
		(0.130)		(0.000)
LIMIT × bankown		32.235		-41.995
		(0.627)		(0.439)
GOV			-5.621***	-5.621***
			(0.000)	(0.000)
GOV × bankown			-14.758***	-11.852***
			(0.000)	(0.001)
bankown	172.956	98.778	297.8989***	349.929
	(0.291)	(0.627)	(0.001)	(0.272)
Log (size)	585.9261***	572.258***	590.691***	606.455***
	(0.000)	(0.000)	(0.000)	(0.000)
Log (cash)	-79.209***	-91.243***	-95.438***	-72.609***
	(0.000)	(0.000)	(0.000)	(0.000)
Current ratio	23.926***	23.907***	22.390***	17.636**
	(0.000)	(0.000)	(0.000)	(0.015)
leverage	588.671***	611.943***	593.429***	730.391***
	(0.000)	(0.000)	(0.000)	(0.000)
roe	-1.082***	-0.883***	-1.031***	-1.262***
	(0.000)	(0.000)	(0.000)	(0.000)
Log (year)	-165.573***	-210.756***	-170.480***	-114.006**
	(0.000)	(0.000)	(0.000)	(0.018)
D2002	-34.176	-183.651***	-189.703***	15.304
	(0.386)	(0.000)	(0.000)	(0.747)
D2006	-168.882***	-149.554***	-17.516	26.512
	(0.000)	(0.000)	(0.590)	(0.499)
constant	-2597.505***	-2261.181***	-2408.888***	-3094.874***
	(0.000)	(0.000)	(0.000)	(0.000)
Observations	11550	13409	11083	8326
R-squared	0.1879	0.1863	0.1946	0.1995

表 2-5.c　公司的银行贷款、银行监管变量与现金存量

Explanatory Variables	(1)	(2)	(3)	(4)
INDE	-71.283**			-43.938
	(0.036)			(0.185)
INDE × log (cash)	56.016***			27.701
	(0.001)			(0.109)
LIMIT		-46.740***		-41.099**
		(0.005)		(0.030)
LIMIT × log (cash)		21.150***		31.749***
		(0.008)		(0.004)
GOV			11.062***	9.731***
			(0.000)	(0.000)
GOV × log (cash)			-6.828***	-7.223***
			(0.000)	(0.000)
Log (cash)	-167.817***	-169.979***	-16.271	-158.663***
	(0.000)	(0.000)	(0.341)	(0.001)
Log (size)	583.951***	571.657***	583.786***	599.670***
	(0.000)	(0.000)	(0.000)	(0.000)
bankown	224.627***	214.049***	113.788	1.634
	(0.004)	(0.004)	(0.105)	(0.987)
Current ratio	24.891***	24.209***	20.252***	17.395**
	(0.000)	(0.000)	(0.002)	(0.023)
leverage	607.595***	634.293***	604.361***	755.381***
	(0.000)	(0.000)	(0.000)	(0.000)
roe	-1.099***	-0.925***	-1.212***	-1.731***
	(0.000)	(0.000)	(0.000)	(0.000)
Log (year)	-168.833***	-216.109***	-191.691***	-83.922*
	(0.000)	(0.000)	(0.000)	(0.073)
D2002	-29.280	-212.165***	-262.653***	-20.469
	(0.454)	(0.000)	(0.000)	(0.660)
D2006	-177.162***	-172.202***	1.371	31.915
	(0.000)	(0.000)	(0.967)	(0.392)
constant	-2373.900***	-2043.621***	-2483.839***	-2832.885***
	(0.000)	(0.000)	(0.000)	(0.000)
Observations	11550	13409	11083	8326
R - squared	0.1896	0.1884	0.2053	0.2153

（二）稳健性检验

为了增强本章实证研究的严谨性，我们对上文实证分析作了相应的稳健性检验。

从表2－2中可以看出，银行监管变量数据有一定的缺失，其中，中国、英国、日本、瑞典四个国家的监管变量缺失较为严重，而这些国家有一定的公司数量，不可忽视，所以在稳健性检验中，我们将所有监管变量数据缺失的国家从样本中剔除，再进行回归分析，分别得到了表2－6. a、表2－6. b和表2－6. c中的结果。

被剔除的国家有加拿大、中国、捷克、法国、英国、爱尔兰、日本、墨西哥、瑞典共9个国家，故剩余19个国家。

将表2－5. a与表2－6. a对比，可以看出，这两次针对公司规模的实证分析结果一致，表2－5. a通过了该稳健性检验。将表2－5. b与表2－6. b对比，可以发现LIMIT×BANKOWN的系数正负性不一致，但在表2－6. a中亦不显著；而INDE×BANKOWN、GOV×BANKOWN的系数表现一致，因此，我们可以认为表2－5. b通过了该稳健性检验。将表2－5. c与表2－6. c对比，可以看出，这两次针对公司现金存量的实证分析结果一致，表2－5. c通过了该稳健性检验。

另外，所有稳健性检验结果的R^2都保持在20%以上的水平，与剔除数据缺失国家之前的结果相差无几。综上所述，上文的实证分析结果可以认为是较为稳健的。

表2－6. a　针对公司规模的实证分析的稳健性检验

Explanatory Variables	(1)	(2)	(3)
INDE	−869.448***		
	(0.000)		
INDE×log (size)	168.594***		
	(0.000)		
LIMIT		−235.095**	
		(0.023)	
LIMIT×log (size)		49.730**	
		(0.013)	

续表

Explanatory Variables	(1)	(2)	(3)
GOV			69.540*** (0.000)
GOV × log (size)			-13.866*** (0.000)
Log (size)	417.147*** (0.000)	458.003*** (0.000)	775.206*** (0.000)
Log (cash)	-79.038*** (0.001)	-83.535*** (0.000)	-68.673*** (0.002)
bankown	2.605 (0.977)	29.753 (0.786)	37.854 (0.644)
Other controls	Similar with the regression in 5. a		
R - squared	0.2113	0.2056	0.2319
Observations	7604	8003	7793

表 2-6. b　针对银行持股的实证分析的稳健性检验

Explanatory Variables	(1)	(2)	(3)
INDE	98.120*** (0.000)		
INDE × bankown	53.129 (0.583)		
LIMIT		65.561*** (0.000)	
LIMIT × bankown		-38.710 (0.565)	
GOV			-6.440*** (0.000)
GOV × bankown			-12.468*** (0.000)
bankown	-11.024 (0.948)	255.300 (0.463)	213.511** (0.042)
Log (size)	679.204*** (0.000)	659.942*** (0.000)	659.392*** (0.000)

续表

Explanatory Variables	(1)	(2)	(3)
Log (cash)	−88.659***	−86.404***	−88.241***
	(0.000)	(0.000)	(0.000)
Other controls	Similar with the regression in 5. b		
R − squared	0.2021	0.2003	0.2040
Observations	7604	8003	7793

表 2−6. c 针对现金存量的实证分析的稳健性检验

Explanatory Variables	(1)	(2)	(3)
INDE	−176.487***		
	(0.000)		
INDE × Log (cash)	113.662***		
	(0.000)		
LIMIT		−13.798	
		(0.520)	
LIMIT × Log (cash)		26.630**	
		(0.038)	
GOV			13.460***
			(0.000)
GOV × Log (cash)			−9.343***
			(0.000)
Log (cash)	−257.927***	−187.152***	14.904
	(0.000)	(0.001)	(0.540)
Log (size)	681.182***	653.941***	652.888***
	(0.000)	(0.000)	(0.000)
bankown	16.766	49.664	41.509
	(0.854)	(0.637)	(0.613)
Other controls	Similar with the regression in 5. c		
R − squared	0.2085	0.2023	0.2212
Observations	7604	8003	7793

另外，本章还针对不同监管变量的缺失情况作了相应的稳健性检验，即分别剔除 INDE 数据缺失的国家、剔除 LIMIT 数据缺失的国家、剔除 GOV 数据缺失的国家，再作同样的实证分析，并对比剔除前后的回归结果。对比分析表明，

回归结果变化不大，除个别变量的显著性有所区别外，剔除后回归结果与剔除前基本相符，也即上文实证分析结果通过了这三个稳健性检验。

五、 结论

我们在对现有文献进行整理、分析的基础上，结合商业银行的特殊性，选取全球28个国家商业银行监管得分的数据，实证检验了商业银行监管的独立性、监管对债权人的保护程度以及银行受到国家支持的程度这三个方面对公司获得银行贷款规模的影响。我们的前提是，有效的银行监管在维持自身安全性的同时，还应该鼓励企业通过贷款以提高效率，我们试图通过实证检验总结出对公司借款有利的监管措施。

回归结果显示，银行监管的独立性越高、监管对银行偿债能力的要求越高、银行资产受国家支持程度越低，银行越倾向于规避风险，在这种情况下规模大的公司、银企关系紧密的公司、现金存量多的公司能获得更多的银行贷款。简言之，银行在发放贷款方面的风险偏好是与银行监管环境密切相关的。

但同时，本章也存在一些不足。在区别银企关系强弱时，我们只使用了银行持股这一指标。一些难以量化的变量（如公司高管是否曾在银行就职、是否与银行或其高管有私人关系等等）并未在模型中使用，但这些变量不可避免地会导致一定的内生性问题，使回归结果出现偏差。我们会在之后的研究中尝试使用合适的替代变量来修正这一问题。

在之后的研究中，我们会通过公司的银行借款将银行监管与公司价值联系起来，深入研究银行监管环境对公司价值的影响。

参考文献

[1] 杜颖洁，杜兴强．银企关系、政治联系与银行借款——基于中国民营

上市公司的经验证据［J］．当代财经，2013（2）：108－118.

［2］何韧，刘兵勇，王婧婧．银企关系、制度环境与中小微企业信贷可得性［J］．金融研究，2012：103－115.

［3］洪正，周轶海．内部监督、监管替代与银行价值［J］．金融研究，2008（7）：119－132.

［4］类承曜．银行监管理论——一个文献综述［J］．管理世界，2007（6）：137－151.

［5］李涛．商业银行监管的国际比较：模式及影响——兼论中国的商业银行监管模式选择［J］．经济研究，2003（12）：43－51.

［6］王刚．国际银行监管理念的最新演进——基于有效银行监管核心原则修订的分析［J］．国际金融研究，2007（5）：43－47. DOI：10.3969/j.issn.1005－0892.2007.05.009.

［7］翟胜宝，易旱琴，郑洁，等．银企关系与企业投资效率——基于我国民营上市公司的经验证据［J］．会计研究，2014（4）．DOI：10.3969/j.issn.1003－2886.2014.04.010.

［8］张惠．银行监管独立性与银行系统健全性关系的实证研究［J］．上海金融，2006（12）：36－40. DOI：10.3969/j.issn.1006－1428.2006.12.011.

［9］Berger A N，Udell G F. Small Business Credit Availability and Relationship Lending：The Importance of Bank Organisational Structure［J］．Economic Journal，2002，112（477）：32－53.

［10］Berger A N，Udell G F. The economics of small business finance：The roles of private equity and debt markets in the financial growth cycle［J］．Social Science Electronic Publishing，1998，22（6）：613－673.

［11］Boot A W A，Thakor A V. Moral Hazard and Secured Lending in An Infinitely Repeated Credit Market Game［J］．International Economic Review，1994，35（4）：899－920.

［12］Botosan C A. Disclosure level and the cost of equity capital［J］．Accounting Review A Quarterly Journal of the American Accounting Association, 1997, 72 (3): 323 -349.

[13] Datta S, Iskandar&#x; Datta, Mai, Patel A. Some Evidence on the Uniqueness of Initial Public Debt Offerings [J]. Journal of Finance, 2000, 55 (2): 715 -743 (29).

[14] Dekle R, Kletzer K. Domestic Bank Regulation and Financial Crises: Theory and Empirical Evidence from East Asia. NBER Working Paper No. 8322 [J]. General Information, 2001.

[15] Gorton G B, Winton A. Liquidity Provision, Bank Capital, and the Macroeconomy [J]. Ssrn Electronic Journal, 2000.

[16] Mikkelson W H, Partch M M. Valuation effects of security offerings and the issuance process [J]. Journal of Financial Economics, 1986, 15 (1 -2): 31 -60.

[17] Wheelock D C, Kumbhaker S C, Wheelock D C, et al. Which Banks Choose Deposit Insurance ? Evidence of Adverse Selection and Moral Hazard in a Voluntary Insurance System [J]. Journal of Money Credit & Banking, 1995, 27 (1): 186 -201.

第三章

中国新常态经济下债券置换对地方政府债务信用风险的影响分析[①]

本章从我国地方政府的财务状况和现有债务存量出发，运用二项式拟合法和核密度法测算出可偿债资金的概率分布，根据债券定价的期权模型推算出在不同违约概率下的政府最大可承受的债务水平以及推演出在现在债务水平下政府的理论违约概率。然后，根据财政部部长楼继伟提出的债券置换前后我国地方政府债务成本和期限的变化测算出债券置换对我国地方政府债务信用风险的影响。

① 本章撰稿人为钟锐，涂婧在本项目中从事助研工作表现出色。

一、 研究背景

受全球经济环境低迷的影响，我国 GDP 增速从 2012 年及以前的高速增长开始回落，告别了过去 30 多年来年平均 10% 左右的高速增长，中国经济呈现出新常态。举债是一种推动经济增长的重要手段而被各级政府广为使用，虽然 2009 年之前我国《预算法》明确规定禁止地方政府举债，但实际上大部分地方政府依旧有负债，特别是 2008 年为了抵御美国次贷危机对中国经济的影响，中国出台了 4 万亿元的经济刺激计划，地方性政府债务迅速膨胀。“地方政府债券”的禁令保持至 2009 年，之后由财政部代理发行了 2000 亿元地方政府债券。2014 年十个试点省市完成 1066. 8 亿元地方政府债券的发行工作。我国审计署的两次债务审计报告显示，2010 年底全国地方政府性债务为 10717. 91 亿元，约占当年 GDP 的 26. 9%；而至 2013 年 6 月，地方政府性债务跃至 178908. 66 亿元。图 3 - 1中报告了未来五年政府负有偿还责任的债务总额。从 2013 年 6 月底开始，未来三年内全国平均每年约有 2 万亿元地方政府债务到期。从地理区域来看，东部省份的债务总额最大，而西部省份的债务总额最小。地方政府债券的规模在短时间内大幅度上涨，使得地方政府债务风险快速积累，已经成为我国宏观经济运行中最大的风险因素。

新常态经济环境下，中国处于新旧动能转换阶段，经济下行压力较大，2015 年 GDP 增速低至 6. 9%，略低于预期 7%。受经济增长放缓等因素影响，财政收入形势严峻，财政收支矛盾突出，规范地方政府债务管理面临一些困难。为解决地方政府债务集中的还款压力，根据新《预算法》和《国务院关于加强地方政府性债务管理的意见》等有关要求，2015 年全年，财政部下达总计 3. 2 万亿元地方政府置换债券的额度。地方债置换主要是指财政部通过给地方省政府发放限额的方式，允许省政府通过公开发行与定向承销相结合的方式发行地方债，筹得的资金以用于置换即将到期的现存的地方债中政府负有偿还责任的部分。由于省政府的评级较高，以其为发债主体可以有效地降低融资成本。我

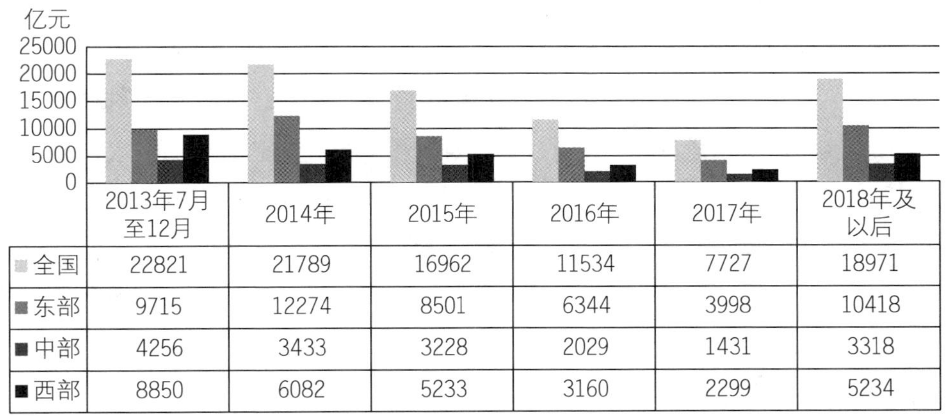

	2013年7月至12月	2014年	2015年	2016年	2017年	2018年及以后
全国	22821	21789	16962	11534	7727	18971
东部	9715	12274	8501	6344	3998	10418
中部	4256	3433	3228	2029	1431	3318
西部	8850	6082	5233	3160	2299	5234

资料来源：各省地方政府性债务审计。

图 3－1　政府未来负有偿还责任的债务总额

国财政部部长楼继伟在十二届全国人大常委会第十八次会议上表示，国务院准备用三年左右的时间置换 14. 34 万亿元的地方政府存量债务。由于 2015 年财政部已经下达 3. 2 万亿元置换债券额度，未来两年地方将置换剩余的 11. 14 万亿元存量债务。楼继伟称，债务成本可由置换前的 10% 左右下降到 3. 5% 左右，预计每年可为地方节约利息支出 2000 亿元。

首先，通过债券置换不仅可以有效地降低发债成本，而且可以将即将到期的短期债券置换为中长期债券，进一步减轻了地方政府在经济下行期中的还债压力。根据 2013 年底的审计报告，地方债久期较短，2014—2016 年为债务的偿还高峰期；受限于宏观经济环境，特别是房地产市场的降温，地方政府“土地财政”的模式难以为继，财政赤字的压力将会逐渐增大，偿还债务成为政府的难题。而通过债务置换，可以达到延长债务期限和降低利息成本的目的。其次，地方债置换可防止在建项目资金链断裂，从而避免国民经济出现断崖式下跌。近年来，商业银行减少了对政府投资平台资金的供给量，但各地固定资产投资需求量依然较大，在这种情况下，若是“只堵不疏”，可能会导致地方债券偿债风险加剧，项目“烂尾”。如此不仅会导致金融机构，如为项目提供贷款的商业银行风险等级上升，而且会给相关的产业和企业带来不可逆转的负面影响，从而对经济发展形成连锁式冲击。地方债置换政策在“堵暗道”的同时“修明渠”，不仅可以有效缓解存量贷款的风险，而且为经济转型提供了所需的资金支持。最后，地方债置换政策有助于建立规范的地方政府融资机制和财政资金运作机制。该项政策为建立市场化的地方政府融资机制奠定了基础。政府投资平台的设置初衷本应由政府发起、以市场化原则运作；但在实践中，平台企业的融资行为往往由政府提供明确或者隐含的担保，与真正意义上的市场化还存在一定的差距。通过地方债置换，政府不再为平台企业担保和兜底，平台发生的资金借贷将由其经营性收入还本付息，而地方政府通过债券市场为其融资，使得市场在资源配置过程中真正发挥了决定性的作用。

信用风险向来是债券各类风险中最重要的风险之一，也是直接关系到债券定价、债务人和债权人利益的因子之一。我国正在进行大规模的政府债券置换从根本上改变了地方政府债务的结构。这一结构的变化如何影响各个地方政府债务的信用风险已经成为亟待研究的问题之一。对于风险较小的地方政府，适当放松其发债规模，进行规模较大的政府性债务置换；反之，对于风险较大的地方政府，应该加强监管，限制其发债规模。这无论对地方政府制订债务发行计划，还是中央政府监管地方政府债务风险，亦或是维护债权人的利益，都具有重要意义。

本章将从我国的实际出发，结合各级地方政府财务状况、现存债务以及债券置换的数据，通过数理模型和方法定量研究债券置换对政府最大可承受的债务水平和理论违约概率的影响来分析债券置换对各级地方政府债务信用风险的影响，并为稳定我国债券市场提供政策性建议。

二、 文献综述

（一）地方政府债务置换

虽然地方政府债务置换提出时日不长，一些学者仍着眼于这个热门话题进行了相关研究。因地方政府债置换政策于 2015 年新出台，各地政府只能收集一年数据，多数文章均是从定性角度出发分析了地方政府债务置换的影响、优化方式以及置换效果。

从地方政府债务置换影响角度，詹向阳（2015）认为地方债置换涉及银行资产结构的调整，且置换规模较大，会对银行资产的总体流动性和收益水平形成一定的影响。因此，在地方债置换履行过程中，商业银行既应履行社会责任，又是金融安全网的重要组成部分，应当积极参与其中。周文渊（2015）提出债务置换计划既可以继续保证融资平台的稳步退出，又可以降低地方政府融资成本，从而有效降低经济面临的系统性风险。而从地方政府债务置换方式的选择上，殷剑峰等（2015）分析了三种方式：直接向市场发行、央行直接购买和财政部发行特种国债、央行间接购买的利弊，提出最佳选择是最后一种方式。对银行而言，虽然购买国债相对于贷款而言，资产收益率会下降，但是，国债风险较低，流动性强，通过风险调整的收益率有可能还会上升，从而有助于降低系统性金融风险。另外，在缓解地方偿债压力的同时，还能推动长期的财税体制改革。

少数学者从定性角度研究存量债务置换之后的影响。刁伟涛（2015）采用未定权益分析法对债务置换之后的地方债务流动性风险进行了研究，结果显示，地方政府的偿债压力在2016年及以后仍然很大，尤其是在2018年之后，随着部分置换债务的到期，偿债压力会进一步加大，仅利用基于公共财政收入和政府性基金收入的可偿债财力来偿还到期债务，地方政府债务流动性危机或将难以避免。

（二）地方政府债券的风险衡量指标体系

从我国地方政府债务风险评估的研究来看，虽然国内许多学者有相关研究，但是由于我国政府债务数据较少，代表性不强，我国尚未建立一套系统的地方政府债券的风险衡量指标体系；他们分别从不同层面提出了多种能够衡量地方政府债券风险的指标，这些都极具有参考价值。

总的来看，地方政府债券的风险划分为三个层次，即宏观风险、中观风险和微观风险。宏观风险中，国家经济形势占有重要地位，裴育、欧阳华生（2007）提出国家 GDP 增长率及收入弹性反映了一个国家的宏观经济状况，是宏观风险的重要组成部分；谢征、陈光焱（2012）在此基础上又提出了赤字率。随着金融改革的深化，金融风险也对宏观经济的发展起着重要的影响作用，因此，王振宇（2013）在对以辽宁省为代表的地方政府债务风险识别和预警的研究中提出了金融深化率，丰富了宏观经济指标。另外，国家宏观调控也是宏观风险的重要成分。周青（2011）在其博士论文中指出，国家财政货币政策的松紧程度与法律政策的松紧程度也对地方政府债券的风险有影响作用。地方政府发展的好坏与其周边区域的经济环境和制度环境有着密切关系，在中观风险层面，周青（2011）还提出了地区 GDP 增长率、地区第三产业占比及地区的司法环境对地方政府债务的运用和偿还有着重要作用。而构成地方政府债券风险最重要、内涵最丰富的是对地方政府剖析的微观风险，学者们从不同侧面提出了许多指标。对于地方政府财政状况，邵伟钰（2008）提出应从地方政府收支类指标进行分析，细化为地方收入类指标、支出类指标以及赤字类指标。郭玉清（2015）在最近的研究中进一步细分了地方政府财政状况指标，他指出地方政府财务状况由经济资源状况和财政运行绩效组成。在对地方政府债务的研究中，学者们普遍认同将地方政府债务按照规模和结构分类置之。规模性代表指标有负债率、债务率、资产债务率、偿债率和利息支出率（安立伟）。结构性指标包含短期债务比例、新增债务率、逾期债务率（谢征、陈光焱，2012）。除此之外，地方政府管理体制因素的好坏也对地方政府债券风险有着重要影响，郭玉清（2015）提出了财政分权程度和中央转移支付指标。最后，地方政府投资平台风险也是构成地方政府债务风险的因子，包括平台财务风险、平台经营管理能力等指标（周青，2011）。

（三）地方政府债券的风险预警模型或体系

国内学者不仅定性指出地方政府债务风险衡量指标，还用不同的实证方法定量衡量地方政府债务风险预警指标。

谢征、陈光焱（2012）通过综合利用灰色关联方法和BP神经网络方法在非线性关系数据处理上的优势，构建了以BP神经网络算法为核心，综合灰色关联方法的我国地方债务风险指数预测和评估模型。李腊生（2013）引入地方政府债务可转移性因素，提出相应的KMV修正模型。在基于辽宁省样本数据对我国地方政府性债务风险预警体系的研究中，王振宇提出新的方法，以AHP方法构建：设定衡量地方政府性债务风险的预警指标，划分预警指标的风险区间，预警指标的指数化处理，确定预警指标的权重，建立地方政府性债务风险预警模型。蔡真、祁逸超（2014）在最新的研究中引入期权的思想，测度不同违约概率下地方政府可承受债务水平的上限值。

三、 现存地方债务结构分析

根据国家审计署的要求，各省审计署分别于2012年底和2013年6月底对本省的政府负有偿还责任的债务和政府或有债务进行了统计并公布在省级审计署的网站上。除了西藏和吉林省，我们共收集整理到29个省的数据①。鉴于两次统计间隔时间不长，数据变化不大，本章以2013年6月底的数据为基础进行分析。

（一）2013年底各个省份政府债务占GDP生产总值比例分析

首先，根据各个省份所处地理区域的不同，我们将这29个省份划分为东部、中部和西部三大地区。其中，东部包括北京、天津、河北、上海、江苏、浙江、福建、山东、广东、辽宁和海南，中部涵盖山西、安徽、江西、河南、黑龙江、湖北和湖南，西部囊括内蒙古、广西、重庆、四川、贵州、云南、陕西、甘肃、青海、宁夏和新疆。如表3-1所示，西部欠发达省份的政府负有偿还责任的债务占GDP的比例最高，平均约为26%。而中部各省的政府债务占

① 西藏与吉林省的数据在其统计局的官方网站上未找到。

GDP 的比例相对最低，平均仅约为 15%。东部沿海各省的经济发展较为迅速，其政府债务占 GDP 的比例居中，平均约为 18%。

表 3－1 政府负有偿还责任的债务占 GDP 的地域分布

地区	省份数量	平均值	中值	最大值	最小值	标准差
东部	11	0.178952	0.139307	0.330496	0.081461	0.086555
西部	11	0.260689	0.200513	0.571616	0.143308	0.121844
中部	7	0.149773	0.141275	0.207768	0.109607	0.032797
合计	29	0.202913	0.16862	0.571616	0.081461	0.102231

GDP 的规模直接反映了各省份经济运行的状况，可以反映各省所能承载的债务规模。我们根据 GDP 的规模将 29 个省份分成了 4 组。如表 3－2 报告，GDP 规模越大，政府负有偿还责任的债务总额占 GDP 的比率相对越低。具体来看，从 GDP 规模最大的第一组到 GDP 规模最小的第四组，政府债务总额占 GDP 的比率从 14.5% 上升到 30.8%。

表 3－2 政府负有偿还责任的债务占 GDP 的比率分布

GDP Quantile	省份数量	平均值	中值	最大值	最小值	标准差
1st（top）Quantile	8	0.145	0.131	0.247	0.081	0.055
2nd Quantile	7	0.198	0.201	0.329	0.112	0.072
3rd Quantile	7	0.168	0.157	0.280	0.120	0.052
4th Quantile	7	0.308	0.323	0.572	0.193	0.136
合计	29	0.203	0.169	0.572	0.081	0.102

（二）未来债务偿还期限分析

以 2013 年底为起点，审计报告公布了未来四年每年政府负有偿还责任的债务的具体数据，以及第五年和五年以后的合计数据。我们假设第五年及以后的债务的平均期限为 7 年。通过每年政府需偿还的债务总额的加权平均数，我们计算出未来政府债务的平均偿还期限，如图 3－2 和图 3－3 中显示。根据该计算方法，全国所有政府债务的平均偿还期限是约 2.6 年。由于该数据起始于 2013 年 6 月，调整后全国所有政府债务的平均偿还期限约为 3 年。

从地理区域来看，东部省份的平均债务期限最长，约为 2.78 年。而西部省份的平均债务期限最短，约为 2.37 年。从 GDP 的规模来看，GDP 规模相对较大的省份的政府债务的年限较短。

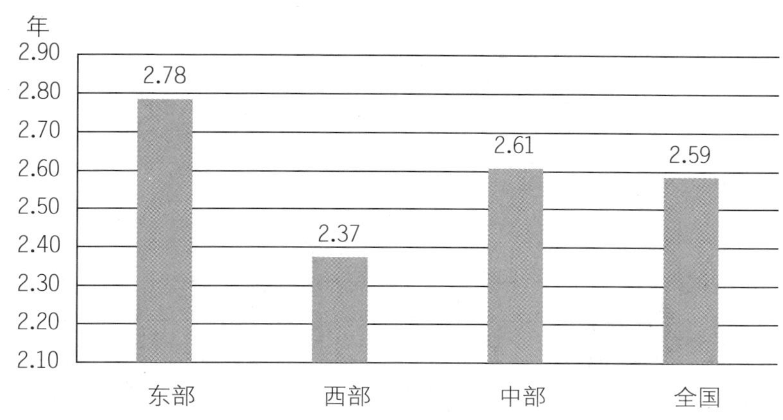

图 3－2　未来债务平均偿还期限的区域分布图

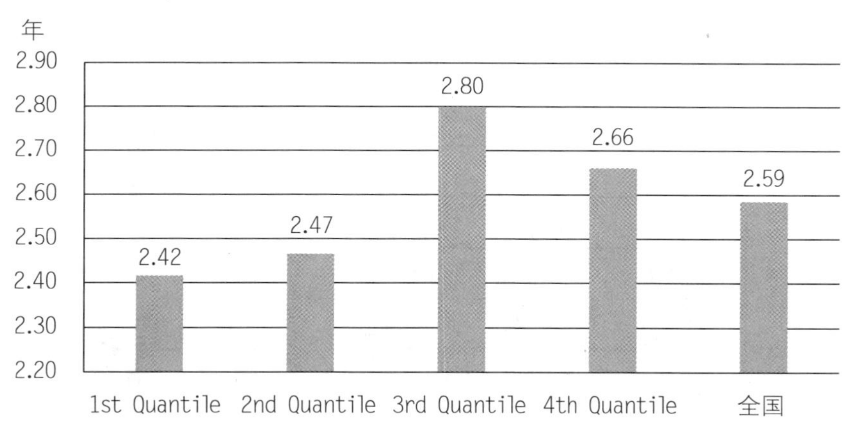

图 3－3　未来债务平均偿还期限的 GDP 规模分布图

（三）地方政府债务构成分析

政府债务的来源有多种，包括银行贷款、BT、发行债券、其他单位借款、信托融资、证券保险业和其他金融机构、国债外债等财政转贷以及融资租赁。其中，银行贷款所占比例最高，全国范围内平均计算结果约为49%。从区域分布来看，东部地区银行贷款所占比例最高，约为58%；而西部地区银行贷款所占比例最低，约为42%。从举债主体来看，地方政府通过融资平台公司的融资额所占比例最大，约为38%（见图3－4和图3－5）。

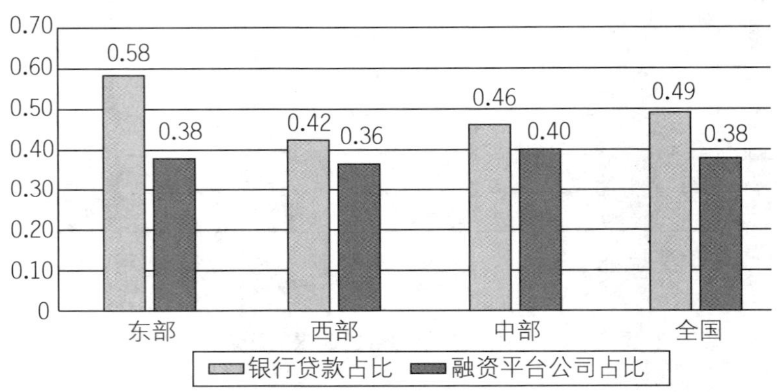

图3－4　地方政府债务构成的区域分布

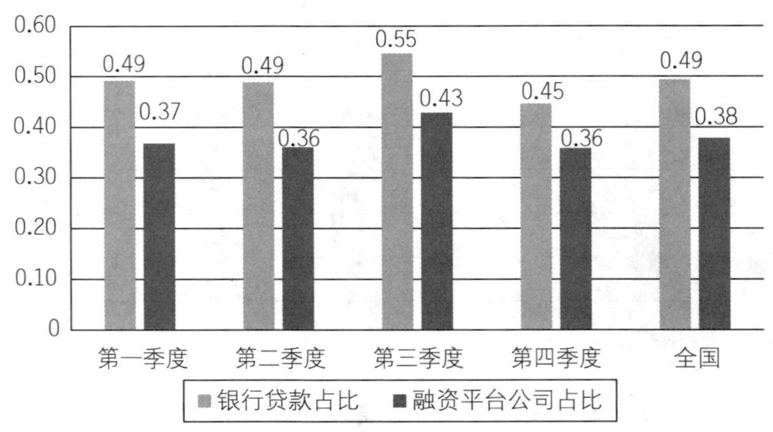

图3－5　地方政府债务构成的GDP规模分布

四、 债务置换对政府债务上限和违约风险的影响分析

（一）可偿债资金的估算

可偿债资金定义为地方政府可支配财力扣除地方政府刚性支出的部分，其可以由地方政府支配，因此视为能够用来偿还地方政府债务的最大限额。

政府可支配财力主要包括两个部分：首先，最主要的部分为一般预算收入，它是纳入一般预算管理的财政性资金，包含税收收入和非税收收入，每年由各省财政厅进行统计。其次是财政转移收入，它是上级政府通过预算安排对下级政府无偿的资金拨付，主要用来推动社会基础设施建设和基本公共服务均等化。我国地方政府转移支付收入主要涵盖三个部分：税收返还及体制补助、一般性转移支付、专项转移支付。但是其中的专项转移支付的部分必须用于指定方向，不能被地方政府完全可支配，因此，需要在计算可支配财力时扣除。而且，在税收返还的规则中，各省还需向中央上缴财政收入，因此在计算中也需扣除。

地方政府刚性支付主要包含三个部分：第一，国防支出和非国防行政支出、经济管理部门的行政经费等，主要用于政府执行国防、治安、经济管理等职能；第二，教育、科学研究、医疗卫生、文化等部门的事业经费，这些公共事业部门大都是非盈利性质的，必须依靠政府的扶持才能健康发展，因此这些经费列属于地方政府的刚性支出；第三，社会保障支出作为地方政府维持社会公平、促进社会稳定发展的重要手段，是政府的一项基本义务，因此也属于刚性支出的重要组成部分，在计算可偿债资金时需要扣除。此外，地方政府财政支出中的专项支出和其他支出因其专款专用的特点，也需要在可偿债资金中扣减。

根据以上分析，可偿债资金可用以下公式得到：

可偿债资金 = 地方政府可支配财力 − 地方政府刚性支出

= (一般预算收入 + 税收返还 + 体制性补助 + 一般转移性支付 − 上解支出) − (社会保障支出 + 教育支出 + 科技支出 + 文化教育支出 + 医疗卫生支出 + 国防支出 + 一般公共服务支出 + 其他支出)

本章计算中所用的可支配财力来自《地方财政研究》。由于《地方财政研究》仅收录了2003—2011年的数据，我们用二项式最优拟合法估算出2011—2013年的数据。社会保障支出、教育支出等各项刚性支出的数据来自CEIC数据库。

（二）债务置换对债务上限的影响分析

可偿债资金是政府可以用来偿还每年到期的债券本金和利息的最大额度。因此，可以看做是政府债务的年金。进而根据债务的结构，包括利率和期限，可以推算出相应的政府可承受的债务上限。

根据财政部部长楼继伟在十二届全国人大常委会第十八次会议上的发言，置换前政府债券的成本约为10%，置换以后将下降到3.5%左右。2015年6月1日，江苏省完成了全国首笔地方债定向发行工作，其中5年期和7年期的债券利率分别约为3.71%和4.03%。综合以上数据，在计算中，我们假设地方政府债券置换前的借贷成本约为10%，平均借贷期限约为3年，地方政府债券置换后的借贷成本约为4%，平均借贷期限为5年或者7年（见表3-3）。

表3-3 债券置换前后的债务上限

省份	当前政府有偿还责任债务额	1%违约概率		5%违约概率	
		置换前债务上限	置换后债务上限	置换前债务上限	置换后债务上限
北京	6506	4721	11393	4808	11605
天津	2263	2469	5959	2546	6145
河北	3962	2097	5060	2264	5464
山西	1521	2505	6047	2533	6113
内蒙古	3391	3058	7380	3155	7615
辽宁	5663	5709	13779	5937	14330
黑龙江	2042	2879	6948	3027	7305
上海	5194	4070	9823	4231	10211
江苏	7635	9263	22357	9459	22830

续表

省份	当前政府有偿还责任债务额	1%违约概率		5%违约概率	
		置换前债务上限	置换后债务上限	置换前债务上限	置换后债务上限
浙江	5088	5233	12630	5307	12808
安徽	3077	3312	7995	3354	8096
福建	2453	2810	6782	2888	6969
江西	2426	901	2174	990	2391
山东	4499	5292	12773	5471	13205
河南	3528	1352	3264	1566	3780
湖北	5151	675	1629	874	2109
湖南	3478	1928	4652	2204	5320
广东	6932	8053	19436	8345	20141
广西	2071	1921	4637	1994	4812
海南	1050	288	694	381	920
重庆	3575	1889	4560	2047	4939
四川	6531	3299	7963	3540	8545
贵州	4623	0	0	0	0
云南	3824	1116	2695	1249	3014
陕西	1521	985	2376	1260	3042
甘肃	1221	181	437	241	582
青海	745	401	968	502	1212
宁夏	502	609	1470	627	1513
新疆	1642	807	1948	874	2110

表3-3展示了在1%和5%违约概率下债务置换前和置换后的债务上限水平的变化。在1%的违约概率下，根据债券置换前地方政府债务的结构，大约有62%的省份的现有政府有偿还责任的债务额超出了本章模型估算下的政府最大能承受的债务上限。其中，贵州省的可偿债资金的模型拟合值为负数，因此我们认为贵州省不宜继续增加负债。湖北和甘肃的债务状况在剩余的省份中是处境最差的，它们的当前债务额分别约为政府最大能承受债务额度的6.6倍和5.7倍。政府债务状况最为良好的是山西、黑龙江、上海、广东、江苏和宁夏。

我们假设债券置换将改变整个政府债务的结构。具体来讲，借贷成本从10%下降到4%，债务期限从3年增加到7年。从理论上讲，政府的最大债务水平增加了约1.4倍。根据表3－3报告的结果，29个省中仅有7个省，包括江西、河南、湖北、海南、贵州、云南和甘肃，现有债务存量超出了债券置换后的政府最大能承受的债务水平，比率从62%下降到24%。

（三）债券置换对债务违约风险的影响分析

政府债务结构的变化不仅影响政府最大的偿债能力，还直接影响到政府的违约概率。这里讨论的违约概率是根据理论模型推算出的理论违约概率。我们先根据历史的可偿债资金的分布运用核密度法推演出各个违约概率下的政府最大可承受的债务额度。然后，结合政府现有债务的存量并假设其为政府可承受的最大债务水平，反推出其对应的违约概率，并将结果报告在表3－4中。

表3－4　债券置换前后的违约概率变化

省份	置换前违约概率	置换后违约概率	省份	置换前违约概率	置换后违约概率
北京	1.0000	0.0000	湖北	1.0000	0.9678
天津	0.0000	0.0000	湖南	0.8278	0.0002
河北	1.0000	0.0000	广东	0.0000	0.0000
山西	0.0000	0.0000	广西	0.1659	0.0000
内蒙古	0.4109	0.0000	海南	0.9889	0.0882
辽宁	0.0068	0.0000	重庆	0.9998	0.0000
黑龙江	0.0000	0.0000	四川	1.0000	0.0000
上海	0.2455	0.0000	贵州	1.0000	1.0000
江苏	0.0000	0.0000	云南	1.0000	0.4304
浙江	0.0000	0.0000	陕西	0.1382	0.0005
安徽	0.0000	0.0000	甘肃	1.0000	0.6654
福建	0.0000	0.0000	青海	0.4113	0.0014
江西	1.0000	0.0605	宁夏	0.0000	0.0000
山东	0.0000	0.0000	新疆	0.9999	0.0001
河南	1.0000	0.0243			

根据表3－4报告的结果，我们发现债券置换显著降低了政府债务的理论违约概率。从数值上来看，平均违约概率从48.95%降低到11.17%。其中，地方政府债券对债券置换前违约概率偏高的省份影响最为显著，例如江西、河南、海南、重庆、四川和新疆的理论违约概率约降低了100%。因此，债券置换显著

降低了政府债务的信用违约风险。此外，由于银行贷款是政府债务的主要来源，债券置换也有效降低了银行贷款的信用风险和坏账比例。

五、 结论和政策性建议

本章从我国地方政府的财务状况和现有债务存量出发，运用二项式拟合法和核密度法测算出可偿债资金的概率分布，根据债券定价的期权模型推算出在不同违约概率下的政府最大可承受的债务水平以及推演出现在债务水平下政府的理论违约概率。然后，根据财政部部长楼继伟提出的债券置换前后我国地方政府债务成本和期限的变化测算出债券置换对我国地方政府债务信用风险的影响。

通过研究分析，我们发现债券置换可以有效地提高地方政府可承受的最高债务水平并降低理论违约水平，特别是对目前债务违约风险较高的省份。根据对现存地方债务的结构分析，我们发现银行贷款是地方债务的主要来源，因此，债券置换的实行可以有效地降低银行贷款的信用风险和坏账比率，进而对稳定我国债券市场有着十分积极的意义。

此外，我们的定量分析结果表明，虽然地方政府债务置换从总体上可以有效地降低地方政府债务的违约风险，但是由于各个省份间政府现存债务和经济发展的差异，债券置换对于某些省份仅能缓解地方的债务困境并不能将其降低到可控的范围之内。因此，在债券置换的基础上，财政部还应针对各个省份的具体情况，推出后续的政策以便从根本上控制地方政府债务的违约风险，进而稳定债券市场，为我国经济的稳步增长提供一个良好的融资环境。

参考文献

［1］谢征，陈光焱．我国地方债务风险指数预警模型之构建［J］．天津财经大学学报，2012（7）．

［2］裴育，欧阳华生．财政安全保障：基于地方债务风险防范的预警理论探讨［J］．江苏省外国经济学说研究会，2007.

［3］王振宇，连家明，郭艳娇，陆成林．我国地方政府性债务风险识别和预警体系研究——基于辽宁的样本数据［J］．财贸经济，2013（7）．

［4］周青．地方政府投融资平台风险管理与度量研究［D］．重庆大学，2011.

［5］邵伟钰．地方政府债务风险预警体系研究［D］．苏州大学，2008.

［6］郭玉清，袁静，李永宁．中国各省区财政偿债能力的比较与演进：2005～2012［J］．财贸研究，2015（1）．

［7］安立伟．中国地方政府性债务科学化管理研究［D］．财政部财政科学研究所．

［8］李腊生，耿晓媛，郑杰．我国地方政府债务风险评价［J］．统计研究，2013（10）．

［9］蔡真，祁逸超．地方政府债务可承受水平测度——基于期权思想的方法［J］．金融评论，2014（4）．

［10］詹向阳．地方政府债务置换的影响［J］．专家论坛，2015（20）．

［11］周文渊．债务置换降低系统性风险［J］．视点，2015（12）．

［12］殷剑锋，费兆奇，范丽君．地方政府债务置换选择［J］．经济观察，2015（9）．

［13］刁伟涛．财政新常态下地方政府债务流动性风险研究：存量债务置换之后［J］．经济管理，2015（11）．

第四章
政府债务风险与经济增长[①]

从新中国成立初期政府举债的谨小慎微到“既无内债又无外债”的欣喜，再到近期社会各界“政府债务规模超过国际公认警戒线”的担忧，表明政府债务在我国社会经济发展中所扮演的角色越来越重要。本章以中国1981—2010年数据为样本，选择政府债务率、固定资本形成率、人口增长率等变量构建回归模型对中国政府债务及其结构（内债、外债）与经济增长的关系进行探讨，对比分析OECD成员国、中国在政府债务与经济增长关系方面的差异，为OECD与中国政府债务管理优化对策的设计提供参考。研究结果显示，从短期来看，我国政府债务率、政府内债率、政府外债率与经济增长呈显著相关关系；从长期来看，我国政府债务率、政府内债率、政府外债率与人均实际GDP增长率呈“拉弗”曲线关系，且三者临界值分别为80%、47%、35%。即当政府债务率、政府内债率、政府外债率分别超过80%、47%、35%，政府债务对经济增长的边际效应将为负。所以，政府债务风险防范对中国经济发展关系重大。

① 本章撰稿人为刘金林，冉齐鸣。

政府债务并不是经济发展中出现的新现象与新问题。战争或经济衰退时期借入债务，经济稳定或繁荣时期偿还，已成为大部分国家公共债务融通的法则。债务融资作为弥补政府财政赤字的重要手段，在促进国民经济发展中发挥了至关重要的作用。但20世纪80年代的发展中国家政府债务危机与2009年以欧美和新兴经济体为主的政府债务危机的爆发，引起世人对政府债务消极作用的关注，沉重的债务负担给危机国家带来了近乎灾难般的后果。如何控制政府债务规模与结构，有效化解政府债务风险，已成为令各国政府头疼和棘手的首要问题。

实际上，除了债务规模、利率结构、期限结构、货币结构、投向结构等政府债务本身的原因外，政府的财政与货币管理体制也是政府债务危机产生的重要原因。在美国著名的经济史学家查尔斯·P. 金德尔伯格（Charles Kindleberger）看来，“生产性”是一国经济持续稳定增长的重要保障，正是由于大多数发达国家经历了从“生产性”到“非生产性”的转变，从而使其经济发展产生了生命周期的性质，无法摆脱由盛到衰的宿命。因此，发达国家政府债务危机的形成也与其经济的“非生产性”具有密切的关系。因而，结合实证分析结果，从历史、体制及政府债务本身等多个角度对OECD国家与中国进行对比，在深入探讨OECD国家政府债务危机产生的根源的同时，提出OECD与中国政府债务风险管理的对策建议，不仅能够为发达国家政府债务危机的化解提供参考，而且还可以为中国政府债务风险控制思路的设计与债务危机的预防提供决策依据。

一、 政府债务与经济增长：OECD与中国的比较

（一）实证分析结果的比较

1. 基于政府内债视角

与外债相比，由于内债尚未涉及资金所有权的转移，且有国家信用作担保，因而比较容易为公众所接纳。目前，我国的内债规模总量和OECD国家相比不算很大，但增加的速度较快。自1981年开始恢复发行债务以来，我国内债的发行规模逐步扩大，品种也逐渐丰富。从1998年起，为应对亚洲金融危机、扩大

国内需求、拉动国民经济持续快速增长，我国内债首次以筹资和宏观调控的双重身份登上了经济舞台，作为积极财政政策的核心对刺激经济增长发挥了巨大的作用。从2004年起，我国开始及时调整内债资金与财政资金的支出方向，注重内债在提供公共产品、解决财政“越位”和“缺位”并存的扭曲状况方面的作用，并尽量降低内债投资带动系数和投资过热的压力。图4－1表明，2000—2009年，尽管中国政府内债率与OECD变化趋势存在差异（甚至相反），但中国内债率规模较为偏小。2009年，OECD各成员国的政府内债率平均值为35.86%，而中国仅为17.52%。2010年，作为OECD成员国的日本的政府内债率达到220%，远远超过中国16.83%的水平。从政府债务与经济增长关系来看，无论是OECD成员国还是中国，政府内债率均与经济增长呈“二次”关系（拉弗曲线），OECD成员国的临界值为60%，而中国政府内债率的临界值为47%，较前者低。

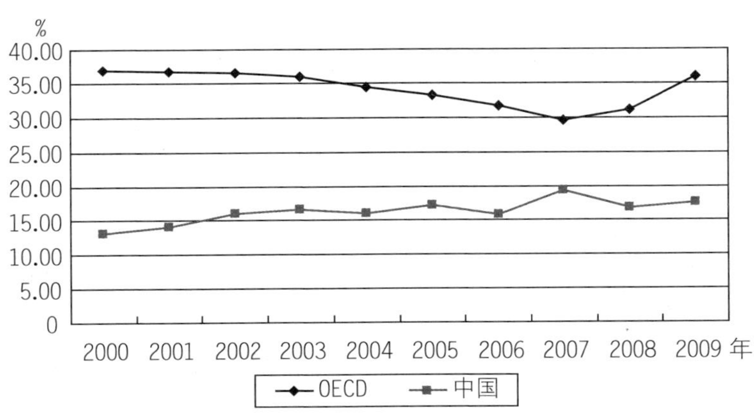

数据来源：OECD数据来源于OECD Statistics：http：//stats. oecd. org；中国政府内债余额数据（1981—1999）来自贾康、赵全厚：The Size of China's National Debt，World Economy and China，2001；2000—2008年数据根据《中国统计年鉴》计算而得；2009年数据来自财政部中央财政国债余额情况表；中国GDP数据来自历年的《中国统计年鉴》。

图4－1　中国与OECD政府内债率（政府内债余额占GDP比率）的对比

从地方政府债务规模来看，2012年12月底，中国地方政府债务规模为

145670.18亿元，加上中央政府的内债余额，政府性债务负债率为38.52%，远低于47%的临界值。因此，从内债来看，我国政府债务还尚未达到风险爆发点。

但从各个省份（自治区、直辖市）的政府债务来看，截至2012年12月，青海、云南、重庆、天津①、贵州②五个省市的政府负债率超过47%，其中政府负债率最高的省份为贵州，达到92.01%；截至2013年6月底，青海、云南、贵州、重庆四个省市政府内债率均超过47%，存在一定的政府债务风险。其中，政府负债率最高的省份为贵州，达到78%。这充分表明，如果单从地方政府层面来看，我国还是有个别省份政府债务规模过大的风险（见表4－1和表4－2）。

表4－1 截至2012年12月各省份（自治区、直辖市）地方政府债务负债率（由低到高）

省级行政区	全部债务/GDP	政府负有偿还责任的债务/GDP	政府或有债务	
			政府负有担保责任的债务/GDP	政府可能承担一定救助责任的债务/GDP
山东	0.127888	0.079387	0.024228	0.024273
河南	0.160588	0.101132	0.009246	0.050209
广东	0.167362	0.114853	0.017673	0.034836
浙江	0.170642	0.124713	0.008496	0.037433
福建	0.181386	0.097244	0.010027	0.074115
江苏	0.238011	0.120673	0.017837	0.0995
黑龙江	0.238401	0.133998	0.070665	0.033737
内蒙古	0.256775	0.193334	0.047925	0.015516
河北	0.257034	0.137617	0.035131	0.084286
安徽	0.260746	0.148725	0.032843	0.079179
江西	0.274291	0.172006	0.062087	0.040198

① 由于数据的限制，仅仅收集到天津市截至2012年12月政府债务的负债率（72.45%）和政府负有偿还责任债务的负债率（57.46%）。

② 和天津市情况类似，仅仅找到了贵州省截至2012年12月政府债务的负债率（92.01%）和政府负有偿还责任债务的债务率（83.62%）。同时，贵州省政府性债务审计结果表明，截至2012年底，有5个市级、25个县级、123个乡镇政府负有偿还责任债务的债务率高于100%，分别占全省的9个市（州）、88个县（市、区、特区）、1438个乡镇的56%、28%和8.6%。

续表

省级行政区	全部债务/GDP	政府负有偿还责任的债务/GDP	政府或有债务	
			政府负有担保责任的债务/GDP	政府可能承担一定救助责任的债务/GDP
辽宁	0. 279688	0. 207219	0. 048782	0. 023687
山西	0. 292577	0. 109587	0. 158674	0. 024316
湖北	0. 293109	0. 191569	0. 033081	0. 068459
广西	0. 300887	0. 14932	0. 086315	0. 065252
宁夏	0. 308911	0. 191433	0. 072114	0. 045364
湖南	0. 314824	0. 142515	0. 031229	0. 14108
新疆	0. 316307	0. 191302	0. 09162	0. 033384
四川	0. 335226	0. 231795	0. 066396	0. 037035
吉林	0. 337527	0. 21555	0. 076745	0. 045232
陕西	0. 377913	0. 166308	0. 063688	0. 147917
北京	0. 389888	0. 334035	0. 008905	0. 046948
上海	0. 409467	0. 256915	0. 026669	0. 125883
海南	0. 431057	0. 321106	0. 079319	0. 030632
甘肃	0. 435811	0. 166879	0. 07261	0. 196322
青海	0. 496863	0. 368479	0. 06435	0. 064034
云南	0. 517468	0. 339727	0. 039717	0. 138024
重庆	0. 586757	0. 28874	0. 183691	0. 114326

数据来源：政府债务数据来源于审计署“2013 年第 32 号：全国政府性债务审计结果”、各省/市审计局政府性债务审计结果，各省市 GDP 数据来源于《中国统计年鉴 2013》。

表 4－2　截至 2013 年 6 月各省份（自治区、直辖市）地方政府债务负债率（由低到高）

省级行政区	全部债务/GDP	政府负有偿还责任的债务/GDP	政府或有债务	
			政府负有担保责任的债务/GDP	政府可能承担一定救助责任的债务/GDP
山东	0. 128694	0. 081461	0. 022065	0. 025167
广东	0. 162712	0. 110951	0. 01634	0. 03542
河南	0. 172156	0. 109607	0. 008497	0. 054053
浙江	0. 183501	0. 134764	0. 008663	0. 040074

续表

省级行政区	全部债务/GDP	政府负有偿还责任的债务/GDP	政府或有债务	
			政府负有担保责任的债务/GDP	政府可能承担一定救助责任的债务/GDP
福建	0. 200374	0. 112202	0. 011145	0. 077027
江苏	0. 247162	0. 127787	0. 016353	0. 103021
黑龙江	0. 248228	0. 141274	0. 072632	0. 034322
河北	0. 264205	0. 139307	0. 033381	0. 091518
内蒙古	0. 268499	0. 200513	0. 051268	0. 016719
江西	0. 272896	0. 168384	0. 057776	0. 046736
安徽	0. 275481	0. 160029	0. 031265	0. 084187
辽宁	0. 278941	0. 208109	0. 04623	0. 024601
广西	0. 299604	0. 143308	0. 085183	0. 071113
宁夏	0. 306878	0. 194835	0. 070047	0. 041997
湖北	0. 309811	0. 207768	0. 031337	0. 070707
湖南	0. 314247	0. 141253	0. 029787	0. 143207
新疆	0. 325225	0. 194503	0. 095657	0. 035066
吉林	0. 325635	0. 197827	0. 074576	0. 053232
山西	0. 329918	0. 120097	0. 184261	0. 02556
天津	0. 3347	0. 15675	0. 10252	0. 07543
四川	0. 349712	0. 24746	0. 062553	0. 039699
陕西	0. 376033	0. 16862	0. 058483	0. 14893
北京	0. 381507	0. 328576	0. 007679	0. 045252
上海	0. 38756	0. 238072	0. 0244	0. 125088
海南	0. 444001	0. 330496	0. 070891	0. 042614
甘肃	0. 469533	0. 192889	0. 068523	0. 208121
青海	0. 498407	0. 350989	0. 075643	0. 071775
云南	0. 503269	0. 323176	0. 037137	0. 142955
重庆	0. 575774	0. 27967	0. 179913	0. 116191
贵州	0. 781714	0. 571616	0. 120405	0. 089692

数据来源：政府债务数据来源于审计署“2013 年第 32 号：全国政府性债务审计结果”、各省/市审计局政府性债务审计结果，各省份 GDP 数据来源于《中国统计年鉴 2014》。

2. 基于政府外债视角

政府外债是一国政府向外国政府或国际金融组织举债的一种借款方式，它包括了政府及政府有关主管部门直接承借承贷承还和由政府担保借入的外债。与政府内债相比，政府外债是由外国公民持有的本国政府的债务，还本付息意味着本国资源向国外的转移。而且如果发行过多或运用不当，很容易引起国际收支失衡，产生政府债务危机，有损政府形象和国家信誉。同时，结构失衡也是导致政府外债危机发生的重要原因。若债务中商业贷款占比过大，会大大增加还本付息压力；短期外债占比过高，较易形成偿债高峰；投向结构不合理，致使外债使用效益低下，偿债能力弱化。从外债规模来讲，2000—2009 年，OECD 成员国政府外债率呈攀升趋势，年均为 23. 34% ，而中国政府外债率呈下降趋势，均值为 4. 42% （如图 4 – 2 所示）。长短期外债结构的优化，易于满足长期建设项目的需要及有利于政府在时间上根据国情调剂还债资金，降低债务风险。2000 年以前，中国长期债务占绝对支配地位。2000 年，长期外债所占比重已达到 91% ，而短期外债所占比重越来越低，到 2000 年仅为 9. 0% ，远低于 20% 的国际警戒线。但自 2001 年以后，中国的短期外债规模急剧膨胀，短期外债占外债总额的比例也快速增长。截至 2011 年 9 月末，中国内地短期外债占外债余额的比率高达 72. 81%[①]，仅次于中国香港、日本和马耳他，排列全球第四位，远高于国际公认的 40% 的警戒线。而且，短期外债中与贸易有关的信贷余额占短期外债余额的七成以上。如何优化债务的期限结构，已成为中国外债管理面临的首要而又关键的问题。从债务类型看，政府外债包括外国政府贷款、国际金融组织贷款、国际商业银行贷款、发行国外债券等四大类。相对于外国政府贷款与国际金融组织贷款及发行国外债券，商业贷款的程序相对宽松，但期限较短，利率较高，且多为浮动利率，易受国际金融市场波动的影响。一般来说，外债中国际商业银行贷款的占比应低于 60% 为宜，但我国外债中国际商业贷款的占比一直较高，保持在 2/3 左右，2011 年末达到 83. 07% ，在外债来源中占据主导地位。因此，如何降低我国的外债融资成本也是值得政府关注的问题。

① 根据国家外汇管理局公布的政府外债结构、规模数据计算而得。

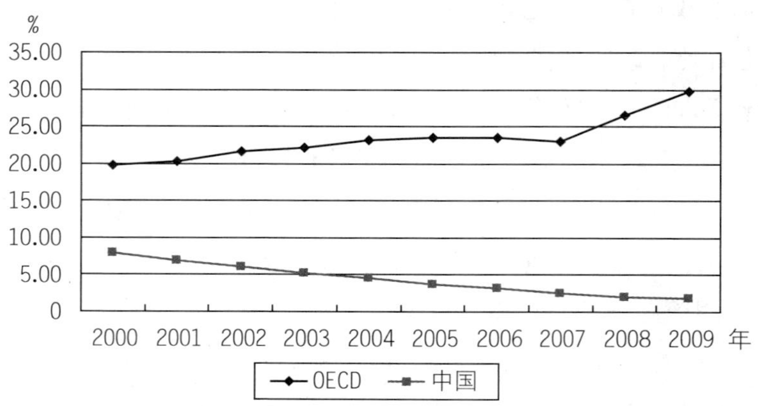

数据来源：OECD 数据来源于 OECD Statistics：http：//stats. oecd. org，1981—2008 年的政府外债余额来自世界银行的全球金融发展数据库（GDF），GDP 数据来源于历年的《中国统计年鉴》。

图 4－2　中国与 OECD 政府外债率（政府外债余额占 GDP 比率）的对比

改革开放以来，我国政府一直秉承“借外债并不可怕，但主要用于发展生产”的宗旨，将举借的外债重点投向交通、机电等产业。从最新统计看，目前登记中长期外债（签约期限）余额中，投向制造业的占 23. 79%；投向交通运输、仓储和邮政业的占 12. 53%；投向电力、煤气及水的生产和供应业的占 8. 1%；投向信息技术服务业的占 3. 85%；投向房地产的占 5. 03%①。尽管我们尚未找到关于 OECD 成员国政府债务的主要投向数据，但是长期的高福利政策而导致政府财政赤字的攀升是发达国家爆发债务危机的一个主要原因。因此，我们可以推断，OECD 成员国政府债务投向于社会福利事业的支出应占有较大的比例。

外债的币种结构对于债务风险防范意义重大。种类多元化并和该国出口创汇与外汇储备相适应是合理币种结构的基本标准。2011 年登记外债余额中，美元债务、日元债务、欧元债务分别占 75. 81%、8. 11%、7. 21%，特别提款权、港元等其他债务占比 8. 87%。因此，目前美元、日元和欧元是我国外债的主要

① 人民日报海外版．我国外债不存在偿还风险（热点聚焦）［EB/OL］．http：//finance. people. com. cn，2011－09－17.

币种，与我国外贸出口收入和外汇储备的币种结构基本一致，偿还风险较低。

从实证结果来看，OECD 成员国政府外债与经济增长呈负相关关系，而中国政府外债与经济增长呈“二次”关系，且临界值为 35%。截至 2012 年 12 月，中国政府债务的外债率为 0.91%，远低于 35% 的安全值。因此，目前中国政府外债率尚在临界值以内，对经济增长的总体边际效应为正。

3. 基于政府总债务视角

图 4－3 显示，从债务总体规模来看，2000—2009 年 OECD 成员国平均债务规模总体呈上升趋势，2009 年达到 65.63%。最高国家为日本，达到 194%；比利时、法国、希腊、冰岛、以色列、意大利、日本、葡萄牙等 8 国政府负债率均超过 90%；2010 年美国也超过 90%，为 93.6%；2010 年日本政府负债率已上升至 200%，净债务占 GDP 比例已达到 104.6%，首次突破 100%，成为财政状况最糟糕的工业化国家。而中国政府负债率波动不大，2009 年为 19.39%，2010 年为 19.79%。截至 2012 年 12 月，中国政府的债务率为 39.43%，远低于 80% 的临界值。

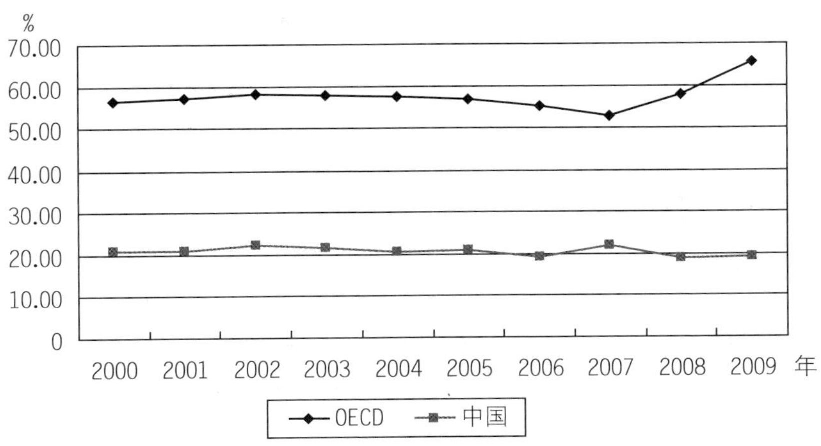

数据来源：OECD 数据来源于 OECD Statistics：http：//stats. oecd. org；1981—2008 年的中国政府外债余额来自世界银行的全球金融发展数据库（GDF）；政府负债率数据根据图 4－1、图 4－2 数据相加而来。

图 4－3　OECD 与中国政府负债率（政府债务余额占 GDP 比率）对比

4. 基于政府债务结构视角

从内外债结构来看，2009 年中国内债余额占总债务余额比例为 90.38%，2012 年为 99.09%，而 OECD 成员国仅为 55.5%（如图 4－4 所示），中国远远高于 OECD 成员国；从政府外债来看，与外债规模类似，OECD 成员国政府外债余额占总债务余额比率均值为 40.87%，中国仅为 21.07%，2012 年仅为 0.91%，且呈明显下降趋势（如图 4－5 所示）。

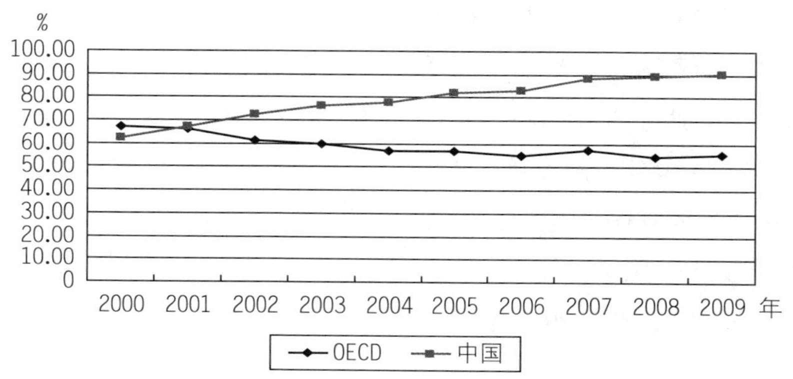

数据来源：根据图 4－1（政府内债率）和图 4－3（政府债务率）数据计算而来。

图 4－4　中国与 OECD 政府内债余额占总债余额比率的对比

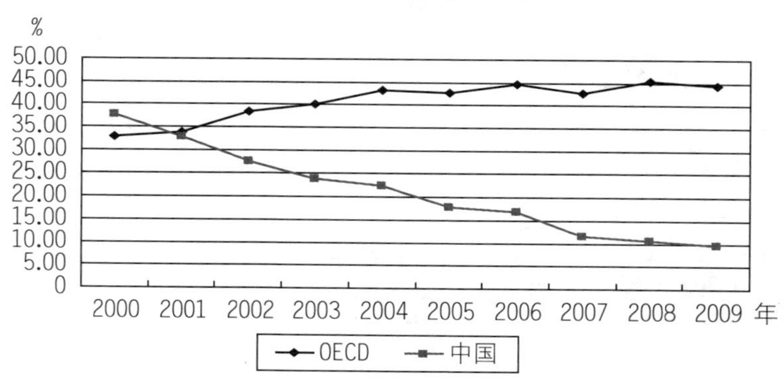

数据来源：根据图 4－2（政府外债率）和图 4－3（政府债务率）数据计算而来。

图 4－5　中国与 OECD 政府外债余额占总债务余额比率的对比

如表 4－3 所示，我国各个省份的地方政府负有偿还责任的债务主要以短期债务为主，这和政府项目的长期性特征有点不一致，从而在短期内造成政府的偿债压力过大，形成期限错配风险。

表 4－3　截至 2013 年 6 月底我国地方政府负有偿还责任债务到期期限结构

单位:%

地区	短期（5 年以下）	长期（5 年以上）
厦门	87	13
北京	74	26
江苏	89	11
上海	80	20
浙江	86	14
福建	88	12
吉林	85	15
青海	80	20
重庆	80	20
贵州	86	14
江西	86	14
四川	86	14
湖北	86	14
安徽	81	19
辽宁	74	26
广西	80	20
天津	61	39
陕西	83	17
河南	86	14
山东	87	13
河北	87	13
广东	71	29
湖南	80	20
黑龙江	69	31
新疆	79	21
云南	74	26
内蒙古	89	11
海南	64	36
甘肃	86	14
山西	78	22
宁夏	89	11

数据来源：政府债务数据来源于审计署“2013 年第 32 号：全国政府性债务审计结果”、各省/市审计局政府性债务审计结果。

从投向结构来看，20 世纪后半叶至今，OECD 国家新增政府支出主要以社会性支出为主，社会支出的刚性使得即使在经济繁荣时期支出也无法降低，萧条时期更是如此。目前，OECD 国家社会性支出约占到总支出的一半，过大的刚性社会支出占比导致 OECD 国家公债剧增。而中国政府债务主要投向市政建设、交通运输、土地收储等基础设施建设及相关项目配套设施，这些项目均具有较为稳定和可持续的现金流收入。但同时上述项目大都具有期限长、成本回收慢等特征，因而也要求债务融资期限与之相适应，否则必然会形成期限错配的风险（见表 4－4）。

表 4－4　截至 2013 年 6 月底中国地方政府债务支出主要投向

单位：亿元

债务支出投向类别	三类债务合计		政府负有偿还责任的债务		政府或有债务			
					政府负有担保责任的债务		政府可能承担一定救助责任的债务	
	债务额	比重	债务额	比重	债务额	比重	债务额	比重
市政建设	58030. 64	0. 35	37935. 06	0. 37	5265. 29	0. 21	14830. 29	0. 36
土地收储	18792. 06	0. 11	16892. 67	0. 17	1078. 08	0. 04	821. 31	0. 02
交通运输	40927. 37	0. 24	13943. 06	0. 14	13188. 99	0. 51	13795. 32	0. 34
保障性住房	10947. 83	0. 07	6851. 71	0. 07	1420. 38	0. 06	2675. 74	0. 07
教科文卫	9725. 57	0. 06	4878. 77	0. 05	752. 55	0. 03	4094. 25	0. 10
农林水利建设	5434. 39	0. 03	4085. 97	0. 04	580. 17	0. 02	768. 25	0. 02
生态建设和环境保护	4539. 92	0. 03	3218. 89	0. 03	434. 60	0. 02	886. 43	0. 02
工业和能源	2292. 56	0. 01	1227. 07	0. 01	805. 04	0. 03	260. 45	0. 01
其他	16818. 13	0. 10	12155. 57	0. 12	2110. 29	0. 08	2552. 27	0. 05
合计	167508. 47	1	101188. 77	1	25635. 39	1	40684. 31	0. 06

数据来源：政府债务数据来源于审计署“2013 年第 32 号：全国政府性债务审计结果”。

（二）债务管理体制与政策的比较

债务风险与危机的产生与一国的债务管理体制和政策具有很大的关联。对比 OECD 国家与中国政府债务管理体制与政策，不仅有利于从管理体制与政策层面探讨希腊、爱尔兰等 OECD 成员国政府债务危机产生的原因，而且对促进我国政府债务管理逐步实现法制化、规范化，债务风险与危机的防范具有积极的意义。

1. OECD 国家的政府债务管理体制与政策

从国际上来看，政府债务管理组织体系大致可分为三类：一是高度集中统一，由一家机构负责对全国债务实施统一管理，即相对独立的管理模式。二是统一决策分工管理。债务管理政策和制度由专门机构统一制定，而具体管理业务则由几个部门共同执行。三是共同管理。债务由财政部和中央银行共同负责管理，财政部主要负责政府债务的管理和审批，而民间债务主要由中央银行管理。20 世纪 90 年代以来，OECD 国家政府债务管理体制出现三大态势：管理机构独立化、结构管理效益化、制度建设完善化。一是政府债务管理与货币政策管理彻底分离，政府债务管理机构独立化。直至 20 世纪 80 年代末期，OECD 国家一直倾向于将政府债务管理看做货币政策的延伸，中央银行同时承担制定货币政策和政府债务政策两项职能，但货币政策与政府债务管理政策目标的矛盾往往会导致两项政策难以实现最优化。20 世纪 90 年代后，OECD 国家逐步意识到政府债务“效益化”管理的重要性，进一步划清了中央银行与财政部二者各自的权责，从而促使政府债务管理与货币政策管理走向彻底分离。瑞典自 1798 年开始就设立了专门管理政府债务的独立机构——债务署；20 世纪 90 年代初，爱尔兰和新西兰的债务管理体制也转向独立性，新西兰的债务管理工作由财政部所属的债务管理局专门负责，爱尔兰则成立了国家财政管理处；英国 1997 年成立了债务管理办公室，专门负责政府债务的管理等。二是结构管理效益化。成本与风险之间的权衡是政府债务管理的核心。一方面，抛弃官僚决策程序，以私人部门资产组合管理的方法为指导，依照市场原则、政府需求及市场状况通过科学、高效的融资操作与市场交易最大限度地降低政府债务成本。另一方面，视政府资产与负债为一个整体并使两者相匹配，即政府内债、外债分别与政府税收收入、外汇储备相匹配，重点对剩下的净债务进行风险控制。在方法上，外债与内债没有任何区别，均为整个债务收支活动的一个重要组成部分，并依据风险投资组合和有效边界原理，以期望成本度量投资组合成本，以成本方差度量风险，模拟各种债务组合并选定处于有效边界的投资组合为有效组合。然后在给定的风险、成本权衡下，选择最理想的债务组合①。另外，OECD 国家在内债期限结构的优化方面也进行了一定的探索。日本国债大部分为 10 年期品种，德国国债以 5 年期和 10 年期债券为主，法国政府一向坚持“不发行短期国债以弥补财政赤字”的债务举借原则②。三是制度逐步完善。20 世纪 90 年代初，大多数 OECD 国家债务管理仅局限于债务发行及还本付息层面，缺乏较为明确的结构性债务管理设计。为解决这些问题，许多 OECD 成员国重新界定了政府债务管理目标及其内容：从分散性转向专门的、完整的管理体制，从被动地执行债务发行和还本付息等职能转向以政府债务组合为核心的系统化风险管理③。如 1989 年瑞典制定的《债务管理法》明确规定议会、财政部、债务署为瑞典政府债务的决策、管理与执行机构，三个部门依各自职能形成集决策、管理、执行、预测及评估等于一体的协调统一的政府债务管理体系④。

另外，由于希腊、爱尔兰、葡萄牙、西班牙、意大利等 OECD 成员国也是欧盟尤其是欧元区的重要成员。因此，部分 OECD 国家在债务管理方面也面临着与欧盟成员国相同的约束：财政政策与货币政策“二元结构矛盾”，即在欧元区内部实行统一的货币政策，而各成员国实行自主的财政政策。统一的货币制度有利于降低成本、增加贸易便利性与促进区域经济一体化，但同时也使这些国家丧失了通过“铸币税”达到减少政府内债的手段。而且，在金融危机发生

① 马洪范 . OECD 国家的政府债务管理［J］. 中国财政，2004（11）.

② 杨大楷 . 全球国债监管的新动态［J］. 中国投资，1996（6）.

③ 马洪范 . OECD 国家的政府债务管理［J］. 中国财政，2004（11）.

④ 刘立交 . 瑞典政府债务管理体制及审计监督［J］. 山东审计，2003（6）.

之际，为挽救国家经济，独立的财政政策很容易助长一些国家不负责任的财政赤字行为，从而导致债务危机的产生。

2. 中国的政府债务管理体制与政策

中国政府的内债与外债管理相对较为割裂。就内债来讲，可以总结为五个方面：一是逐步提高债务发行效率。1991 年，财政部开始尝试采用承购包销方式发行国债，但到目前为止，记账式国债全部通过电子招标系统发行。二是品种不断丰富，期限结构不断优化。从 1993 年的非实物国债到 2006 年发行的储蓄国债（电子式），从 1991 年集中于 3 年和 5 年到目前已形成的从 3 个月到 50 年的短期、中期、长期兼具的较为完整的期限结构。三是提高管理政策透明度。财政部每个季度均召开国债筹资分析会，在充分征求社会各界意见的基础上制订并公布下一个季度的国债发行计划，以提高国债市场的预见性和稳定性，有效规避国债发行对市场的冲击。四是机构投资者不断发展壮大，国债承销团制度趋于完善。目前，我国已初步建立，比较完善与规范的国债承销团制度，商业银行、证券公司和保险公司已成为国债承销机构的主体。五是健全国债管理机制，提高债务管理的科学化精细化水平。2006 年，我国建立了国债余额管理制度，在增强全国人大对政府债务管理控制力的同时，大大提高了债务管理的灵活性。①

中国的外债管理政策主要体现或落实在外债管理机构及其职能的调整、外债规模与结构管理、外债筹措与使用、外债偿还与监管等方面。1986 年 8 月，国务院批转国家计委《关于利用国外贷款工作分工的意见》，文件按照统一政策、统一计划、归口管理、分工负责的原则进一步明确和改进了各外债管理部门的职能和权限，规定由国家计委会同财政部、中国人民银行等部委提出国家利用国外贷款的总规模和使用方向，并报国务院审批，对外借款业务由对外经贸部、财政部、中国人民银行、农牧渔业部、中国银行等借款窗口负责。同时，文件还对各借款窗口负责的贷款业务范围进行了界定。如世界银行贷款由财政部负责，亚洲开发银行和非洲发展银行贷款业务由中国人民银行主管，农牧渔

① 王保安．国债发行走出一条符合中国市场化发展之路［N］．中国财经报，2011-04-25.

业部负责国际农业发展基金组织贷款业务等[①]。

为准确、及时、全面集中全国的外债信息，有效控制对外借款规模与结构，国家外汇管理局1987年制定了《外债统计监测暂行规定》，决定从1987年起，国家对外债实行登记管理制度[②]。而1989年11月公布实施的《外债登记实施细则》和《外汇（转）贷款登记管理办法》，以及1997年9月由国家外汇管理局发布的《外债统计监测实施细则》则是我国外债登记制度的进一步完善。上述规定将我国外债登记管理范围分为直接外债登记管理和外汇（转）贷款登记管理两大类。而且，规定还要求对不同类型的债务人和期限实行不同的管理政策：对中资机构的短期外债及国家中长期外债分别实施余额管理和计划指标管理，主权外债由财政部统一对外并需获国务院的批准等[③]。

为控制我国外债的规模及使用效益，保证外债规模与国民经济发展相适应，1996年1月1日，国家计划委员会颁布了《关于借用国外贷款实行全口径计划管理的通知》，重点对实施全口径计划管理的中长期国外贷款的范围、方式进行了明确。文件提出，为控制外债规模过快增长，需对中长期国外贷款实行总量控制下的全口径管理，中长期国外贷款规模必须纳入国家借用中长期国外贷款计划，并在此计划的指导下按借款方式和偿还责任分别实施指令性和指导性计划管理[④]。同时，文件还分别就指令性计划与指导性计划管理的范围进行了规定。

吸取亚洲金融危机的教训，为保证外债结构与外汇储备相适应，稳定人民币汇率，降低涉外金融风险。国务院1998年9月颁布了《关于加强外汇外债管理开展外汇外债检查的通知》，决定严厉打击非法逃套国家外汇和违规对外举债

① 高钟庭．公共财政条件下政府外债管理体制与管理模式研究［J］．河北经贸大学学报，2000（21）．

② 国家外汇管理局．外债统计监测暂行规定［EB/OL］．人民网：www.people.com.cn，1987－08－27.

③ 栗书茵．国际金融学［M］．北京：机械工业出版社，2006.

④ 国家计划委员会．关于借用国外贷款实行全口径计划管理的通知［EB/OL］．人民网：www.people.com.cn，1996－04－24.

等行为，强化外债总量与结构管理，保持外债合理规模与结构。文件明确提出，国家发展和改革委员会负责根据社会经济发展和国家收支状况，合理确定外债规模并将其控制在安全线以内；中国人民银行和国家外汇管理局主要负责短期外债规模及其在外债总量中比重的控制，并逐步改善商业银行的资产负债结构[①]。同时，文件还对境外借款担保、外资企业借债等有关事项进行了规定。

为进一步规范外债的筹措与使用，防范外债风险，国家发展计划委员会、财政部、国家外汇管理局于2003年共同出台了《外债管理暂行办法》，就外债的范围、或有外债的内容、外债的类型、外债的管理部门、外债的举借、外债的使用与偿还、外债的监管、对外担保等内容进行了详细规定。为强化外债结构管理，国家对中长期外债与短期外债实施分部门审批管理。文件明确提出，中长期外债的发行必须报经国务院审批，而短期债务的发行则由国家外汇管理局审批（除设定滚动发行外）[②]。

在强化外债规模与结构管理的同时，国家还就国外贷款的使用与管理进行了严格规定。2005年3月，国家发展和改革委员会制定并发布了《国际金融组织和外国政府贷款投资项目管理暂行办法》，就外债的性质和使用、国外贷款投资项目规划、项目资金申请、项目的实施管理等内容进行了规定。尤其是，文件明确规定，国外贷款性质属于国家主权外债，必须纳入政府资金进行管理，且应主要投向公益性及公共基础设施建设、生态环境的保护和改善、欠发达地区经济和社会发展等方面[③]。

外国政府贷款是外债的重要组成部分。为进一步规范外国政府贷款的使用，根据国务院有关规定，财政部于2006年9月制定了《国际金融组织和外国政府贷款赠款管理办法》，对国外贷款的管理机构与职责、贷款的筹措与使用及偿

---

① 国务院．加强外汇外债管理开展外汇外债检查的通知［EB/OL］．人民网：www. people. com. cn，1998－09－14.

② 国家发展计划委员会、财政部、国家外汇管理局．外债管理暂行办法［EB/OL］．中国网：www. china. com. cn，2003－01－14.

③ 中华人民共和国发展和改革委员会．国际金融组织和外国政府贷款投资项目管理暂行办法［EB/OL］．国家发展和改革委员会网：www. ndrc. gov. cn，2005－03－01.

还、赠款的管理等方面进行了规定。作为新中国成立以来财政部颁发的第一部有关政府外债的管理办法，明确规定财政部为我国政府外债的统一管理部门，对国外贷款、赠款实行统一管理①。

另外，为促进境内中、外资银行公平竞争，规范中、外资银行的外债举借与使用行为，根据《中华人民共和国外资金融机构管理条例》、《中华人民共和国外汇管理条例》等文件，国家发展和改革委员会、中国人民银行、中国银行业监督管理委员会三个部门于2004年5月制定了《境内外资银行外债管理办法》，决定对境内外资银行的外债实施总量控制。为强化统借自还主权外债预算管理，提高国外优惠贷款资金的使用质量与效益，财政部于2010年12月制定了《统借自还主权外债预算管理办法》。同时，为减轻中央的负担，强化地方和部门使用外债的责任感，国家从财政角度确立了谁借款谁偿还的总原则，将外债偿还形式分为统借统还、统借自还、自借自还三种方式。

二、 防范中国政府债务风险的政策建议

结合我国政府债务管理体制的现状，可以将我国政府债务管理优化的总体思路设计为："从规模管理转向结构管理，从多头管理转向归口管理，实现内债与外债统一管理，强化地方政府债务管理"。

（一）在实施规模管理的同时，强化结构管理

长期以来，外债总量管理一直是我国整体外债管理工作的重心。实施外债总量控制，保持外债规模适度，对于避免债务危机、促进经济平稳较快发展具有重要的意义。但随着我国外债总量管理体制下的结构矛盾越来越突出，要求我们在实行外债总量控制的同时，加强外债结构的优化管理。

简单来讲，外债结构管理主要是指在保证外债规模适度的情况下，从利率、

① 中华人民共和国财政部．国际金融组织和外国政府贷款赠款管理办法［EB/OL］．财政部网站：jrs. mof. gov. cn，2006－09－01.

期限、币种、投向及融资形式等债务构成要素视角对外债进行优化组合，以降低债务成本，增强偿债能力。因此，外债结构管理是政府债务管理的重要组成部分，主要包括利率结构优化、期限结构优化、币种结构优化及投向结构优化等方面。

外债的利率结构决定了外债利息的支付数额。借债利率的高与低、固定与浮动，直接关系到外债的融资成本。因此，举借外债不仅要考虑债务利率的高低，同时还要控制浮动利率与固定利率的比重，以利于预先确定利息支付数额，稳定利息负担。从我国政府外债的利率结构来看，由于商业银行贷款与短期债务比重过高，从而高利率和浮动利率的占比也较大，融资成本与风险较高。可以考虑通过贷款展期或者发行政府债券变相置换短期债务和银行贷款，一方面使得商业银行贷款逐渐由利率较低的债券所替代，另一方面使得短期债务逐步转换成长期债务。

外债期限结构是指短、中、长期外债对总体外债的占比关系。外债期限结构的决定不仅取决于现实经济发展与建设的需要，而且还要考虑资金的使用效益及债务的期限搭配，避免偿债过于集中。国际上通常认为，短期债务占全部外债比例的警戒区间为20%～25%。我国短期债务比重过高的现实一方面不利于国家统筹安排；另一方面，偿债时间过于集中易形成偿债高峰。而且，短期债务易受国际金融市场的影响，风险较大。

政府外债中借款币种的构成，也是外债管理的一个重要方面。目前，我国外债的币种结构较为单一，主要集中在美元、日元、欧元，这三种币种的汇率直接影响着外债的汇率和利率风险。比如一旦美元升值，中国的外债负担将加重。因此，政府应充分考虑到币种集中所带来的汇率风险，在举借外债中适当增加韩元、卢布、泰铢等币种，一方面有利于降低中国政府外债的币种风险，另一方面有利于中国企业“走出去”，开展境外投资。

在内债方面，关注主要集中于地方政府债务方面。作为我国地方政府债务的举借主体，地方政府投融资平台作为中国财政体制、投融资体制和金融体制等多方面制度变迁的共同产物，对政府加强基础设施建设、应对国际金融危机冲击、促进经济平稳较快发展发挥了重要作用。但随着2009年国家“四万亿元”经济刺激计划的出台，地方政府投融资平台债务规模的激增，尤其是2011年6月审计署与中国人民银行关于地方政府投融资平台债务数据的公布，其潜在的风险引起了政策部门、监管层面及学界的高度关注。据估算，截至2013年6月底，全国地方政府负债率和中央政府负债率总和达到55.7%。尽管债务规模仍在60%的预警线以下，远低于发生债务危机的欧美国家，但从债务结构看，56.6%①的地方政府债务来自银行贷款，且大部分是银政合作和“打捆贷款”，存在违规担保、重复抵押、虚假出资等问题②，埋下了较大的风险隐患。另外，我国地方政府债务中隐性债务、或有债务负担沉重，潜在的债务风险很大。尽管或有债务目前还不是地方政府的直接债务，但均以政府信用或担保为基础，很可能地方政府出于公众压力承担还债责任时，或有债务会变成直接显性债务，最终还是由地方政府归还。

（二）从多头管理转向归口管理，建立完善的归口管理体制与制度

实现借、用、还统一，权、责、利明确，既是政府外债又是政府内债管理的内核。因此，建立分工明确、协调一致的政府债务管理体制，是规范政府债务管理的关键。1998年，尽管国务院明确规定财政部为我国政府外债的统一管理部门，但由于体制改革时间较短，真正的统一的管理制度与体系还未形成。而且，在财政部门内部，外债项目的管理权也是分散于多个职能机构，有关机构各行其是，条块分割，缺乏协调统一的管理。管理机构与制度的非统一，致使政府外债举借、使用与监管等部门相互脱节，职能不明、越位与缺位及错位

① 审计署发布的全国政府性债务审计结果显示，截至2013年6月底，政府债务余额总计为178908.7亿元，来自银行贷款101187.4亿元，银行贷款占政府债务余额的56.6%。

② 受旧《预算法》的限制，地方政府通过构建地方政府投融资平台发放银行贷款。平台的主要银行信贷模式为“打捆贷款”。打捆贷款是指以国有独资或控股的城市建设投资公司为承贷主体，以财政出具的还款承诺作为偿债保证，将一城市或区域的若干基础设施建设项目组合起来作为一个整体项目向银行或其他金融机构贷款的一种融资方式。由于此模式存在违反我国《贷款通则》、《担保法》等有关规定，存在违规担保、重复抵押、虚假出资等问题，在2006年4月国务院五部委紧急叫停。但2008年爆发金融危机后，为应对金融危机，地方政府启动融资平台，其中包括打捆贷款。

并存，借款人不管用款、用款人不管还款、还款人不管借款，借、用、还三环节缺乏有效约束，责、权、利三方面难以实现统一。

可以考虑专设外债管理中心，分别由国家、省（区）级、市级三个层面组成，专门负责全国外债的决策、筹措及监管。国家外债管理中心设在财政部，因为1998年国务院已明确规定财政部为我国政府外债的统一管理部门。省（区）级外债管理中心设在各省（区）的财政厅，统一管理省（区）政府外债及省（区）级以下的政府外债，同时协助管理省（区）级的由财政部统借统还的外债项目。市级外债管理中心设在当地的财政部门，负责市级及以下外债的业务管理。同时，下级外债管理中心必须对其上一级的外债管理部门负责①。

当然，统一管理与分工协作并不矛盾。毕竟，政府外债管理包括决策、偿还及风险控制等方面，涉及财政、计划、外汇等部门。因此，这些业务应统一纳入政府外债管理中心，并成立相应的机构在外债管理中心的监管下分工合作。计划部门按照国民经济承受能力合理确定政府外债的举借规模与结构，并负责外债备选项目的规划；外债监管中心主要对外债资金的使用及风险控制进行管理；行业主管部门则主要负责外债项目的论证及运营管理。② 而政府债务审计监督属于审计系统的职责范围，着重围绕政府债务资金的使用、偿还及风险控制，对外债管理中心进行财务收支及不定期的绩效考核。

在内债方面，也面临着相同的问题。作为内债主要组成部分的地方政府债务不仅规模庞大，而且多头举债，没有一个权力部门统一归口管理。我国旧《预算法》第二十八条规定，地方政府必须按照量入为出、收支平衡的原则编制预算，且除法律和国务院另有规定外，不可以发行地方政府债券。但事实上，长期以来，中国各级地方政府大都在不同程度上举债度日或负债经营。由于地方政府举债行为既不合规又不合法，因此，为了举债，地方政府只好搭建本级

---

① 高钟庭．公共财政条件下政府外债管理体制与管理模式研究［J］．河北经贸大学学报，2000（21）．

② 高钟庭．公共财政条件下政府外债管理体制与管理模式研究［J］．河北经贸大学学报，2000（21）．

融资平台通过其担保和土地抵押等方式大量举债。除财政部门之外，其他职能部门也在举债，因而这部分负债均分布在各部门，目前尚未由财政部门进行统一全面管理，再加上政府债务的统计、核算体系的不完善，对于隐性债务更是缺乏统一的监测与管理标准及机构。

因此，综合来考虑，我们可以成立政府债务管理中心，不仅统一管理政府外债的举借与使用，而且还全面负责政府内债尤其是地方政府债务的统计分析、审查、登记备案、规模控制、债务资金使用、风险预警等工作。

（三）在将政府外债全面纳入预算管理的同时，实现外债与内债统一管理

在预算管理方面，瑞典、法国等国家视政府外债与内债无任何差别，将政府内债、外债作为整个债务收支活动的重要组成部分统一纳入预算管理①。这种做法，不仅有利于降低政府外债风险，而且有助于稳定国家财政状况。因此，我国应严格按照《预算法》的规定和借鉴瑞典等国的通行做法，结合目前政府举借外债的实际情况，分层次逐步将政府外债纳入预算管理。

西方发达国家债务管理的成功实践表明，将地方政府债务纳入预算管理是实现政府债务透明化的有效举措。2011 年 5 月，财政部部长谢旭人在开展地方调研时强调，必须建立地方政府债务管理及风险预警体系，将地方政府债务收支纳入预算统一管理。因此，应依据科学性、系统性、可比性等原则及风险管理、政府债务管理、资产负债管理等理论，在选择确定包括债务规模、债务结构一级指标，内债规模、外债规模、利率结构、期限结构、币种结构、投向结构等二级指标在内的地方政府债务风险预警指标的基础上，科学设计预警指标的阈值和风险预警体系的综合评价模型，从而构建有利于准确、全面评估我国地方政府债务风险的地方政府债务风险预警体系和机制，以对债务进行记录、监测与分析，不仅反映债务规模的变动，而且系统反映债务变化对其资产负债

① 刘立交．瑞典政府债务管理体制及审计监督［J］．山东审计，2003（6）．

状况及整体经济运行风险的影响①。

（四）转变资金投向，逐步退出竞争性和有经营收益的公益性领域

从实证结果来看，无论是政府内债还是政府外债都对私人投资具有明显的挤出效应。为了降低这种挤出效应，就必须要控制我国政府债务投向，逐步退出竞争性与有经营收益的领域，重点投向无经营性尤其是关系国计民生的无经营性收益的领域。

2015 年 1 月实施的新《预算法》对专项转移支付作出限制：按照法律、行政法规和国务院的规定可以设立专项转移支付，用于办理特定事项；要建立健全专项转移支付定期评估和退出机制；市场竞争机制能够有效调节的事项不得设立专项转移支付。2014 年，财政部和国家发展改革委相继下发了《财政部关于推广运用政府和社会资本合作模式有关问题的通知》（财金〔2014〕76 号）、《财政部关于政府和社会资本合作示范项目有关问题的通知》（财金〔2014〕112 号）、《财政部关于印发政府和社会资本合作模式操作指南（试行）的通知》（财金〔2014〕113 号）、《国家发展改革委关于开展政府和社会资本合作的指导意见》（发改投资〔2014〕2724 号）及其附件《政府和社会资本合作项目通用合同指南》等文件，提出重点支持对价格调整机制相对灵活、市场化程度相对较高、投资规模相对较大、需求长期稳定、收费定价机制透明、有稳定现金流等特点的城市基础设施和公共服务领域项目，如城市供水、供暖、供气、污水和垃圾处理、保障性安居工程、地下综合管廊、轨道交通、医疗和养老服务设施等，开展 PPP 融资模式。这也充分表明了政府逐步退出竞争性领域的决心。

（五）修正片面强调经济指标的政绩观，构建以民生、生态、人文环境改善等为核心指标的政绩评价体系

在凯恩斯理论的指导下，以扩大财政支出拉动经济增长是发达国家与发展

① 葛红民，赵建峰．加强地方政府性债务管理　防范和化解债务风险［EB/OL］．江苏省审计厅：www.jssj.gov.cn.

中国家政府赤字和债务规模扩大的一个主要原因。目前，我国政绩评价体系还不太完善与科学，片面强调 GDP 增速、固定资产投资额、招商引资数量、市政建设的发达与美观程度等经济指标，而忽视了人文社会、生态环境、民生质量等加强社会管理、增强公共服务等方面的绩效评价。由于政绩评价片面强调经济指标和眼前政绩，一些领导干部误认为“政绩”等同于经济增长或 GDP 总量。因此，为了获得可观的区域经济增长率，地方政府大量举债搞投资建设，进而导致债务规模与风险剧增。如此看来，修正这种非合理的评价体系与机制也是降低我国地方政府债务规模与风险的必然选择。

（六）深化财政及投融资体制改革，使政府财力与事权相匹配

要彻底从根源上消除我国政府债务融资的压力，降低政府债务风险，就必须进一步深化我国财政及投融资体制改革，在提高民间投资参与政府投资项目建设积极性的同时，增加转移支付力度，使政府财力与事权相匹配。一方面，大力推进公共产品建设领域投融资体制改革。按照“政府引导、社会参与、市场运作”的原则，进一步打破垄断，构建合理的利益分配机制，调动社会各方面资金投资公共产品建设的积极性，缓解项目建设需求和政府可供财力之间的矛盾。另一方面，进一步深化财政体制改革，尤其是完善转移支付制度。分税制体制改革以来，地方政府财力与事权的不对等是造成地方政府大量举债的关键原因。因此，要限制地方政府继续举债，就必须明确中央政府和各级地方政府的事权执行责任，并根据执行责任测算相应的执行成本，进而依据执行成本来分配财力，以确保各级政府财力与事权相匹配。在财力与事权相匹配的财税体制改革进程中，健全与完善现有的转移支付制度是重要内容。长期以来，专项转移支付占整个转移支付比重过大而造成的挤占、挪用专项资金等是我国转移支付制度存在的主要问题。因此，增加一般转移支付规模和比例应为我国转移支付制度改革的首要举措。一般转移支付额度的增加，预示着基层政府统筹财力余地的增强，在一定程度上会大大提高地方政府资金使用的灵活度与效益。同时，应继续完善专项转移支付资金的分配、使用、监管及绩效评价制度，严

禁各种挤占、挪用专项资金行为，提高专项转移支付资金的使用效益。

（七）建立完善的债务统计制度，提高政府债务的透明度

我国财政部综合政策研究室专家贾康认为，我国地方政府融资行为不仅很不规范，而且透明度较低。因此，“治存量，开前门，关后门，修围墙”是我国地方政府债务治理应遵循的原则①。在他看来，有效防范地方政府债务风险、积极消化债务存量、降低债务规模固然重要，但更重要的应在于制度的完善，在严厉杜绝与禁止“潜规则”的同时，尽快完善地方政府债务管理制度及应急机制，提高政府债务融资的规范性与透明度。

科学、准确、及时地统计债务，是强化政府债务管理的基础。因此，各级政府部门要在现有债务统计方法与制度的基础上，构建科学的债务分类方法，建立规范、透明的债务统计制度，特别应进一步加强隐性负债与或有负债的统计与管理，以准确、完整地统计和反映政府债务的规模、结构及变动情况，提高地方政府债务的透明度，为政府投融资决策与债务管理优化方案的设计提供依据和参考。

PPP 模式的推行和实施，能够有效地化解债务压力、解决投融资缺口、满足基建需求等，但如果风险共担机制等体制机制设计不合理，PPP 模式有可能会带来政府债务的增加，尤其是可能出现政府利用地方投融资平台变相操作的做法。社会资本不愿意进入，政府又急需进行融资，这便产生了以地方投融资平台为首的民间资本，与政府进行合作。“换汤不换药”，还是原来的配方——地方投融资平台伪装成民间资本借 PPP 项目之名继续为地方政府融资举债。此前财政部规定，本级政府所属融资平台公司及其他控股国有企业不属于 PPP 模式中的社会资本。不过，2015 年 5 月中旬国务院《关于在公共服务领域推广政府和社会资本合作模式指导意见的通知》（国办发〔2015〕42 号）对这一条件有所放宽，明确了合规的地方政府融资平台公司可以作为社会资本参与 PPP 项目。但

① 贾康．地方融资平台需要“治存量、开前门、关后门、修围墙”［J］．经济展望，2010（9）．

前提是，融资平台已与政府脱钩，进行市场化改制，健全完善的公司治理结构，今后不再承担地方政府举债融资职能。42号文同时也强调，严禁融资平台公司通过保底承诺等方式参与政府和社会资本合作项目，进行变相融资。但业内人士表示，这其实还是给地方政府留下很大的操作空间。各地方政府便有可能存在着钻空子的行为，吸引不到货真价实的民间资本，便利用地方投融资平台进行变相融资，未与政府脱钩的融资平台参与PPP项目实际上相当于增加政府的隐性负债风险。因此，建立完善的债务统计制度，提高政府债务的透明度，避免政府隐性债务规模的增加，对于政府债务的监管具有重要的意义。

三、 结论

1. 从债务规模来看，截至2012年12月，中国政府债务率为39.43%，政府内债率为38.52%，政府外债率为0.91%，分别远低于80%、47%、35%的临界值，不存在债务规模风险。但中国地方政府债务56.6%来自银行贷款，且大部分是银政合作和“打捆贷款”，存在违规担保、重复抵押、虚假出资等问题，埋下了较大的风险隐患。

2. 从债务结构来看，2000年以来，中国政府外债余额占总债务余额比例呈下降趋势，2012年12月为0.91%，远低于OECD成员国40.87%的数值。但我国政府举借的外债中，存在商业银行和短期债务比重过高、币种结构单一等问题，风险与成本较高。

3. 从债务管理体制方面，外债项目管理分散于多个职能机构，条块分割，缺乏统一管理；作为内债主要组成部分的地方政府债务不仅规模庞大，而且多头举债，没有一个权力部门统一归口管理。

4. 基于中国政府债务管理体制的现状及结构性债务风险的考虑，“从规模管理转向结构管理，从多头管理转向归口管理，实现内债与外债统一管理，强化地方政府债务管理”是优化我国地方政府债务管理的重点举措和总体思路。

参考文献

［1］张雷宝．公债经济学——理论·政策·实践［M］．杭州：浙江大学出版社，2007.

［2］邓子基等．公债经济学——公债历史、现状与理论分析［M］．北京：中国财政经济出版社，1990.

［3］隆武华．外债两重性——引擎？桎梏？［M］．北京：中国财政经济出版社，2001.

［4］詹姆斯·M. 布坎南．自由、市场与国家［M］．北京：商务印书馆，2001.

［5］刘华．公债经济学［M］．北京：中国社会科学出版社，2004.

［6］高培勇，宋永明．公共债务管理［M］．北京：经济科学出版社，2004.

［7］刘尚希．公共风险下的公共财政［M］．北京：经济科学出版社，2010.

［8］刘尚希．宏观金融风险与政府责任［M］．北京：中国财政经济出版社，2006.

［9］时红秀．财政分权、政府竞争与中国地方政府债务［M］．北京：中国财政经济出版社，2007.

［10］余斌，吴振宇．中国中长期负债能力与系统性风险研究［M］．北京：中国发展出版社，2013.

［11］王文剑．中国财政分权与地方政府规模及结构——基于经验的假说与解释［J］．世界经济文汇，2010（5）：42－51.

［12］缪小林，伏润民．地方政府债务风险的内涵与生成：一个文献综述及权责时空分离下的思考［J］．经济学家，2013（8）：35－40.

［13］类承耀．我国地方政府债务增长的原因：制度性解释［J］．经济研究参考，2011（38）：60－65.

[14] 李扬，张晓晶等．中国主权资产负债表及其风险评估［J］．经济研究，2012（6）：5－7.

[15] 郭玉清．逾期债务、风险状况与中国财政安全——兼论中国财政风险预警与控制理论框架的构建［J］．经济研究，2011（8）：38－50.

[16] 沈沛龙，樊欢．基于可流动性资产负债表的我国政府债务风险研究［J］．经济研究，2012（2）：93－95.

[17] Robert J. Barro, "Are government bonds net wealth?", Journal of Political Economy, Vol. 82, No. 6 (Nov－Dec., 1974), pp. 1095－1117.

[18] Peter A. Diamond, "National Debt in a Neoclassical Growth Model", The American Economic Review, Vol. 55, No. 5, Part 1 (Dec., 1965), pp. 1126－1150.

[19] Carmen M. Reinhart and Kenneth S. Rogoff, "Growth in a Time of Debt," (2010a). American Economic Review, Vol. 100, No. 2, May, 573－78.

[20] Reinhart, Carmen M., Kenneth S. Rogoff, and Miguel A. Savastano, "Debt Intolerance," Brookings Papers on Economic Activity, Spring, 2003, 1－74.

[21] Carmen M. Reinhart, and Kenneth S. Rogoff, "The Forgotten History of Domestic Debt," The Economic Journal, 2011.

[22] Carmen M. Reinhart and Kenneth S. Rogoff, "A Decade of Debt", NBER Working Paper 16827, February, 2011.

[23] Sala－i－Martin et al., "Determinants of long－term growth: A bayesian averaging of classical estimates (BACE) approach", American economic review, Vol. 94, No. 4 (Sep., 2004), pp. 813－835.

第五章

探索封闭式基金折价：套利策略与风险检验[①]

本章研究了封闭式基金折价的均值回归及其隐含的套利投资策略。我们充分利用封闭式基金折价均值回归的特性，建立了时间序列参数模型来估计基金未来的预期收益率，然后根据预期收益的排序来设计最佳投资策略。该策略买入1/5预期收益最高的基金，同时卖出1/5预期收益最低的基金。这一零投资策略产生的年化套利收益率为18.2%，夏普比率（Sharpe Ratio）为1.918。实证检验表明，传统的资产定价模型不能解释这个套利收益率。封闭式基金市场的有效性值得进一步研究。

① 本章撰稿人为迪利普·帕累托，路易斯·皮科蒂，吴仰儒。

一、 研究背景

封闭式基金是发行固定数量份额并以基金投资收益为目标的投资公司。封闭式基金在证券交易所上市，其交易形式类似于普通股票。与开放式基金不同，封闭式基金的股东不能按照基金的净资产值（NAV）赎回基金的股份。在有效和无摩擦的资本市场，封闭式基金的交易份额市场值应当等价于其净资产值。但在现实市场中，封闭式基金份额交易价格经常显著低于其净资产值。此现象通常被称为封闭式基金折价之谜。而且，封闭式基金份额市场值和资产净值之间的差（也称为封闭式基金溢价），在时间序列和横截面方面都呈现很大的变化。大量的学术研究一直试图解释这些令人费解的现象。学术界目前主要的解释包括投资者情绪理论（例如 De Long et al.，1990；Lee et al.，1991）、市场摩擦理论（例如，Brickley 和 Schallheim，1985；Bradley et al.，2010；Brauer，1988）、代理成本理论（例如 Barclay et al.，1993；Khorana et al.，2002；Del Guercio et al.，2003）、管理技能理论（Chay 和 Trzcinka，1999；Coles et al.，2000；Johnson et al.，2006；Berk 和 Stanton，2007）和市场分割理论（Bonser－Neal et al.，1990；Bodurtha et al.，1995；Gemmill 和 Thomas，2002；Nishiotis，2004；Cherkes et al.，2009；Froot 和 Ramadorai，2008；Elton et al.，2013）。

本章探讨封闭式基金的风险特征和均值回归交易策略。首先，我们对单独每个基金的溢价进行均值回归的测试。我们发现，大多数基金的溢价显示显著均值回归。我们的分析表明，均值回归偏置的调整速度平均为每月 8.6%。这意味着，在我们的样本中，基金溢价的平均半衰期为 7.7 个月。同时，基金溢价的反转速度在横截面上存在很大的变化，这表明不同基金间存在很大的异质性。总体来说，投资于固定收益证券的基金其溢价的反转速度比投资于股票的基金反转速度要快，投资于外国资产的基金比投资于国内资产的基金具有更显著的均值回归。即使是同一基金类型，均值回归的速度在横截面上也存在很大的异质性。

其次，我们利用封闭式基金的折价和溢价的动态特性来研究基金的预期收益。Thompson（1978）发现，折价的封闭式基金的资产组合的表现优于整体市场。Pontiff（1995）的研究显示，溢价的基金组合产生负的异常收益，折价的基金组合产生正的异常收益。我们运用参数化方法来优化投资组合，利用封闭式基金溢价的历史信息和溢价变化，我们检验常用的风险因素能不能解释封闭式基金的投资策略回报，我们利用基金的历史信息设计出交易策略。具体地说，我们的策略是买进1/5预期收益率最高的基金，同时卖出1/5预期收益率最低的基金，这个零投资组合（多空交易策略）得到的年化平均收益率为18.2%，其夏普比率（Sharpe Ratio）为1.918。这两个统计量都大大超过整个市场对应的统计量。

最后，我们把交易策略得到的收益率对常用的风险因素进行回归，以测试投资回报率是否是由系统性风险引起的。我们发现，封闭式基金交易策略得到的收益不能由Fama和French（1993）常规的三个风险因素，Carhart（1997）的动量因素或Pastor和Stambaugh（2003）的流动性因素所解释。我们设计的投资策略得到的回报，经过这五个因素的风险调整后，其年化的平均超额回报率（alpha）达到17.4%。这个数字仅比未经调整的回报率（18.2%）略低，并且是在1%的水平下显著的。

我们对数据进行了一系列的稳健性检验，得到了近似的结果。总得来说，我们的研究结果表明，常用的风险因素不能解释封闭式基金均值回归交易策略得到的回报率。封闭式基金市场的有效性值得进一步研究。

本章的其余部分安排如下。第二部分介绍用于提取封闭式基金折扣信息的实证方法，第三部分讨论数据，第四部分报告结果，第五部分总结。

二、 实证方法

本部分介绍预测封闭式基金回报的经验模型。封闭式基金收益和溢价分别计算如下

$$r_{i,t} = \frac{P_{i,t} + D_{i,t}}{P_{i,t-1}} - 1 \tag{1}$$

$$prem_{i,t} = p_{i,t} - nav_{i,t} \tag{2}$$

这里

$P_{i,t}$—— 第 i 个封闭式基金在 t 时刻的市场价格；

$p_{i,t}$ ——封闭式基金市场价格的自然对数，即 ln（$P_{i,t}$）；

$D_{i,t}$ ——基金现金红利发放；

$nav_{i,t}$ ——基金净资产值（NAV）的自然对数；

$prem_{i,t}$ ——基金市场价格对应于基金净资产值的相对溢价。

假定基金溢价存在均值反转行为，基于这个假设，我们利用目前基金的溢价来预测基金未来的回报，具体经验模型如下

$$r_{i,t} = \alpha_i + \beta_i\, prem_{i,t-1} + \varepsilon_{i,t} \tag{3a}$$

$$E_t[r_{i,t+1}] = \hat{\alpha}_i + \hat{\beta}_i\, prem_{i,t} \tag{3b}$$

这里 $E_t[\cdot]$ 是数学期望算子，$\hat{\alpha}_i$ 和 $\hat{\beta}_i$ 是估计回归参数。

Thompson（1978）发现，折扣的封闭式基金组合的表现优于大市。Pontiff（1995）的研究显示，折扣的基金组合有超额回报，而溢价的基金组合的回报则低于正常回报率。本章的模型（3a，3b）与上述学者所用的方法不同。这些学者只考虑基金的溢价或折扣的方向，他们假定折扣的基金有高回报，而溢价的基金有低回报，这里假定基金未来回报与目前的溢价有关。我们用参数模型，利用溢价来预测未来的基金回报率。如果基金的溢价表现出显著均值回归，那么我们的参数化模型应该有更好的表现。

我们注意到，（3a，3b）不能完全捕捉历史溢价所包含的信息。因此，在下面的模型中，我们增加了滞后的溢价变化作为解释变量。新的回报预测方程，原理上与 Dickey 和 Fuller（1981）的回归模型很相似，即

$$r_{i,t} = \alpha_i + \beta_i\, prem_{i,t-1} + \sum_{j=1}^{k_{i,t}} \gamma_{i,j} \Delta\, prem_{i,t-j} + \varepsilon_{i,t} \tag{4a}$$

$$E_t[r_{i,t+1}] = \hat{\alpha}_i + \hat{\beta}_i\, prem_{i,t} + \sum_{j=1}^{k_{i,t}} \hat{\gamma}_{i,j} \Delta\, prem_{i,t-j+1} \tag{4b}$$

其中，Δ 表示第一差分算子，滞后长度 $k_{i,t}$ 的选择参照 Campbell 和 Perron（1991）建议的程序。

我们把基本模型（3a，b）简称 BMR 模型，而把改进了的模型（4a，b）简称 RADF 模型。

三、 数据

本章的数据全部是月度数据。样本覆盖期间为 1984 年 8 月至 2011 年 12 月。我们的数据分别从下面的数据源取得。封闭式基金股价、总回报率、交易量和流通股数据从 CRSP 数据库获得。月末基金资产净值的数据来自彭博社。Fama 和 French（1993）的三个风险因素，以及 Carhart（1997）的动量因素数据，来自 Kenneth French 的网站。Pastor 和 Stambaugh（2003）的流动性因素的数据来自 Lubos Pastor 的网站。我们从 CRSP 总共获得 693 只封闭式基金。各个数据源合并后，只有 377 只基金有齐全的数据，我们最后的样本包括这 377 只基金。

四、 实证结果

（一）封闭式基金交易策略的实施

当实施 BMR 模型（3a，b）和 RADF 模型（4a，b）时，我们用大约前 1/3 的样本来估计初始模型参数，而后 2/3 的样本被用作模型检验。第一个预测点定在 1998 年 2 月。为了比较准确地估计经验模型，我们要求基金必须存在 120 个月以上才有资格参与样本估计。我们利用数据从初始点直到时间点 t，然后预测时间点（t+1）的预期收益率，我们根据（t+1）的预期收益率对基金进行排序，然后买进 20% 预期收益率最高的基金，卖出 20% 预期收益率最低的基金。我们持有这个零投资组合一个月。一个月后，我们有了新的数据点。我们把数据进行更新，加上新的数据点，重新估计模型，然后选择新的投资组合。我们重复这个过程，一直到样本的终点，然后统计投资组合的平均表现。

（二）封闭式基金溢价的均值回归检验

下面的 ADF 回归模型用于测试封闭式基金溢价的均值回归，并估计均值回归的速度

$$\Delta prem_{i,t} = \alpha_i + \beta_i prem_{i,t-1} + \sum_{j=1}^{k_i} \gamma_{i,j} \Delta prem_{i,t-j} + \varepsilon_{i,t} \qquad (5)$$

其中，Δ 是第一差分算子。最优滞后长度 k_i，根据 Campbell 和 Perron（1991）提出的方法进行选择。检验封闭式基金溢价均值回归的统计量为 $\tau = \frac{\hat{\beta}}{\hat{\sigma}_\beta}$。

表 5－1 的 A 和 B 部分，分别显示均值回归系数的估计值和 τ 统计量。我们估计的均值回归参数（MRP）β 的平均值为 －0.138。然而，我们知道这个参数的估计值是向下偏差的。我们用模拟的方法估计了偏差，最后得到平均无偏差的 β 参数为 －0.086，这意味着封闭式基金的溢价具有 7.7 个月的平均半衰期。这说明，封闭式基金溢价的回归速度是比较快的。从标准差以及整个分布来看，我们也观察到均值回归系数因基金的不同而有较大变化。

在均值不回归这个零假设下，样本统计量的5%的临界值为 －2.89（Fuller，1976，p. 369）。在表 5－1 的 B 部分，我们可以看到，大约有 50% 的封闭式基金可以在 5% 的显著性水平下拒绝零假设。也就是说，这些基金的溢价显示显著地均值回归。虽然 τ 统计量的分布较分散，但我们没有发现任何基金的溢价显示爆炸性行为（$\beta > 0$）。在随机游走这个零假设下，针对爆炸性行为的 5% 的临界值是 －0.08（见 Phillips et al.，2011，p. 213）。

表 5－1 报告封闭式基金溢价均值回归检验结果，ADF 回归模型如下

$$\Delta prem_{i,t} = \alpha_i + \beta_i prem_{i,t-1} + \sum_{j=1}^{k_i} \gamma_{(i,j)} \Delta prem_{i,t-j} + \varepsilon_{i,t}$$

其中，Δ 是差分算子，$\tau = \frac{\hat{\beta}}{\hat{\sigma}_\beta}$。优化的滞后长度 k_i，是使用 Campbell 和 Perron（1991）方法来选择的。在零假设下，均值回归系数 β_i 的平均估计值为 －0.052。ADF 模型使用相应的全部观测样本来估计。当样本容量为 100 时，在无均值回

归的零假设下，5%的临界值是 -2.89。N 是封闭式基金的数量，MEAN 是均值，MED 是中值，SD 是标准差，Q25（Q75）是 25%（75%）百分位，MIN（MAX）为最小（最大）值，样本期间为 1984 年 8 月至 2011 年 12 月。

表 5-1　封闭式基金溢价均值回归检验

	N	MEAN	MED	SD	Q25	Q75	MIN	MAX
A 组：均值回归参数（MRP）β								
All	334	-0.138	-0.120	0.079	-0.171	-0.085	-0.541	-0.002
Domestic	202	-0.139	-0.122	0.075	-0.174	-0.085	-0.541	-0.027
Foreign	64	-0.135	-0.127	0.078	-0.165	-0.094	-0.534	-0.030
Equities	69	-0.121	-0.108	0.061	-0.168	.070	-0.281	-0.034
Fixed Income	161	-0.136	-0.126	0.065	-0.166	-0.089	-0.444	-0.030
B 组：均值回归检验统计量 τstatistic								
All	334	-2.863	-2.878	0.879	-3.319	-2.393	-8.256	-0.053
Domestic	202	-2.913	-2.919	0.757	-3.294	-2.475	-5.287	-0.810
Foreign	64	-3.130	-3.018	1.024	-3.603	-2.505	-8.256	-0.925
Equities	69	-2.906	-2.886	0.841	-3.465	-2.359	-5.368	-0.955
Fixed Income	161	-3.017	-2.970	0.739	-3.399	-2.531	-5.287	-0.925

表 5-2 呈现封闭式基金年化平均回报率的统计数据。全样本平均收益呈现在第一行，其余行呈现不同类型基金的年化平均回报率。我们看到，国际基金的回报率比国内基金波动性高。股票型基金的平均年化收益为 10.4%，而固定收益型基金的年化平均收益率为 7.5%。股票型基金比固定收益型基金的波动性高，这与股权风险溢价现象大体一致。

表 5-2 报告封闭式基金样本的年化月度平均收益。N 是封闭式基金的数量，MEAN 是平均值，MED 是中位数，SD 是标准差，SD 是标准差，Q25（Q75）是 25%（75%）百分位，MIN（MAX）为最小（最大）值，样本期间为 1984 年 8 月至 2011 年 12 月。

表 5-2　封闭式基金平均收益统计

	N	MEAN	MED	SD	Q25	Q75	MIN	MAX
All	336	0.079	0.073	0.046	0.064	0.095	-0.241	0.244
Domestic	202	0.074	0.073	0.038	0.066	0.084	-0.241	0.212
Foreign	65	0.105	107	0.061	0.066	0.145	-0.111	0.244
Equities	69	0.104	0.100	0.056	0.066	0.132	-0.106	0.244
Fixed Income	162	0.075	0.073	0.024	0.067	0.083	-0.066	0.152

（三）封闭式基金交易策略的表现

表5-3展示使用BMR和RADF模型来预测封闭式基金未来回报率并利用预期回报率设计的多空交易策略。从面板A我们看到，利用BMR模型，我们得到多空策略的年化平均收益率为17.3%。BMR模型年化的夏普比率（Sharpe Ratio）为1.862，远高于市场的夏普比率0.170。

表5-3报告封闭式基金交易策略的表现。封闭式基金按预期收益排序，然后被分成五等份。在A组中，预期收益来源于模型（3a，b），在B组中，预期收益来自模型（4a，b）。Q5（Q1）表示拥有最高（最低）预期收益的1/5的封闭式基金，MRKT表示市场收益，MEAN是平均收益，SHARPE是夏普比率，PTO是组合周转率，STO是封闭式基金的份额周转率，DVOL是交易量（单位为百万美元），它们都是年化的数字。MVE是市场资本量（单位为百万美元），MRP是平均ADF均值回归系数，括号里的数字为 t-统计量，***、**和*分别表示在1%、5%和10%水平下统计显著，样本期间为1984年8月至2011年12月。

表 5-3　封闭式基金交易策略的表现

A组：BMR模型							
POFOLIO	MEAN	SHARPE	PTO	MVE	STO	DVOL	MRP
Q5	0.153*** (3.543)	0.785	2.675	311.850	0.626	196.309	-0.148
Q1	-0.020 (-0.541)	-0.332	3.204	301.989	0.571	164.342	-0.159

续表

A 组：BMR 模型							
POFOLIO	MEAN	SHARPE	PTO	MVE	STO	DVOL	MRP
Q5 - Q1	0.173***	1.862	2.939	306.919	0.598	180.325	-0.154
	(6.946)						
Q5 - MRKT	0.098***	0.795	.	.	.	.	.
	(2.967)						
MRKT	0.055	0.170	.	.	.	.	.
	(1.199)						
FULL SAMPLE	.	.	.	284.831	0.596	162.238	-0.133
B 组：RADF 模型							
PORTFOLIO	MEAN	SHARPE	PTO	MVE	STO	DVOL	MRP
Q5	0.163***	0.829	5.686	322.454	0.654	217.767	-0.128
	(3.695)						
Q1	-0.019	-0.321	5.964	309.417	0.572	171.416	-0.137
	(-0.503)						
Q5 - Q1	0.182***	1.918	5.825	315.936	0.613	194.591	-0.132
	(7.154)						
Q5 - MRKT	0.107***	0.871	.	.	.	.	.
	(3.250)						
MRKT	0.055	0.170	.	.	.	.	.
	(1.199)						
FULL SAMPLE	.	.	.	284.831	0.596	162.238	-0.117

PTO、MVE、STO 和 DVOL 分别列出投资组合周转率，封闭式基金投资组合的平均股权市场价值，投资组合平均权益交易额和投资组合平均交易金额。

表 5-3 面板 B 展示了使用 RADF 模型来预测封闭式基金未来回报并利用预期回报设计的多空交易策略表现。我们发现，RADF 模型比基本的 BMR 模型有更强的预测能力。RADF 模型的多空投资策略的年化平均收益率为 18.2%，夏普比率（Sharpe Ratio）为 1.862，均高于 BMR 模型对应的表现。

（四）投资策略回报的风险调整

本部分检验上述交易策略的回报率是不是由系统性风险引起的。为此，我们使用了传统的 Fama 和 French（1993）的三因素模型。为了考虑动量和市场流动性的影响，我们在三因素模型的基础上，增加了动量因素（Carhart，1997）和流动性因素（Pastor 和 Stambaugh，2003）。具体地说，我们用下面的回归模型来调整交易策略的回报率

$$r_{p,t}^{e} = \alpha_p + \beta_{p,1} r_{MRKT,t}^{e} + \beta_{p,2} r_{SMB,t} + \beta_{p,3} r_{HML,t} + \beta_{p,4} r_{WML,t} + \beta_{p,5} r_{LIQ,t} + \varepsilon_{p,t} \quad (6)$$

其中

$r_{p,t}^{e}$：投资策略的套利回报率；

r_{MRKT}^{e}：市场投资组合相对于无风险投资的超额回报率；

r_{SMB}：小公司相对于大公司的超额回报率；

r_{HML}：高账面对市场比值（B/M）的公司相对于低账面对市场比值的公司的超额回报率；

r_{WML}：动量因素（赢家股票相对于输家股票）的超额回报率；

r_{LIQ}：Pastor 和 Stambaugh 流动性因素的回报率；

α_p：回归方程的截距，表征投资策略经过系统风险调整以后的超额回报率。

表 5 -4 报告回归结果：在面板 A，我们假定模型参数不随时间而变化。我们用整个样本的数据进行回归。在面板 B，我们假定风险溢价会随着时间而变化。因此，我们用 60 个月的移动样本数据来估计模型参数。

从表 5 -4 面板 A 我们看到，经过风险调整后，用 RADF 投资策略得到的封闭式基金平均套利回报率为 17.4%。这个数字与调整前的回报率（18.2%）很接近，而且在 1% 的统计水平下是显著的。这个结果说明，上述模型中，5 个系统性风险因素整体不能解释 RADF 投资策略获得的超额回报率。表 5 -4 报告 RADF 交易策略回报经过 5 个风险因素调整后的异常收益结果。回归方程为

$$r_{p,t}^{e} = \alpha_p + \beta_{p,1} r_{MRKT,t}^{e} + \beta_{p,2} r_{SMB,t} + \beta_{p,3} r_{HML,t} + \beta_{p,4} r_{WML,t} + \beta_{p,5} r_{LIQ,t} + \varepsilon_{p,t}$$

其中，MRKT 是市场投资组合相对于无风险投资的超额回报率，SMB 是小公司

相对于大公司的超额回报率，HML 是高账面对市场比值（B/M）的公司相对于低账面对市场比值的公司的超额回报率，WML 是动量因素（赢家股票相对于输家股票）的超额回报率，LIQ 是 Pastor 和 Stambaugh 流动性因素的回报率，ALPHA 是回归方程的截距，表征投资策略经过系统风险调整以后的超额回报率，是年化的。A 组用全部样本作回归模型。B 组用 60 个月的移动样本来估计模型，表中的系数为平均值，括号里的数字为 t - 统计量。*** 、** 和 * 分别表示在 1%、5%和 10%水平下统计显著，样本期间为 1984 年 8 月至 2011 年 12 月。

表 5-4　封闭式基金交易策略的异常收益

PORTFOLIO	ALPHA	MRKT	SMB	HML	WML	LIQ
A 组：RADF 交易策略，假定模型系数不随时间变化						
Q5	0.100***	0.590***	0.141**	-0.079	-0.123***	0.204***
	(3.388)	(10.840)	(2.022)	(-1.115)	(-2.909)	(3.619)
Q1	-0.074***	0.431***	0.140**	0.093	-0.161***	0.147***
	(-2.665)	(8.389)	(2.131)	(1.395)	(-4.047)	(2.766)
Q5-Q1	0.174***	0.159***	0.001	-0.172***	0.038	0.057
	(7.198)	(3.565)	(0.014)	(-2.965)	(1.110)	(1.230)
B 组：RADF 交易策略，假定风险溢价随时间变化						
Q5	0.116***	0.611***	0.050	0.020	-0.111***	0.123***
	(24.431)	(29.868)	(1.295)	(0.234)	(-3.977)	(3.569)
Q1	-0.085***	0.533***	0.142***	0.232***	-0.141***	0.088**
	(-15.309)	(31.470)	(5.490)	(3.585)	(-5.131)	(2.051)
Q5-Q1	0.201***	0.079***	-0.092***	-0.212***	0.030**	0.035**
	(34.752)	(4.145)	(-4.174)	(-8.594)	(2.470)	(2.261)

考虑到风险可能随着时间而发生变化，因此我们用 5 年（60 个月）的样本来估计上述的五因素模型，然后用 60 个数据点估计出来的模型参数来对 RADF 投资策略的套利回报率进行系统风险调整。我们的结果报告在表 5-4 面板 B 中。我们发现，调整后的投资策略平均回报率为 20.1%，比调整前还高出两个

百分点。同样，该回报率在1%的水平下是显著的。表5－4面板B报告的结果进一步表明，传统的系统风险因素不能解释投资策略得到的回报率，说明封闭式基金资产的市场有效性可能有很不完善的地方。

五、 结论

本章提供了一个关于封闭式基金市场有效性的新的证据。我们考虑这样一个多空交易策略：买入具有最高预期收益的1/5的封闭式基金，同时卖出具有最低预期收益的1/5的封闭式基金。我们利用两个方法来估计基金的预期收益。第一个方法假定收益只基于当前溢价来体现简单平均反转。第二个方法是一个类似于ADF形式的收益模型，它假定当前溢价和滞后的溢价变化的历史都会影响均值回归，从而对未来收益有预测功能。

基本的BMR模型的年化套利交易策略收益率为17.3%，优化的RADF模型的年化套利交易策略收益为18.2%，使用BMR模型和RADF模型投资策略的夏普比率（Sharpe Ratio）分别为1.862和1.918，这比市场组合的夏普比率0.170要大得多。

我们作了一系列测试来检测封闭式基金交易策略收益是否来源于一些众所周知的系统风险因素。我们的发现表明，常规的风险因素不能用来解释从封闭式基金市场逆交易策略中获得的超额回报率。因此，封闭式基金市场的有效性值得进一步研究。

参考文献

[1] Barclay, Michael, Clifford Holderness, and Jeffrey Pontiff, 1993, Private benefits from block ownership and discounts on closed－end funds, *Journal of Financial Economics* 33, 263－291.

[2] Berk, Jonathan, and Richard Stanton, 2007, Managerial ability, compensation, and the closed – end fund discount, *Journal of Finance* 62, 529 – 556.

[3] Bodurtha, James, Dong – Soon Kim, and Charles Lee, 1995, Closed – end country funds and U. S. market sentiment, *Review of Financial Studies* 8, 879 – 918.

[4] Bonser – Neal, Catherine, Greggory Brauer, Robert Neal, and Simon Wheatley, 1990, International investment restrictions and closed – end country fund prices, *Journal of Finance* 45, 523 – 547.

[5] Bradley, Michael, Alon Brav, Itay Goldstein, and Wei Jiang, 2010, Activist arbitrage: A study of open ending attempts of closed – end funds, *Journal of Financial Economics* 95, 1 – 19.

[6] Brauer, Greggory A. , 1988, Closed – end fund shares' abnormal returns and the information content of discounts and premiums, *Journal of Finance* 43, 113 – 127.

[7] Brickley, James, and James Schallheim, 1985, Lifting the lid on closed – end investment companies: a case of abnormal returns, *Journal of Financial and Quantitative Analysis* 20, 107 – 117.

[8] Campbell, John, and Pierre Perron, 1991, Pitfalls and opportunities: what macroeconomists should know about unit roots, NBER working pape rseries.

[9] Carhart, Mark, 1997, On persistence in mutual fund performance, *Journal of Finance* 52, 57 – 82.

[10] Chay, J. B. , and Charles Trzcinka, 1999, Managerial performance and the cross – sectional pricing of closed – end funds, *Journal of Financial Economics* 52, 379 – 408.

[11] Cherkes, Martin, Jacob Sagi, and Richard Stanton, 2009, A liquidity – based theory of closed – end funds, *Review of Financial Studies* 22, 257 – 297.

[12] Coles, Jeffrey, Jose Suay, and Denise Woodbury, 2000, Fund advisor compensation in closed – end funds, *Journal of Finance* 55, 1385 – 1414.

[13] De Long, Bradford, Andrei Shleifer, Lawrence Summers, and Robert Waldmann, 1990, Noise trader risk in financial markets, *Journal of Political Economy* 98, 703 – 738.

[14] Del Guercio, Diane, Larry Y. Dann, and M. Megan Partch, 2003, Governance and boards of directors in closed – end investment companies, *Journal of Financial Economics* 69, 111 – 152.

[15] Dickey, David A. and Wayne A. Fuller, 1981, Likelihood ratio statistics for autoregressive time series with a unit root, *Econometrica* 49, 1057 – 1072.

[16] Elton, Edwin, Martin Gruber, Christopher Blake, and Or Schachar, 2013, Why do closed – end funds exist? An additional explanation for the growth in domestic closed – end bond funds, *Journal of Financial and Quantitative Analysis* 48, 405 – 425.

[17] Fama, Eugene, and Kenneth French, 1993, Common risk factors in the returns on stocks and bonds, *Journal of Financial Economics* 33, 3 – 56.

[18] Froot, Kenneth, and Tarun Ramadorai, 2008, Institutional portfolio flows and international investments, *Review of Financial Studies* 21, 937 – 971.

[19] Fuller, Wayne A., 1976, *Introduction to Statistical Time Series*, John Wiley, New York.

[20] Gemmill, Gordon, and Dylan Thomas, 2002, Noise trading, costly arbitrage, and asset prices: Evidence from closed – end funds, *Journal of Finance* 57, 2571 – 2594.

[21] Johnson, Shane, Ji – Chai Lin, Kyojik Roy Song, 2006, Dividend policy, signaling, and discounts on closed – end funds, *Journal of Financial Economics* 81, 539 – 562.

[22] Khorana, Ajay, Sunil Wahal, and Marc Zenner, 2002, Agency conflicts in closed – end funds: the case of rights offerings, *Journal of Financial and Quantitative Analysis* 37, 177 – 200.

[23] Lee, Charles, Andrei Shleifer, and Richard Thaler, 1991, Investor senti-

ment and the closed – end fund puzzle, *Journal of Finance* 46, 75 – 109.

[24] Nishiotis, George, 2004, Do indirect investment barriers contribute to capital market segmentation, *Journal of Financial and Quantitative Analysis* 39, 613 – 630.

[25] Pástor, Luboš, and Robert Stambaugh, 2003, Liquidity risk and expected returns, *Journal of Political Economy* 111, 642 – 685.

[26] Phillips, Peter, Yangru Wu, and Jun Yu, 2011, Explosive behavior in the 1990s Nasdaq: When did exuberance escalate asset values?, *International Economic Review* 52, 201 – 226.

[27] Pontiff, Jeffrey, 1995, Closed – end fund premia and returns: Implications for financial market equilibrium, *Journal of Financial Economics* 37, 341 – 370.

[28] Thompson, Rex, 1978, The information content of discounts and premiums on closed – end fund shares, *Journal of Financial Economics* 6, 151 – 186.

第六章

中国A股市场与债券市场收益率风险溢出效应分析[①]

评估股票市场与债券市场之间的风险溢出效应，对于投资者完善风险管控、优化资产组合以及完善我国金融制度都有重要意义。本章使用VAR模型和Copula函数研究了2007年7月至2015年7月中国A股市场与国债市场收益率的相关关系，并在此基础上分析了股票市场与债券市场的风险溢出效应。在标准的Copula 模型基础上，将状态转换混合的Copula 函数引入到股票市场和债券市场的研究之中。研究发现，股票市场与债券市场收益率之间存在较为显著的动态正相关关系，股票市场的收益率会跨期影响债券市场的收益率。但是两个市场同时出现剧烈下跌的可能性较低；在股票市场或债券市场出现极端收益率的情况下，两个市场的相关程度较低。

① 本章撰稿人为郭枫，蔡萌雨。

一、 引言

股票市场和债券市场，尤其是国债市场，是我国金融体系中重要的组成部分，研究股票市场和债券市场之间的风险溢出效应具有重要的理论意义和实践意义。

现代投资组合理论告诉我们，投资者可以根据不同资产之间的相关关系进行分散投资，从而有效地降低非系统性风险。投资组合的分散化决策依赖于各个资产的波动性，以及各资产间的相关系数。但是，传统的金融理论通常假定资产间的相关系数是恒定的，不随时间变化。事实上，在市场状况发生转变时，各金融资产市场之间的相关系数也会发生转变。Panchenko 和 Wu （2009）研究了 18 个新兴国家的股票与债券之间的关系，认为股票与债券收益率之间的关系是随时间变动的。

有些学者认为股票和债券的收益率呈同向变动，即联动效应（Campbell et al. , 1993）。从宏观政策方面来看，当股市出现明显下跌时，政府会相应调节利率水平以维持股票市场稳定。在 2008 年国际金融危机期间，中国人民银行连续 5 次降息，一年期存款利率从 4. 14% 降至 2008 年年底的 2. 25% 。在 2015 年 6 月股票市场出现大幅下跌时，央行进一步下调一年期存款基准利率至 2%①。以上实例揭示，当我国股票市场出现下跌时，股票收益率与固定收益资产收益率可能存在动态正相关的关系。而当国家的货币政策倾向于收紧流动性时，股票市场与债券市场也可能同时出现下跌；当经济基本面良好时，各企业的利润上升，债券和股票会相应同时上涨。

另一种观点认为，股票市场收益率与债券市场收益率呈反向变动关系，即翘翘板效应（Hartmann, 2001）。由于决定股票与债券价格的因素不同，投资者对股票与债券收益率的预期不同，投资者相应地调整其资产组合，导致股票与

---

① 数据来源：中国人民银行。

债券价格出现反向变动。

近来，也有学者将两种观点进行结合，认为当市场处于上升期，股票市场与债券市场呈负相关关系；而在市场下跌时，两个市场呈正相关关系（flight to quality 和 flight to liquidity），即具有非对称关系。传统的相关系数对于正的和负的收益给予相同的权重，不能有效度量市场依赖关系。GARCH 模型可以在一定程度上解决这个问题（Ang 和 Chen，2002）。

为了揭示股票市场与债券市场之间的风险溢出效应，国内外学者采用了不同的研究方法。比较普遍的方法是 VAR 模型以及格兰杰因果检验模型，其中，Goyenko 和 Ukhov（2009），王茵田和文志瑛（2010）的研究表明股票市场和债券市场之间流动性存在溢出效应，并且符合“flight to liquidity”和“flight to quality”效应；Chordia et al.（2005）认为，市场因素主导股票与债券市场的流动性与波动性，使股票市场与债券市场存在显著的相关关系。Campbell 和 Ammer（1993）使用 VAR 模型研究了影响股票与债券收益率的因素，认为主要影响因素是关于股票未来超额收益的信息以及通货膨胀，房地产价格的影响程度较小。

近年来，越来越多的学者使用 Copula 函数来研究国际间资本市场之间的关系。Garcia 和 Tsafack（2011）使用含状态转换的 Copula 模型研究了国际债券市场和股票市场的联动关系，认为国际资本市场有很强的非对称依赖性，但是股票和债券之间的依赖关系即使在同一个国家内也未发现显著的联动效应。遗憾的是，该研究未能涉及两个市场不对称的尾部依赖关系。Wang et al.（2011）通过引用随时间变化的 Copula 研究了中国市场和国际市场的一体化进程，认为中国市场和国际市场有很强的依赖性，为投资者多元化投资组合提供了建议。Patton（2006）研究了马克对美元汇率与日元对美元汇率之间的关系，发现马克与日元之间的相关性在两种货币均升值时与两种货币均贬值时显著不同。Ning（2010）使用了不同形式的 Copula 模型研究了资本市场与外汇市场之间的关系，研究发现两个市场间存在显著的非对称性尾部关系。Y. C. Wang et al.（2013）在 Ning 和 Patton 的研究基础上使用了混合的 Copula 函数，对中国股票与外汇之间的关系进行研究。

对资本市场联动关系与风险溢出效应的研究中，大部分研究主要涉及国际间资本市场的关系（Chollete et al.，2011，Panchenko 和 Wu，2009），股票市场与外汇市场之间的关系（Ning，2010，Pattion，2006，Wang et al.，2013），股票市场与债券市场的流动性溢出效应的研究（Chordia et al.，2005，王茵田和文志瑛，2010），以及金融市场和房地产市场之间的关系（Chan el al.，2011）。关于中国股票与债券收益率之间的研究较少。

本章运用混合的 Copula 函数研究股票市场与债券的收益率之间的关系，具有一定的优势与创新。首先，将 Clayton Copula 函数与 Survival Clayton Copula 函数相结合可以更好地度量非对称的尾部关系。其次，我们引入马尔科夫过程，将股票市场与债券市场之间的关系分为正相关关系和负相关关系，这一方法使我们的研究与真实情况相适应。最后，我们的方法可以分别度量四种情况下的尾部相关关系，包括股票价格上涨与债券收益率上升，股票价格下降与债券收益率降低，股票价格上升伴随债券收益率下降，以及股票价格下降伴随债券收益率上升。

本章其他部分结构如下：第二部分为研究方法，第三部分为实证结果及其分析，研究结论在第四部分。

二、 研究方法

我们的目的是研究中国资本市场之间的风险依存结构，尤其是股票市场与债券市场之间的风险溢出效应。传统相关系数方法局限于变量之间的线性相关关系，但是大量研究表明金融资产收益率之间的关系不能依靠简单的线性关系描述。在股票市场与债券市场非对称协同运动的情况下，多元正态假设已经不能很好地描述股票市场与债券市场的依赖关系（Poon et al.，2004）。Copula 函数提供了一种超越线性关系以及传统分布假设的新的研究市场风险依存关系的方法。此外，我们还使用 VAR 模型分析了股票市场与债券市场间收益率与波动性之间的因果关系。

（一）Copula 模型

Copula 函数是 1959 年由 Sklar 提出的，用来描述变量间的相关性关系。Copula 函数实际上是将联合分布函数与它们各自的边际分布函数连接在一起的函数，因此也有人将它称为连接函数。20 世纪 90 年代后期相关理论和方法在国外开始得到迅速发展并应用到金融、保险等领域的相关分析，投资组合分析和风险管理等多个方面。

根据 Sklar's（1959）的理论，利用 Copula 函数研究股票市场与债券市场的联动关系时，可以将其分为两个部分：一是对单变量的边际分布进行估计；二是选择能度量两市场关联关系的连接函数，并进行估计。Copula 函数的优势在于，可以将边际分布与联合分布相分离，能更加灵活地进行估计。

$$F(R_{1,t},R_{2,t};\delta_1,\delta_2,\theta^c) = C[F_1(R_{1,t};\delta_1),F_1(R_{2,t};\delta_2);\theta^c] \tag{1}$$

其中，$F_k(R_{k,t};\delta_k),k=1,2$ 是 $R_{k,t}$ 的边际分布函数，δ_k，θ^c 分别为函数 $F_k(R_{k,t};\delta_k)$ 和函数 C 的参数。

假设所有的累计分布函数均可导，则联合概率密度为

$$f(R_{1,t},R_{2,t};\delta_1,\delta_2,\theta^c) = c(u_{1,t},u_{2,t};\theta^c)\cdot\prod_{k=1}^{2}f_k(R_{k,t};\delta_k) \tag{2}$$

其中，$f(R_{1,t},R_{2,t};\delta_1,\delta_2,\theta^c)=\dfrac{\partial F^2(R_{1,t},R_{2,t};\delta_1,\delta_2,\theta^c)}{\partial R_{1,t}\partial R_{2,t}}$ 为 $R_{1,t}$ 和$R_{2,t}$ 的联合密度；$u_{k,t}$ 是 $R_{k,t}$ 基于 $F_k(R_{k,t};\delta_k),k=1,2$ 的概率积分变换；$(u_1,u_2;\theta^c)=\partial C^2(u_{1,t},u_{2,t};\theta^c)/\partial u_1\partial u_2$ 是 Copula 函数的密度方程；$f_k(R_{k,t};\delta_k)$ 是$R_{k,t}$，$k=1$，2 的边际密度。所以，$R_{1,t}$ 和 $R_{2,t}$ 的联合密度是 Copula 密度和两变量边际密度的乘积。

（二）机制转换混合 Copula 模型

为了更准确地描述股票市场与债券市场收益率之间的风险动态相依结构，我们研究沿用了 Wang et al.（2013）的方法。Wang et al. 的研究不仅在 Clayton Copula 函数的基础上引入机制转换关系，还将 Clayton Copula 模型与 Survival Clayton Copula 模型相混合，我们将之称为机制转换混合的 Copula 函数。使用混

合 Copula 函数可以更准确地分析两市场收益率的非对称相关关系。在 Copula 函数的基础上引入马尔科夫转换链，将股票市场收益率与债券市场收益率分为正相依和负相依两个状态。

考虑下述状态变换的 Copula 函数：

$$C_{s_t}(u_{1,t},u_{1,t};\theta_1^c,\theta_0^c)\begin{cases}C_1(u_{1,t},u_{2,t};\theta_1^c)if\,S_t=1\\C_0(u_{1,t},u_{2,t};\theta_0^c)if\,S_t=0\end{cases}$$

其中，S_t 为不可观测到的状态变量，$C_1(u_{1,t},u_{2,t};\theta_1^c)$ 和$C_0(u_{1,t},u_{2,t};\theta_0^c)$ 分别为具有正相关结构和负相关结构的混合 Copula 函数。上述的两个混合的 Copula 函数是将 Clayton Copula（C^c）函数与 Survival Clayton Copula（C^{sc}）函数相结合。

$$C_1(u_{1,t},u_{2,t};\theta_1^c)=0.5\,C^c(u_{1,t},u_{2,t};\alpha_1^c)+0.5\,C^{sc}(u_{1,t},u_{2,t};\alpha_2^c)$$

$$C_0(u_{1,t},u_{2,t};\theta_0^c)=0.5\,C^c(1-u_{1,t},u_{2,t};\alpha_3^c)+0.5\,C^{sc}(1-u_{1,t},u_{2,t};\alpha_4^c)$$

其中，$\theta_1^c=(\alpha_1,\alpha_2)'$；$\theta_1^c=(\alpha_3,\alpha_4)'$；$C^c(u,v;\alpha)=(u^{-\alpha}+v^{-\alpha}-1)^{-1/\alpha}$；$C^{sc}(u,v;\alpha)=u+v-1+C^c(u,v;\alpha)$；$\alpha\in(0,\infty)$。在估计了形状参数 $\alpha_i,fori=1,2,3,4$ 之后，我们可以将其进行转换，从而得到 Kendall's τ_i，相关系数（ρ_i），以及尾部相关系数（φ_i）。转换方式为，$\tau_i=\alpha_i/(2+\alpha_i)$，$\rho_i=\sin(\pi\times\tau_i/2)$，$\varphi_i=0.2\times2^{-1/\alpha_i}$，$i=1$，2，3，4。因此，混合的 Copula 函数 $C_1(u_{1,t},u_{2,t};\theta_1^c)$ 描述了股票和债券收益率的正相关关系，而 $C_0(u_{1,t},u_{2,t};\theta_0^c)$ 则描述了股票与债券收益率的负相关关系。

我们使用尾部相关关系来度量系统性风险。尾部相关关系描述两个市场同时出现极端收益的可能性。我们遵循 Patton（2006）的方法，四种尾部相关关系分别被定义为

$$\varphi_1=\lim_{\varepsilon\to0}Pr[u_{1,t}\leqslant\varepsilon\mid u_{2,t}\leqslant\varepsilon]=\lim_{\varepsilon\to0}Pr[u_{2,t}\leqslant\varepsilon\mid u_{1,t}\leqslant\varepsilon]$$

$$\varphi_2=\lim_{\delta\to1}Pr[u_{1,t}>\delta\mid u_{2,t}>\delta]=\lim_{\varepsilon\to0}Pr[u_{2,t}>\delta\mid u_{1,t}>\delta]$$

$$\varphi_3=\lim_{\substack{\varepsilon\to0\\\delta\to1}}Pr[u_{1,t}>\delta\mid u_{2,t}\leqslant\varepsilon]=\lim_{\substack{\varepsilon\to0\\\delta\to1}}Pr[u_{2,t}\leqslant\varepsilon\mid u_{1,t}>\delta]$$

$$\varphi_4=\lim_{\substack{\varepsilon\to0\\\delta\to1}}Pr[u_{1,t}\leqslant\varepsilon\mid u_{2,t}>\delta]=\lim_{\substack{\varepsilon\to0\\\delta\to1}}Pr[u_{2,t}>\delta\mid u_{1,t}\leqslant\varepsilon]$$

其中，φ_1，φ_2，φ_3，φ_4 分别表示股票和债券收益同时下跌，股票和债券收益同时上涨，债券收益上涨同时股票收益下跌，债券收益下跌同时股票收益上涨的尾部相关关系。

最后，我们假设不可观测状态变量 S_t，服从一阶马尔科夫状态转换过程，其状态转换概率矩阵如下

$$P = \begin{bmatrix} P_{00} & 1 - P_{00} \\ 1 - P_{11} & P_{11} \end{bmatrix}$$

其中，$P_{ij} = \Pr[S_t = j \mid S_{t-1} = i] for i, j = 0, 1$。

在机制转换混合的Copula模型中，状态变量可能既影响边际分布函数又影响相依结构（Wang et al.，2013；Rodriguez，2007）；或者只影响Copula模型的相依结构，而对边际分布函数没有影响（Pelletier，2006，Garcia et al.，2011）。我们在此沿用了Garcia et al.（2011）的方法，即假设状态变量只影响相依结构。因此，前面所述的二元密度函数可以表述为

$$f(R_{1,t}, R_{2,t}; \delta_1^0, \delta_1^1, \delta_2^0, \delta_2^1; \theta_1^c, \theta_2^c) = \left\{ \sum_{j=0}^{1} \Pr(S_t = j)\, C_j(u_{1,t}, u_{2,t}; \theta_j^c) \right\} \times \prod_{k=1}^{2} \left\{ \sum_{k=1}^{2} \Pr(S_t = j)\, f_k(R_{k,t}; \delta_k^j, S_t = j) \right\} \tag{3}$$

其中，$c_j(\cdot)$ 是在状态 j 下的Copula函数，θ_j^c 为其参数集；δ_k^j 是状态 j 下边际分布函数的参数集。

方程（3）的对数似然函数可以表示为

$$L(\Theta) = L_c(\psi_1) + \sum_{k=1}^{2} L_k(\psi_{2,k}) \tag{4}$$

其中，$\Theta = [(\theta_1^c)', (\theta_0^c)', (\delta_1^0)', (\delta_1^1)', (\delta_2^0)', (\delta_2^1)', P_{00}, P_{11}]'$，$L_c(\psi_1)$ 和 $L_k(\psi_{2,k})$ 分别为 $R_{k,t}$ 的Copula密度和边际分布密度的对数形式。

$$L_c(\psi_1) = \log[\Pr(S_t = 1)\, C_1(u_{1,t}, u_{2,t}; \theta_1^c) + [1 - \Pr(S_t = 1)]\, C_1(u_{1,t}, u_{2,t}; \theta_0^c)]$$

$$L_k(\psi_{2,k}) = \log[\Pr(S_t = 1) f_k(R_{k,t}; \delta_k^1, S_t = 1) + [1 - \Pr(S_t = 1)] f_k(R_{k,t}; \delta_k^0, S_t = 0)]$$

其中，$\psi_1 = [(\theta_1^c)', (\theta_0^c)', P_{00}, P_{11}]$；$\psi_{2,k} = [(\delta_k^0)', (\delta_k^1)', P_{00}, P_{11}]$。

（三）边际分布

由于股票收益率序列与债券收益率序列均存在自相关及异方差等特性，我们可以使用 GARCH 模型对两组数据进行处理，从而能更好地应用 Copula 函数进行估计。这里利用 AR（k）－GARCH（1，1）模型对边际模型进行估计（Bollerslev，1987）。

$$R_{k,t} = a_{k,0} + \sum_{i=1}^{p_k} a_{k,i} R_{k,t-i} + \varepsilon_{k,t}, k = 1,2$$

$$h_{k,t} = \beta_{k,0} + \beta_{k,1} \varepsilon_{k,t-1}^2 + \beta_{k,2} h_{k,t-1}$$

$$\eta_{k,t} = \frac{\varepsilon_{k,t}}{\sqrt{h_{k,t}}}; \eta_{k,t} | \Omega_{t-1} \sim t(v_k)$$

其中，$R_{1,t}$，$R_{2,t}$ 分别代表债券收益率和股票收益率；$\varepsilon_{k,t}$ 是误差项；$h_{k,t}$ 是资产收益率的条件方差；$\eta_{k,t}$ 是服从学生 t 分布的标准化残差，其自由度为 ν_k；Ω_{t-1} 是上一期的信息集。

（四）估计方法

本章使用由 Joe 和 Xu（2006）提出的 IFM 方法估计机制转换混合 Copula 函数的参数。IFM 方法通过以下两步对模型进行估计：第一步估计边际分布函数的参数，第二步根据已经得到的参数估计 Copula 函数的参数。

在使用 AR（k）－GARCH（1，1）对边际分布进行估计时，我们首先选取了 $k=12$，即对收益率的滞后十二阶进行回归。在剔除了系数不显著的滞后项后，对模型进行重新估计。

如果知道标准化残差的准确分布，我们就可以将其转化为均匀分布。但是，标准化残差的准确分布无从获得，我们可以使用 CML（Canonical Maximum Likelihood）方法将标准化残差转化为均匀分布。CML 方法指出，根据样本经验分布函数将标准化残差进行转化，所得的结果将接近于均匀分布。CML 使用的经验边际累计分布函数如下

$$\widehat{F_k}(\omega) = \frac{1}{T+1}\sum_{t=1}^{T} I(\widehat{\eta}_{k,t} \leqslant \omega) \tag{5}$$

其中，$I(\cdot)$ 为虚拟变量，如果 $\eta_{k,t} \leqslant \omega$ 则 $I = 1$，否则 I 为0。

根据已经估计出来的边际分布的参数，通过最大化对数似然函数，$L_c(\psi_1)$，可以估计出Copula函数的参数。因为状态转换过程服从马尔科夫链，可以通过Hamilton's过滤系统对对数似然方程进行转换

$$L_c(\psi_1) = \log(\widehat{\xi}'_{t|t-1}\,\eta_t)$$

$$\widehat{\xi}'_{t|t} = (\widehat{\xi}'_{t|t-1}\,\eta_t)^{-1}(\widehat{\xi}'_{t|t-1} \circ \eta_t)$$

$$\widehat{\xi}'_{t+1|t} = P'\,\widehat{\xi}'_{t|t}$$

$$\eta_t = \begin{bmatrix} c_1(\widehat{u}_{1,t}, \widehat{u}_{2,t}; \theta_1^c) \\ c_0(\widehat{u}_{1,t}, \widehat{u}_{2,t}; \theta_0^c) \end{bmatrix}$$

其中，$\circ$表示Hadamard乘积①，C_{s_t} 是密度方程，$S_t = 0, 1$。因此，Copula函数的参数 $\psi_1 = (\alpha_1, \alpha_2, \alpha_3, \alpha_4, P_{00}, P_{11})$ 可以通过下式进行估计

$$\psi_1 = \arg\max_{\psi_1} \sum_{t=1}^{T} L_c(\psi_1)$$

（五）VAR模型

股票市场与债券市场的收益率同时受到商业周期和货币政策等因素的共同影响，同时两个市场间也会发生相互影响，或者称为溢出效应。因此，两个变量之间不能完全区分内生变量与外生变量。我们可以采用VAR模型来进行因果分析。

考虑股票市场与债券市场收益率间的因果关系

$$RS = \sum_{i=1}^{k} a_{1i} RS_{t-i} + \sum_{i=1}^{k} b_{1i} RB_{t-i} + u_i$$

$$RB = \sum_{i=1}^{k} a_{2i} RB_{t-i} + \sum_{i=1}^{k} b_{2i} RS_{t-i} + v_i$$

① Hadamard乘积为矩阵中相对应的元素做乘法运算。

考虑股票市场与债券市场波动性间的因果关系

$$VolS = \sum_{i=1}^{k} a_{3i} VolS_{t-i} + \sum_{i=1}^{k} b_{3i} VolB_{t-i} + \varepsilon_i$$

$$VolB = \sum_{i=1}^{k} a_{4i} Vol B_{t-i} + \sum_{i=1}^{k} b_{4i} Vol S_{t-i} + \varepsilon_i$$

其中，RS，RB 分别代表股票市场与债券市场的收益率；VolS，VolB 分别表示股票市场与债券市场的波动性。

三、 实证结果与分析

（一）数据描述

本章主要对股票市场和债券市场的收益率进行分析。日收益率的计算公式为 $R_{i,t} = \ln(P_t / P_{t-1}) \times 100$ 。研究债券市场时选取了国债综合指数，在研究股票市场时选取上证综合指数。样本区间为2007 年7 月至2015 年7 月，由于两个市场的交易日有所不同，只选择两个市场同时开放的交易日数据。在剔除了假日以及股票和债券市场不同时交易的日期，共有 1961 个数据。

表6－1 给出了样本的描述性统计。首先，无论是股票市场还是债券市场的日收益率均值均小于其标准差，这表明两个市场都存在相对较高的风险。并且，股票市场的标准差明显高于债券市场的标准差，说明股票市场的波动性更加剧烈。其次，无论是股票市场还是债券市场偏度值均明显不为0，并且峰度值均远大于3，且 Jarque－Bera 检验拒绝了正态分布假设，这说明股票和债券的日收益率序列不服从正态分布。再次，两个收益率的 ADF 统计量分别为 －43. 34 和 －33. 81，表明收益率序列是平稳的时间序列。最后，相关系数表明，股票和债券市场存在显著的正相关关系。

表6－1　描述性统计

Return	Mean	Median	Max	Min	SD	Skew	Kurtosis	J－B	Corr.
R_b	0.0048	0.0020	4.5025	－3.8917	0.6511	0.0816	9.0473	2990.270	0.0433*
R_s	0.0026	0.0681	9.0343	－8.0437	1.7517	－0.3338	6.2999	926.1344	

注释："SD" 表示变量的标准差。"Skew" 和 "Kurtosis" 分别表示偏度和峰度。"J－B" 为 Jarque－Bera 检验统计量。"Corr." 表示皮尔逊相关系数。"＊" 号表示统计量在10%的水平下显著。

（二）GARCH模型的实证结果

表6－2给出了股票收益率和债券收益率AR（k）－GARCH（1，1）模型的估计结果。债券收益率的均值方程服从AR（4）过程，并且参数$a_{k,1}$，$a_{k,2}$，$a_{k,3}$，$a_{k,4}$均显著。股票收益率服从AR（6，7，10），且参数$a_{k,6}$，$a_{k,7}$，$a_{k,10}$显著。无论是股票收益率还是债券收益率的方差方程中参数$\beta_{k,0}$，$\beta_{k,1}$，$\beta_{k,2}$均显著。

为了检验残差是否不存在序列相关性及自回归条件异方差性，我们分别进行了Q统计量检验、Q^2统计量检验以及LM检验。两个市场的Q统计量检验及Q^2统计量检验均不能拒绝原假设，说明在5%的显著性水平下估计残差不存在序列相关性。与此同时，LM统计量也表明估计残差不存在自回归条件异方差性。总之，回归结果表明边际模型能很好通过AR（k）－GARCH（1，1）拟合。一个准确的边际模型可以帮助我们更好地进行Copula相关关系的研究。

（三）标准Copula模型的实证结果

在估计状态转换混合的Copula模型之前，我们首先估计了6种标准的Copula模型，包括高斯分布Copula、学生t分布Copula，以及四种不同形式的Clayton Copula。在表6－2中，我们分别展示了6种不同模型的估计结果。除了模型的估计参数，我们还列出了对数似然估计值，AIC及BIC值（见表6－2）[①]。

---

① AIC，BIC定义为，$AIC(k) = -2\ln\widehat{lv(\Theta)} + 2K$，$BIC(k) = -2\ln\widehat{lv(\Theta)} + K \times \ln T$。其中$\ln\widehat{lv(\Theta)}$是对数似然估计值，$T$为样本大小，$K$为估计参数的个数，使得AIC、BIC值最小的模型为最优模型。

表 6-2 边际模型

$$R_{k,t} = a_{k,0} + \sum_{i=1}^{p_k} a_{k,i} R_{k,t-i} + \varepsilon_{k,t}, k = 1,2$$

$$h_{k,t} = \beta_{k,0} + \beta_{k,1} \varepsilon_{k,t-1}^2 + \beta_{k,2} h_{k,t-1}$$

$$\eta_{k,t} = \frac{\varepsilon_{k,t}}{\sqrt{h_{k,t}}}; \eta_{k,t} \mid \Omega_{t-1} \sim t(v_k)$$

	R_b		R_s
$a_{k,0}$	0.0054 (0.0074)	$a_{k,0}$	0.0391 (0.0283)
$a_{k,1}$	**-0.4475 (0.0240)**	$a_{k,6}$	**-0.0391 (0.0218)**
$a_{k,2}$	**-0.1690 (0.0256)**	$a_{k,10}$	**0.0464 (0.0206)**
$a_{k,3}$	**-0.1052 (0.0233)**		
$a_{k,4}$	**-0.0584 (0.0197)**		
$\beta_{k,0}$	**0.0329 (0.0066)**		**0.0073 (0.0051)**
$\beta_{k,1}$	**0.6417 (0.1171)**		**0.0411 (0.0076)**
$\beta_{k,2}$	**0.5246 (0.0366)**		**0.9586 (0.0076)**
Q (10)	1.8062 [0.998]		15.276 [0.122]
Q (20)	8.1920 [0.991]		22.219 [0.329]
$Q^2(5)$	3.8703 [0.088]		5.3686 [0.373]
$Q^2(5)$	10.721 [0.380]		18.145 [0.053]
Arch (5)	-0.0077 [0.7361]		0.0212 [0.3502]
Arch (10)	-0.0089 [0.6948]		**0.0547 [0.0161]**

注释：黑体数字表明结果在5%的水平下显著，“*”表示统计量在10%的水平下显著。小括号中的数字代表标准差，方括号中的数字代表 p 值。Q (p) 和 Q^2 (p) 为 Q 统计量，原假设分别为残差和残差平方不存在序列相关性。ARCH (p) 为 LM 检验的结果，原假设为残差不存在自回归条件异方差性。

从结果中我们可以看出，在六种不同的模型中股票市场与债券市场收益率均呈正相关关系，说明两个市场的投资收益存在同时增长或同时减少的情况。另外，只有 Clayton (1-u, 1-v) 模型的估计参数在10%的水平下显著。同时 Clayton (1-u, 1-v) 拥有具有最小的对数似然估计值，以及最小的 AIC, BIC

值，说明该模型能更好地描述股票市场与债券市场收益率之间的相关关系。

（四）状态转换混合 Copula 模型的实证结果

表 6 – 3 给出了状态转换混合 Copula 模型的参数估计结果。正相关状态为股票市场与债券市场同时出现高收益率或低收益率。结果表明，当股票市场与债券市场收益率均较低，即市场出现危机时，两市场的相关性较低。φ_1 约等于 0，表明当股票市场出现极端损失，同时债券市场收益率极低时，两个市场基本独立，这与我国政府的干预政策，以及市场开放程度有关。在高度开放的市场，当股票市场大幅下跌，经济低迷的时期，投资者会相应地转向流动性较高，收益较稳定的债券市场，这就是所谓的 Flight to Liquidity 和 Flight to Quality。但是，我国利率市场化程度较低，市场基准利率是由国家统一制定的，国债收益率以基准利率为基础。当市场低迷时，中央银行会降低基准利率，从而债券收益率也会出现下跌（见表 6 – 3）。

表 6 – 3　标准的 Copula 模型

	Gaussian Copula	Student t Copula	Clayton (u, v)	Clayton (1 – u, 1 – v)	Clayton (1 – u, v)	Clayton (u, 1 – v)
ρ	0.0278 (0.2233)	0.0273 (0.0219)				
α			0.0088 (0.0235)	0.0435# (0.0247)	0.0001 (0.0249)	0.0001 (0.0063)
Dof		99.8640 (4.0606)				
LLV	–0.7555	–0.6964	–0.0715	–1.7312	0.0054	0.0041
AIC	–1.5099	–1.3908	–0.1419	–3.4613	0.0119	0.0092
BIC	–1.5070	–1.3851	–0.1390	–3.4584	0.0148	0.0121

注释：LLV，AIC，BIC 分别代表对数似然值，最小信息准则以及贝叶斯信息准则；“Dof”代表学生 t 分布的自由度；ρ 是在高斯分布和学生 t 分布下，股票收益率与债券收益率的相关系数；α 是 Clayton Copula 函数的形状参数。

当股票市场与债券市场同时出现较高收益率时，两个市场存在显著的相关性。但是，φ_2 值较小且不显著，说明当股票市场与债券市场同时出现极端的高收益时，两个市场的相关性较弱。股票与债券的价格同时受经济基本面、通货膨胀率、折现率等因素影响，当我国经济走强时，两个市场收益率受经济基本面和投资者预期等因素的影响，同时上涨。

负相关状态包括两种情况，股票市场下跌同时债券市场上涨，或者股票市场上涨同时债券市场下跌，无论处于哪一种情况，股票市场与债券市场的相关关系均不显著，表明股票市场与债券市场的收益率不存在负相关的关系。

值得注意的是，无论正相关状态还是负相关状态，两个市场收益率的尾部相关关系均不显著。这说明在我国，对同时持有股票与债券两种资产的投资者来说，出现极端收益或极端损失的可能性较低。同时，利用股票和债券分散化投资策略可以有效降低资产组合的非系统性风险。

最后，转换概率的估计值（$\widehat{P}_{11}, \widehat{P}_{00}$）接近于 1，说明出现股票市场与债券市场的收益率由正（负）相关转向负（正）相关的可能性较低。即当发现股票市场与债券市场收益率存在正相关关系时，正如本章所发现的，在未来一段时间内出现负相关状态的可能性较小（见表 6－4）。

表 6－4　状态转换混合 Copula 模型

正相关状态	
低股票收益率与低债券收益率	
α_1	0.0014（0.0524）
ρ_1	0.0011（0.0411）
φ_1	0（－）
高股票收益率与高债券收益率	
α_2	**0.1283（0.0634）**
ρ_2	**0.0945（0.0438）**
φ_2	0.0023（0.0060）

续表

负相关状态	
高股票收益率与低债券收益率	
α_3	0.5378（0.4315）
ρ_3	0.3268（0.1989）
φ_3	0.1378（0.1425）
低股票收益率与高债券收益率	
α_4	0.3060（0.3691）
ρ_4	0.2069（0.2134）
φ_4	0.0519（0.1418）
市场转换	
P_{11}	0.9981（0.0035）
P_{00}	0.9789（0.0230）
LV	-5396
AIC	10833
BIC	10944

注释：α 是 Copula 函数的形状参数；ρ，φ 分别度量状态转换混合 Copula 函数的相关性和尾部相关性。尽管 ρ_3，ρ_4 的结果为正数，它们表示的是股票市场与债券市场的负相关关系，括号中的数为标准差。黑体数字表明结果在 5% 的水平下显著，“*”表示统计量在 10% 的水平下显著；LLV，AIC，BIC 分别代表对数似然值，最小信息准则以及贝叶斯信息准则；P_{11}，P_{00} 表示状态转换的概率。

（五）VAR 模型

表 6-5 与表 6-6 分别给出了股票市场与债券市场收益率，以及两个市场间波动性的格兰杰因果关系（Granger Causality）。结果表明，股票市场的收益率水平对债券市场的收益率有显著的负向关系，但是并不存在债券市场收益率对股票市场的影响，这与前述的 Copula 函数模型所得结论有所差异。这说明，在不区分市场状态的条件下，所观测到的股票市场与债券市场收益率之间的关系可能与真实情况不相符。另外，两个市场的波动性间不存在显著的因果关系，这说明股票市场与债券市场之间不存在明显的溢出效应。

表 6－5　收益率 VAR 模型格兰杰因果检验

	RS	RB
RS（－1）	0.0234	**－0.0172**
	(0.0226)	(0.0075)
RS（－2）	－0.0387	**－0.0179**
	(0.0227)	(0.0075)
RS（－3）	0.0319	**－0.0208**
	(0.0227)	(0.0075)
RB（－1）	0.0092	**－0.4974**
	(0.0680)	(0.0225)
RB（－2）	0.0048	**－0.1830**
	(0.0748)	(0.0248)
RB（－3）	0.0771	**－0.0931**
	(0.0677)	(0.0224)

注释：小括号中的数字为标准差，黑体数字表明在 5% 的水平下显著。

表 6－6　波动性 VAR 模型格兰杰因果检验

	VolS	VolB
VolS（－1）	**1.0038**	0.0219
	(0.0227)	(0.0149)
VolS（－2）	－0.0213	－0.0376
	(0.0322)	(0.0211)
VolS（－3）	0.0117	0.0209
	(0.0228)	(0.0150)
VolB（－1）	0.0515	**0.9462**
	(0.0346)	(0.0227)
VolB（－2）	－0.0345	**－0.0824**
	(0.0475)	(0.0312)
VolB（－3）	－0.0160	－0.0133
	(0.0345)	(0.0227)

注释：小括号中的数字为标准差，黑体数字表明在 5% 的水平下显著。

四、 研究结论

金融市场中各个资产收益率间的依赖关系是非常复杂的，既包含相关程度及相关系数的分析，又包含对依存结构的研究。本章运用了正态分布 Copula 函数，学生 t 分布 Copula 函数，四种不同形式的 Clayton Copula 函数，以及状态转换混合 Copula 函数研究了股票市场与债券市场收益率之间的依赖关系。我们的主要结论如下：第一，在整个研究期间，股票市场与债券市场收益率有较为明显的正相关关系；第二，在债券市场收益率出现下跌时，股票价格与债券价格之间有着微弱的负相关关系，即股票市场与债券市场由联动关系转为替代关系；第三，股票市场与债券市场出现极端收益或极端损失时，两者之间的相关关系均不显著。

本章分别以上证综合指数和国债综合指数计算股票市场和债券市场的收益率，具有一定的局限性。我国债券市场的分割现象比较严重，银行间场外交易市场占债券市场的 90%，以银行间拆借市场作为研究对象也具有一定的代表性。另外，国债综合指数不包含企业债券，作为债券市场的重要组成部分，在未来的研究中可以将企业债券与国债市场分别进行研究。

通过上述研究，我们可以形成有关股票市场与债券市场风险依存关系的基本结论：我国股票市场与债券市场同时出现下跌的可能性较小，但是受经济基本面和投资者预期等因素的影响，两个市场可能出现同时上涨。由于股票市场与债券市场在极端情况下的相关关系较弱，投资者可以通过跨市场进行资源配置，有效地规避极端情况下的非系统性风险。相对独立的股票市场与债券市场，有利于保证金融市场的相对稳定。随着利率市场化程度不断加深，为了保持金融市场的稳定，对投资者进行理性投资提出了更高的要求。

参考文献

[1] 史永东，丁伟，袁绍锋．市场互联，风险溢出与金融稳定——基于股票市场与债券市场溢出效应分析的视角［J］．金融研究，2013（3）：170－180.

[2] 王茵田，文志瑛．股票市场和债券市场的流动性溢出效应研究［J］．金融研究，2010（3）：155－166.

[3] 殷剑峰．中国金融市场联动分析：2000—2004［J］．世界经济，2006，29（1）：50－60.

[4] Ang, A. , & Chen, J. (2002) . Asymmetric correlations of equity portfolios. *Journal of Financial Economics*, 63 (3): 443 - 494.

[5] Campbell, J. Y. , & Ammer, J. (1993) . What moves the stock and bond markets? a variance decomposition for long - term asset returns. *Journal of Finance*, 48 (1): 3 - 37.

[6] Garcia, R. , Tsafack, G. 2011. Dependence structure and extreme comovements in international equity and bond markets. *Journal of Banking & Finance*, 35 (8): 1954 - 1970.

[7] Goyenko, R. Y. , & Ukhov, A. D. (2009) . Stock and bond market liquidity: a long - Run empirical analysis. *Journal of Financial and Quantitative Analysis*, 44 (1): 189 - 212.

[8] Li, Y. (2005) . The wealth - consumption ratio and the consumption - habit ratio. *Journal of Business & Economic Statistics*, 23 (2): 226 - 241.

[9] Ning, C. (2010) . Dependence structure between the equity market and the foreign exchange market - a copula approach. *Journal of International Money and Finance*, 29 (5): 743 - 759.

[10] Patton, A. J. (2006) . Modelling asymmetric exchange rate dependence. *International economic review*, 47 (2): 527 - 556.

[11] Sklar, A. , (1959) Fonctions de Repartition an Dimensions et Leurs Mar-

ges. Publications de l'institute Statistique de l'Universite de Paris 8, 229 – 231.

[12] Wang, Y. C., Wu, J. L., Lai, Y. H. 2013. A revisit to the dependence structure between the stock and foreign exchange markets: A dependence – switching copula approach. *Journal of Banking & Finance*, 37 (5): 1706 – 1719.

[13] Wang, K., Chen, Y. H., Huang, S. W. 2011. The dynamic dependence between the Chinese market and other international stock markets: A time – varying copula approach. *International Review of Economics & Finance*, 20 (4): 654 – 664.

[14] Pelletier, D. (2004). Regime Switching for Dynamic Correlations. *Econometric Society* (Vol. 131, 445 – 473).

第七章

汇率风险、生产率异质性及企业生存能力[①]

——基于微观企业的实证研究

在出口企业的经营过程中，影响其生存能力的重要因素是汇率的波动，而生产率异质性可能会在汇率变动时给不同企业带来不同的生存压力。本章因此基于2000—2006年的海关库及工业企业库的数据，研究企业在出口市场上的退出行为受汇率波动的影响，以及该过程中生产率所起的作用，另外也检验了生产率本身对企业的生存能力产生的影响。基于同样的问题，本章还对企业在国内市场的生存能力进行了研究。实证检验发现：在出口市场上，升值会导致企业退出市场，而高生产率在升值时对企业的生存能力起了负面作用，且高生产率本身也导致企业更易退出市场，这可能与中国出口企业存在的“生产率悖论”相关；在国内市场上，升值同样会导致企业退出市场，然而高生产率在升值时能减轻企业面临的生存压力，且高生产率本身也有利于企业在国内市场上生存。

① 本章撰稿人为严果，李杰。

一、引言

汇率变动是影响出口的重要因素。从国家角度来看，本国货币的升值会抑制出口，贬值能促进出口，这是已经被广泛且深入研究的问题；从企业层面来看，汇率升值会降低出口商的盈利能力，出口企业可能会因此降低出口量，甚至会退出出口市场。本章即研究了出口商的生存能力（以企业退出市场的行为表示，若退出则说明企业无法生存）与汇率波动的关系。

从企业角度研究汇率波动的影响仍是较新的领域，但也取得了有效进展，如 Ekholm et al.（2012）研究了升值对挪威出口企业的员工数、产量、投资及生产率的影响，Fung（2008）和 Fung（2015）分析了升值对存活企业——包括出口企业和非出口企业——生产率的影响，本章第二部分文献回顾中还总结了汇率变动对企业出口行为的影响。

本章主要研究了人民币汇率变动对中国出口企业退出市场行为的影响，虽然有文献从行业角度研究汇率对行业内企业数目的影响，但是很少有文章从企业层面分析这一问题。目前，对企业生存能力的研究主要是基于生存函数分析企业的生存时间分布特征，这些研究并没有考虑汇率波动对企业生存能力的影响。虽然也有极少数文章研究了企业退出市场的行为与汇率的关系［如 Baggs et al.（2009）］，但是对中国企业生存能力与人民币汇率变动的关系的研究还基本上是一片空白。

考虑到企业的异质性，不同生产率的企业的市场表现不同，受到汇率冲击的影响也可能不同。一般而言，生产率高的企业更有能力在市场上生存，因而不易退出市场；而在面对汇率波动如升值时，这些企业可能更有能力抵御汇率风险，因而更容易在市场上存活，因此本章认为高生产率可能带来的好处之一是有助于企业抵御汇率升值的冲击。

但是考虑到中国出口企业存在的“生产率悖论”，企业在生产率上的异质性对其市场存活能力的影响及其面对汇率变动时的生存能力的作用并不能完全预测，因此本章对这些问题进行了检验。基于企业退出出口市场的行为，本章发现高生产率的公司反而更可能退出出口市场，且这些生产率高的企业在汇率升值时反而更易退出市场。

本章以企业在市场上的生存能力为研究对象，主要讨论了三个问题：一是汇率变动对企业退出出口市场的概率的影响；二是生产率对企业在出口市场上存活能力的影响；三是生产率在企业面临汇率变动如升值时而有退出出口市场风险时的作用，即高生产率是否能够缓解升值时企业面临的不得不退出市场的风险。除了对企业在出口市场的生存能力进行研究，本章还在国内市场上讨论了以上三个问题，即企业在国内市场的生存能力与汇率波动、企业生产率的关系，并检验生产率在企业抵御汇率冲击时能否起到缓和作用。

本章余下部分结构如下：第二部分总结了相关文献，也为本章的问题提供了预期和解释的基础；第三部分为数据说明；第四部分研究了企业在出口市场上的生存能力与汇率波动、生产率的关系；第五部分与第四部分相对应，讨论了企业在国内市场的生存能力；第六部分总结全文。

二、 文献回顾

本章的研究与现有文献的联系主要体现在三个方面。

首先是对公司生存能力的研究，尤其是公司生存能力与其生产率的关系。对企业生存能力的分析有很多，如 Besedes 和 Prusa（2006a）先发现美国企业进口贸易关系的平均持续时间比较短，Besedes 和 Prusa（2006b）后又提出产品的多样化可以降低贸易失败的危险率（hazard rate），Gorg 和 Spaliara（2013）发现企业财务状况恶化时更容易退出出口市场，而 Besedes 和 Blyde（2010）、Cadot et al.（2013）等均从不同角度对企业在出口市场的生存率进行了研究。

在对企业生存与生产率的关系的研究中，Aw et al.（2000）发现退出出口市场的企业生产率更低，类似的结论在 Dogan et al.（2011）也有提及。Wagner 对德国（包括东德和西德）的出口商退出市场的行为作了一系列研究，如 Wagner（2008）提出了退出出口市场的公司生产率比未退出市场的出口商更低的假设，并证明了该假设。Wagner（2012）又发现新进入出口市场的企业可能不能持续生存下去，且在西德，新出口商能够持续出口的概率与企业规模和生产率无关，而与出口额占总销售额的比例正相关。Ilmakunnas 和 Nurmi（2010）发现劳动生产率更高、规模更大、更年轻的企业退出市场的概率更小。总体上来看，现有文献从理论上和实证上证明了生产率越高的企业越容易在市场上存活。

需要注意的是，如陈勇兵等（2012）所提及的，现有对企业在市场上生存能力的分析通常采用生存函数（生存率）或危险函数（危险率）来描述企业生存时间的分布特征，而在对企业退出市场行为与生产率的关系的研究中，也大多是使用统计方法描述统计退出市场的企业与持续生存的企业间生产率的差异及显著性。目前很少有文献直接对企业退出市场的决策［除 Ilmakunnas and Nurmi（2010）外］进行研究，而本章即研究了生产率与企业退出市场的行为之间的关系，并且强调了生产率异质性可能存在的作用，如高生产率在企业遭遇汇率冲击而面临退出市场的压力时可能会起到重要的缓冲作用。

其次是汇率变动对企业出口行为的影响，现有文献主要研究汇率波动对企业出口的二元边际——广度边际和深度边际——的影响，分别是研究非出口商进入出口市场的决策和已经进入出口市场的企业的出口量对汇率变动的反应。如 Zhang 和 Liu（2012）研究发现，人民币升值时，非出口商新进入出口市场的概率降低，市场上已有的出口商的出口额占销售额的比例也降低；而 Greenaway et al.（2007）发现，汇率变动对非出口商参与出口的决策无显著影响，而对进入市场后的出口商出口销售比例有显著影响。Liang 和 Yu（2014）则从出口商的盈利能力（以 ROE 表示）角度考虑了汇率变动的影响。

然而除了 Baggs et al.（2009）的研究，基本上没有文献直接分析汇率变动对企业退出市场行为的影响，也很少有文献强调企业生产率在其面临汇率冲击时的作用。从这两个角度来看，Baggs et al.（2009）也是与本章研究内容最为相近的文章。

Baggs et al.（2009）根据加拿大 1986—1997 年企业层面的数据，研究了大幅度的汇率变动对企业销售、企业新进入市场概率及已进入市场企业的存活概率的影响，并发现升值时企业销售额及企业存活概率降低，而随着企业劳动生产率的降低，这种负面影响被减轻。这篇文章的理论出发点是 Melitz（2003）、Melitz 和 Ottaviano（2008）贸易的作用，即贸易及贸易自由化会增加本国企业（包括出口企业及非出口企业）面临的竞争压力，将生产率低的企业挤出市场，但生产率高的企业依旧能存活；另外，根据 Feenstra（1989）中将大幅度的实际汇率波动与关税变动的类比，文章认为大幅汇率的波动可能会造成类似的影响（如汇率大幅升值时企业面临的压力更大，退出市场的概率增大，而生产率高的企业依旧能存活），并对此进行了实证检验。

但是 Baggs et al.（2009）的实证检验中并没有强调汇率波动是大幅度的，因此其理论基础并不完全适合解释其实证结果，因为汇率本身波动性强且汇率变动多半是短期现象，其对国内市场上企业行为的影响也是间接而不明确的，应该谨慎解释。基于以上考虑，不同于 Baggs et al.（2009），本章虽然也讨论了人民币汇率波动对企业退出国内市场的行为的影响，但主要研究的是出口市场上企业的退出行为。本章认为汇率的波动对出口商退出出口的行为的影响更加直接，而对企业在国内市场行为的影响可能不显著，因为主要在国内生产经营的企业对汇率波动并不敏感。

另外，在研究生产率可能会减轻对汇率升值的不利影响时，不同于 Baggs et al.（2009）中的劳动生产率，本章采用的生产率指标是全要素生产率，以 Levinsohn 和 Petrin（2003）的方法[①]计算，这一指标比劳动生产率更能反映企业的生产率水平。不同于 Baggs et al.（2009）的行业实际有效汇率，本章除了行业汇率还运用了公司层面的实际有效汇率进行研究。目前，对中国的汇率变动影响的研究——即使是基于微观企业层面的研究，也大多使用的是行业层面的汇率，很少有使用企业层面的汇率。但是根据戴觅和施炳展（2013）的研究，

---

① 计算全要素生产率常用的两种方法分别是 Levinsohn 和 Petrin（2003）以及 Olley 和 Pakes（1996）。且前者（LP 法）的方法相对后者（OP 法）在数据可得性上更有优势，因为后者在计算 TFP 时要求企业的投资数据，但该数据很多企业并没有报告；而前者以中间投入代表生产率，该数据更可得。

即使是四位数的细分行业（共496个细分行业）层面的实际有效汇率，行业内的差异也解释了企业实际有效汇率差异的98%以上，这说明企业所面临的实际有效汇率的变动的绝大部分都不能由其所处行业的实际有效汇率变动中解释。根据戴觅和施炳展（2013），从微观层面讨论汇率变动的影响时，使用企业层面的汇率更加恰当。

最后，本章也为出口行为及生产率的关系的研究提供了新思路。现有的大量文献主要从两个角度考虑出口及生产率的关系，一是自我选择效应（self-selection effect），Bernard 和 Jensen（1999）、Melitz（2003）分别率先在出口市场的实证研究中、贸易理论模型中强调了该效应，是指由于进入市场所需要的（沉没）成本导致能够出口企业的生产率可能较高；另一个是源于 Clerides et al.（1998）的出口学习效应（Learning-by-Exporting Effect），是指出口商在出口之后可能通过国外市场的学习提高其生产率，已有大量文献针对这两种效应进行了检验①。

然而不论对以上两种效应检验的结果如何，国外市场的数据基本上都显示出口商的生产率要高于非出口商。但对中国企业的经验研究的结论却各不相同，有些得出了类似结论，如易靖韬（2009）；有些却发现了“生产率悖论”，即中国出口企业的生产率的均值要低于非出口企业，如李春顶和尹翔硕（2009）及李春顶（2010）。

本章发现在出口市场上，高生产率的公司在面对升值时反而更容易退出出口，结合汇率的波动性，高生产率出口企业的退出会导致出口商的平均生产率反而比非出口企业更低，与“生产率悖论”这一现象相符合，本章因而从汇率波动角度提供了研究生产率与贸易的关系的新思路。

基于以上文献总结，本章有以下预期或假设：首先，汇率升值时企业会更可能退出出口市场，而升值对企业退出国内市场的行为的影响可能不如对出口市场明显；其次，生产率高的企业都更不容易退出国内市场，而对于出口市场，

① 如 Wagner（2007）证实了自选择效应而没有发现出口学习效应，又如 Aw et al.（2000），Helpman，Melitz 和 Yeaple（2004）等，实证检验结果各不相同。

虽然基于理论高生产率的企业也应该更不容易退出，但是考虑到对中国出口企业的检验中发现了“生产率悖论”，企业退出出口市场的行为受生产率影响的方向并不明确；最后，企业存在生产率异质性，高生产率可能可以减轻升值对企业生存的不利影响，但是考虑到中国出口企业存在的生产率异质性，检验结果仍需要谨慎解释。

三、 数据

本章的数据主要来源于中国工业企业数据库和海关数据库，有效数据年份为2000—2006年。其中，中国工业企业库是年度数据，包含年销售收入在500万元以上（规模以上）非国有企业和国有企业的报表信息；而海关数据库是月度数据，包含每一笔进出口交易的信息。为了匹配，将海关数据库加总为年度数据，在对数据处理前，先剔除了缺失值和重复记录。

为了研究出口企业退出出口市场行为受汇率变动及自身生产率的影响，基于海关库，建立了企业退出出口市场的二值变量（exitdummy 1），企业某年有出口额时令为0，若下一年无出口则令为1。另外，基于Goldberg（2004）、戴觅和施炳展（2013）的方法，还建立了行业实际有效汇率及企业层面的实际有效汇率，其中行业以海关库中HS代码的前两位分类（根据《海关税则分类目录公约》），共有96个行业，且本章实证检验中采用的是贸易（进口+出口）加权有效汇率。

然而海关库中并无企业层面的具体信息，如生产率、企业规模、总产值、员工数等信息。本章根据工业库数据，依据Levinsohn和Petrin（2003）的半参数估计法计算出企业的全要素生产率（TFP），再依据Yu（2010）对海关库企业和工业库企业的匹配信息，对海关库和工业库进行匹配，得出出口企业的生产率等信息。这一匹配后的数据库为研究出口市场退出行为的最终样本，共有观测数302893个[①]。

在匹配过程中，我们发现工业库企业虽然是规模以上的企业，但是其中参与出口的企业并不多。工业库企业有效观测数有1759070个，而其中包含进行对外贸易（进口或出口）的观测数有295503个。

本章还研究了所有工业库中的企业（包含出口商及非出口商）对汇率波动的反应，为此基于工业库建立了退出国内市场的二值变量[②]（exitdummy 2），企业某年在工业库有记录令为0，若无则令为1。

考虑到对中国出口企业的检验存在“生产率悖论”，即生产率低的企业出口，而生产率较高的企业在国内生产经营，本章认为在企业退出出口市场的行为上也可能存在类似的悖论。因此，本章总结了出口市场上退出企业及存活企业（Continuing Firms）的生产率，包括全要素生产率TFP和劳动生产率。因为企业的全要素生产率TFP及劳动生产率数值较大，为了方便分析，下文中对这两个变量取自然对数，分别记为ln_tfp及ln_laborprod。结果发现，退出出口市场的企业的平均全要素生产率ln_tfp为6.49，而对应的存活企业的生产率为6.08，显然退出出口市场的出口商的生产率反而更高；而退出出口的企业及存活企业的劳动生产率分别为4.43和3.82，进一步支持了退出出口市场的出口商的生产率反而更高这一结论[③]。

为了进一步分析这一悖论，本章结合国内市场及出口市场，对不同退出行为的企业生产率进行统计分析。结果发现，在出口市场退出、国内市场生存的企业平均ln_tfp最高，为6.53；在两个市场上均存活的企业的ln_tfp次之，平均为6.10；而在出口市场生存、国内市场退出的企业平均ln_tfp最低，为5.59。这一分析也支持了生产率低的企业出口，而生产率高的企业更关注国内市场这一结论[④]。

---

① 这一样本中也有某些观测缺失了全要素生产率等变量。

② 需要注意的是，基于工业库中的企业均为规模以上，本章认为企业不在工业库记录中即为退出国内市场，不在海关库中为退出出口市场。

③ 在剔除全要素生产率和劳动生产率的异常值（高低各1%）后该结论仍然成立。

④ 对劳动生产率的统计与该结论类似。

四、 出口市场

本章主要研究了出口企业的退出市场行为受汇率波动的影响，并着重关注了生产率在其中所起的作用。因此被解释变量为企业退出出口市场的虚拟变量（exitdummy1），主要解释变量包括实际有效汇率、生产率，以及实际有效汇率与生产率的交互项。其中，实际有效汇率先后以行业实际有效汇率 Industry Reer 和企业实际有效汇率 Firm Reer 衡量①，且在以企业层面汇率衡量时，实证模型中加入了行业控制变量；生产率为前文中所提及的 ln_tfp，并以劳动生产率 ln_laborprod 作了稳健性检验②；参考 Baggs et al.（2009）对企业生存概率对汇率变动的反应的研究，控制变量包括企业年龄 age、企业规模（取自然对数）ln_size，参考陈勇兵等（2012）对企业贸易关系持续时间的分析，控制变量又加入外资参与企业虚拟变量 foe（有外资参与为 1，否则为 0）、国有企业 soe（有国家资本金为 1，否则为 0）。采用的回归方法是加随机效应的 Probit 模型。

表 7－1 中展示了企业在出口市场的退出行为受行业汇率变动、企业生产率的影响，以及企业退出行为与汇率变动的关系受企业生产率的影响。

表 7－1③　行业汇率波动、企业生产率异质性与出口市场生存能力

VARIABLES	(1) exitdummy1	(2) exitdummy1	(3) exitdummy1	(4) exitdummy1
Industry Reer	0.0840***	0.0877***	－0.0188	－0.0136
	(0.00241)	(0.00244)	(0.0147)	(0.0148)
ln_tfp	0.0164***	0.0273***	－0.0595***	－0.0476***
	(0.00512)	(0.00558)	(0.0119)	(0.0122)

① 由于实际有效汇率数值较大，为了方便分析，本章对行业汇率及企业汇率均取自然对数。

② 这些稳健性检验的结果在文中并未以表格形式直接给出，但在脚注中会加以说明。

③ 本章以劳动生产率 ln_laborprod 代替全要素生产率 ln_tfp 对表 7－1 的列（3）和列（4）进行了稳健性检验。结果发现，劳动生产率高的企业更不易退出市场，与表 7－1 相同；升值时生产率高的企业也更可能会退出市场，与表 7－1 符合；不同的是升值时企业反而更不易退出市场。另外，控制变量的显著性与方向均与表 7－1 相同。

续表

VARIABLES	(1) exitdummy1	(2) exitdummy1	(3) exitdummy1	(4) exitdummy1
IndustryReer * ln_tfp			0.0169***	0.0167***
			(0.00239)	(0.00241)
ln_size		−0.0430***		−0.0430***
		(0.00494)		(0.00495)
age		0.00126***		0.00126***
		(0.000210)		(0.000210)
soe		0.305***		0.303***
		(0.0169)		(0.0169)
foe		−0.0960***		−0.0968***
		(0.0108)		(0.0108)
Constant	−2.214***	−2.058***	−1.751***	−1.601***
	(0.0340)	(0.0371)	(0.0731)	(0.0753)
Observations	206000	205945	206000	205945
Number of panelid	70202	70188	70202	70188

列（1）是对企业退出市场行为与行业汇率、企业生产率关系最基本的检验。结果发现，行业实际有效汇率 Industry Reer 越大，即升值时，企业更容易退出出口市场，这一结果与预期相符合。需要注意的是，企业生产率越大，更容易退出出口市场，对这一发现的解释可以参考“生产率悖论”及汤二子等（2012），即生产率的提高可能会使得出口企业更关注国内市场，甚至放弃出口市场，因为在国内市场上高生产率企业的盈利能力可能更高。

列（2）是对列（1）加入了控制变量后的再检验，其主要结果的方向及显著性与列（1）一致，即升值及高生产率会导致退出出口市场。其中，控制变量对出口市场上企业的生存能力影响均显著。企业规模越大，越不容易退出出口市场，这可能是由于企业规模越大越容易生存；企业越老（存在时间越长）越容易退出市场；国有企业更容易退出市场，而外资企业更不易退出市场，这可能是因为外企在出口市场上更有经验且更愿意参与对外贸易，而国企更关注国内市场。

列（3）强调了生产率在汇率变动与企业生存能力关系中的作用，此时汇率对企业生存能力的影响不显著，而与列（1）及列（2）不同，此时生产率越高的企业生存能力更强。从行业汇率与企业生产率交互项的系数可以看出，升值时生产率越高的企业反而更容易退出市场，这并不符合直接的预期，参考之前的解释，这可能是由于升值时高生产率企业发现出口带来的利润降低，所以转而更关注国内市场，而低生产率公司在国内市场没有相对优势，因此升值时相对高生产率公司反而会留在出口市场上。

列（4）在列（3）基础上加入了控制变量，此时的汇率、生产率及二者交互项的系数及解释与列（3）类似。而控制变量的方向、大小及显著性均和列（2）类似，解释也同列（2）。

考虑到行业层面汇率在衡量企业面临的汇率时的限制性，本章还以企业层面的汇率 Firm Reer 做了与表 7－1 相同的检验，结果如表 7－2 所示①。

表 7－2②　企业汇率波动、企业生产率异质性与出口市场生存能力

	(1)	(2)	(3)	(4)
VARIABLES	exitdummy1	exitdummy1	exitdummy1	exitdummy1
Firm Reer	－0.0293***	－0.0286***	－0.0612***	－0.0631***
	(0.00347)	(0.00346)	(0.0215)	(0.0213)
ln_tfp	0.0888***	0.116***	0.0839***	0.110***
	(0.0101)	(0.0108)	(0.0106)	(0.0112)
Firm Reer * ln_tfp			0.00512	0.00554
			(0.00341)	(0.00338)
ln_size		－0.0720***		－0.0725***
		(0.00921)		(0.00921)

① 表 7－2 中列（2）和列（4）加入了行业控制变量共 94 个，考虑到变量过多，表中并未展示出行业控制变量的结果。

② 以劳动生产率 ln_laborprod 代替全要素生产率 ln_tfp 对表 7－2 的列（3）和列（4）进行稳健性检验，结果发现劳动生产率高的企业更不易退出市场，升值时企业也会更不易退出市场，与表 7－1 相同；不同的是交互项系数反而显著为正，说明升值时劳动生产率高的企业反而更不易退出市场。另外，控制变量除了公司规模 ln_size 的方向为正，其他变量的显著性与方向均与表 7－1 相同。

续表

VARIABLES	(1) exitdummy1	(2) exitdummy1	(3) exitdummy1	(4) exitdummy1
age		0.000826**		0.000827**
		(0.000331)		(0.000331)
soe		0.313***		0.313***
		(0.0342)		(0.0342)
foe		0.179***		0.179***
		(0.0223)		(0.0223)
Constant	-3.081***	-2.995***	-3.051***	-2.961***
	(0.0813)	(0.0850)	(0.0832)	(0.0870)
Observations	183487	183451	183487	183451
Number of panelid	67822	67809	67822	67809

对比表7-1，表7-2中显著不同的是，从列（1）到列（4），企业汇率升值反而会导致企业更容易在出口市场上生存，生产率高的企业也都更可能退出市场。后者可以参考“生产率悖论”及汤二子等（2012）解释，但前一结果目前并没有解释。另外，除了外资企业的虚拟变量 soe 系数为正，此时的控制变量的显著性及方向与表7-1相同，而交互项系数不显著。

五、 国内市场

除了研究企业的退出出口市场行为，本章还研究了企业退出国内市场的行为，即企业在国内市场的生存能力与汇率波动、企业生产率的关系，及企业生产率在汇率波动与企业生存关系中所起的作用。在这一部分中，被解释变量为企业退出国内市场的虚拟变量 exitdummy2，若企业退出国内市场则为1，否则为0。其他的主要解释变量与控制变量与第四部分相同。

表7-3为对企业退出国内市场行为的检验结果，采用的是行业层面实际有效汇率 Industry Reer，列（1）~列（4）的回归方程的设置与表7-1相同。行业汇率 Industry Reer 的系数一直显著为正，说明升值对导致企业退出国内市场的影响。生产率 ln_tfp 的系数一直显著为负，说明生产率更高的企业在国内市场上

生存能力更强。行业汇率与生产率的交互项 Industry Reer * ln_tfp 的系数显著为负，说明升值时高生产率的企业更不易被挤出市场，即生产率更高的企业在面对汇率升值的冲击时更易在国内市场存活。这三个主要结论与预期符合，也和 Baggs et al.（2009）的结论大致相符合。另外，控制变量对企业退出国内市场概率的影响与表 7 - 1 中控制变量对企业退出出口市场的影响基本相同，此处不再详细解释。

表 7 - 3　行业汇率波动、企业生产率异质性与国内市场生存能力

	(1)	(2)	(3)	(4)
VARIABLES	exitdummy2	exitdummy2	exitdummy2	exitdummy2
Industry Reer	0. 0600***	0. 0657***	0. 0858***	0. 0965***
	(0. 000637)	(0. 000646)	(0. 00336)	(0. 00339)
ln_tfp	-0. 187***	-0. 142***	-0. 169***	-0. 121***
	(0. 00138)	(0. 00147)	(0. 00266)	(0. 00271)
Industry Reer * ln_tfp			-0. 00468***	-0. 00558***
			(0. 000599)	(0. 000603)
ln_size		-0. 0887***		-0. 0883***
		(0. 00139)		(0. 00139)
age		7. 47e - 05		7. 95e - 05*
		(4. 82e - 05)		(4. 81e - 05)
soe		0. 241***		0. 242***
		(0. 00344)		(0. 00345)
foe		-0. 152***		-0. 152***
		(0. 00422)		(0. 00422)
Constant	-0. 348***	-0. 258***	-0. 446***	-0. 376***
	(0. 00814)	(0. 00926)	(0. 0149)	(0. 0158)
Observations	1319355	1318561	1319355	1318561
Number of Panelid	470305	470043	470305	470043

考虑到工业库中的企业有很大比例并不参与对外贸易，本章认为企业退出国内市场受汇率的影响比较间接，因此，又对有进出口行为的企业退出国内市场的行为进行了研究，分析这些企业在国内市场的生存能力和汇率及其生产率的关系。根据预期，参与对外贸易的企业对汇率波动的反应更强，因此生产率

在缓解汇率升值导致的企业退出行为中的作用应该更加明显。然而本章对这些有进出口行为的企业在国内市场的生存能力的研究结果①却与预期不完全符合：无论是行业汇率还是企业汇率升值时，生产率更高的企业反而更容易退出市场②。

六、结论

本章分别对企业在出口市场和国内市场的生存能力与汇率波动、企业生产率的关系进行了研究，在两个市场上得出了不同结论。

在出口市场上，由于中国出口企业存在的“生产率悖论”，生产率高的企业反而更可能退出市场，且在汇率升值企业面临退出市场压力时高生产率并没有起到减轻压力的作用。在行业层面的汇率升值时，企业退出出口市场概率增加。

在国内市场上，检验的结论更符合已有研究的理论预期，即汇率升值对国内企业的生存能力有显著的负面影响，生产率更高的企业更不易退出市场，并且高生产率的企业在面对汇率升值时更能抵消升值对其生存能力的不利影响。这一结论显著地证实了高生产率在企业面临汇率冲击时给其生存能力带来的好处。

参考文献

[1] 陈勇兵，李燕，周世民．中国企业出口持续时间及其决定因素［J］．经济研究，2012，7：48－61.

[2] 戴觅，施炳展．中国企业层面有效汇率测算：2000～2006［J］．世界经济，2013（5）：52－68.

① 文中并未列出。

② 另外，行业层面的实际有效汇率升值基本上均会导致这些企业退出国内市场，而生产率更高的企业不易退出市场（无论是以企业汇率还是行业汇率做检验时），这两个结论与表7－3相符合。但与表7－2类似，不符合预期的是，企业层面的实际有效汇率升值反而会导致企业不易退出国内市场。

[3] 李春顶，尹翔硕．我国出口企业的“生产率悖论”及其解释［J］．财贸经济，2009，11：84－90.

[4] 李春顶．中国出口企业是否存在“生产率悖论”基于中国制造业企业数据的检验［J］．世界经济，2010（7）：64－81.

[5] 汤二子，邵莹，刘海洋．生产率对企业出口的影响研究——兼论新贸易理论在中国的适用性［J］．世界经济研究，2012，1：62－67.

[6] 易靖韬．企业异质性，市场进入成本，技术溢出效应与出口参与决定［J］．经济研究，2009，9：106－115.

[7] Aw B Y, Chung S, Roberts M J. Productivity and turnover in the export market: micro－level evidence from the Republic of Korea and Taiwan (China) [J]. The World Bank Economic Review, 2000, 14 (1): 65－90.

[8] Baggs J, Beaulieu E, Fung L. Firm survival, performance, and the exchange rate [J]. Canadian Journal of Economics/Revue canadienne d'économique, 2009, 42 (2): 393－421.

[9] Bernard A B, Jensen J B. Exceptional exporter performance: cause, effect, or both? [J]. Journal of International Economics, 1999, 47 (1): 1－25.

[10] Besedes T, Blyde J. What drives export survival? An analysis of export duration in Latin America [C] //January, available at www. editorialexpress. com/cgi－bin/conference/download. cgi. 2010.

[11] Besedes T, Prusa T J. Ins, outs, and the duration of trade [J]. Canadian Journal of Economics/Revue canadienne d'conomique, 2006a, 39 (1): 266－295.

[12] Besedes T, Prusa T J. Product di_erentiation and duration of US import-trade [J]. Journal of International Economics, 2006b, 70 (2): 339－358.

[13] Clerides S K, Lach S, Tybout J R. Is learning by exporting important? Micro－dynamic evidence from Colombia, Mexico, and Morocco [J]. Quarterly Journal of Economics, 1998: 903－947.

[14] Dogan E, Wong K N, Yap M. Does Exporter Turnover Contribute to Aggre-

gate Productivity Growth? Evidence from Malaysian Manufacturing [J]. The World Economy, 2011, 34 (3): 424-443.

[15] Feenstra R C. Symmetric pass-through of tariffs and exchange rates under imperfect competition: An empiricaltest [J]. Journal of International Economics, 1989, 27 (1): 25-45.

[16] Goldberg L S. Industry-specific exchange rates for the United States [J]. Federal Reserve Bank of New York Economic Policy Review, 2004, 10 (1).

[17] Gorg H, Spaliara M E. Export market exit, financial pressure and the crisis [J]. 2013.

[18] Greenaway D, Kneller R, Zhang X. Exchange Rates and Exports: Evidence from Manufacturing Firms in the UK [J]. 2007.

[19] Hopenhayn H A. Entry, exit, and firm dynamics in long run equilibrium [J]. Econometrica: Journal of the Econometric Society, 1992: 1127-1150.

[20] Ilmakunnas P, Nurmi S. Dynamics of Export Market Entry and Exit [J]. The Scandinavian Journal of Economics, 2010, 112 (1): 101-126.

[21] Levinsohn J, Petrin A. Estimating production functions using inputs to control for unobservables [J]. The Review of Economic Studies, 2003, 70 (2): 317-341.

[22] Liang Z, Yu M. Exchange Rate Movements and Exporter Profitability: Empirical Evidence from Chinese Manufacturing Sectors [J]. China Economic Journal, 2014, 7 (2): 214-220.

[23] Melitz M J, Ottaviano G I P. Market size, trade, and productivity [J]. The review of economic studies, 2008, 75 (1): 295-316.

[24] Melitz M J. The impact of trade on intra-industry reallocations and aggregate industry productivity [J]. Econometrica, 2003, 71 (6): 1695-1725.

[25] Melitz M, Helpman E, Yeaple S. Export Versus FDI with Heterogeneous-Firms [J]. American Economic Review, 2004, 94.

[26] Olley S, Pakes A. The Dynamics of Productivity in the Telecommunications [J]. Econometrica, 1996, 64 (6): 1263 -297.

[27] Wagner J. Export entry, export exit and productivity in German manufacturing industries [J]. International Journal of the Economics of Business, 2008, 15 (2): 169 -180.

[28] Wagner J. Exports and productivity: A survey of the evidence from firm - level data [J]. The World Economy, 2007, 30 (1): 60 -82.

[29] Wagner J. The Post - entry Performance of Cohorts of Export Starters in German Manufacturing Industries [J]. International Journal of the Economics of Business, 2012, 19 (2): 169 -193.

[30] Yu M. Processing trade, firm productivity, and tariff reductions: Evidence from Chinese products [R]. 2010.

[31] Zhang X, Liu X. How responsive are Chinese exports to exchange rate changes? Evidence from firm - level data [J]. The Journal of Development Studies, 2012, 48 (10): 1489 -1504.

第八章

人民币离岸远期汇率套息交易的风险分析[①]

我们通过对存在资本管制的国家货币的离岸市场的套息交易进行研究发现，它们的收益率普遍高于发达国家在岸市场的收益率，尤其是那些存在对资本流入有管制的国家，对资本流入的限制越高，其离岸市场上的套息交易收益率也越高。我们对这种现象的解释是资本管制的存在说明了在岸市场对汇率价格产生的扭曲一定程度上对离岸市场的预期产生影响，离岸市场因为较少受到资本管制的约束，投资者可以进行套息交易。

① 本章撰稿人为刘芳，莫红云。

一、 绪论

套息交易（Carry Trade）作为国际外汇市场的重要投资策略之一，主要是通过借入低利息货币投资高利息货币，当在持有期间汇率变动产生的资本损益没有完全对冲掉两种货币的利息差的时候，获得收益。人民币相对于美元属于高利息货币，而自2005年汇率改革以来人民币兑美元长期处于升值通道，这就意味着通过借入美元投资人民币的套息交易不仅得到利息差的收益而且能够获得人民必升值的资本利得。然而，在实务操作中，由于资本管制下人民币无法自由兑换，直接通过货币互换的套息交易难以实现。人民币离岸市场为国际投资者利用有管制国家的货币进行套息交易提供了可能。尽管没有本金交割，投资者仍然可以依据汇率远期和未来即期价格的差异获取损益。不同于在岸交易市场的是，由于资本管制，远期升（贴）水不再等同于两国的利息差，套息交易的损益也不仅是利息差和汇率变动产生的资本利得，还受利息差和远期升（贴）水之间差异的影响。本章介绍套息交易的基本原理和人民币离岸市场的特点，通过比较发展中国家的离岸市场和发达国家的在岸市场的货币套息交易的盈利情况，分析人民币离岸套息交易的风险属性，并提出相应的政策管理方法。

二、 套息交易原理和人民币离岸市场

（一）套息交易原理

套息交易是基于利率平价理论（Interest Rate Parity Theory）在实际汇率市场中的操作。利率平价理论研究的是利率与汇率的关系，概括为两个方面：抛补利率平价（Covered Interest Rate Parity，IRP）和未抛补的利率平价（Uncovered Interest Rate Parity，UIP）。IRP 指出，两个国家利率的差异等于远期和即期汇率之差。

$$i_{t,t+1} - i^*_{t,t+1} = F_{t,t+1} - S_t \tag{1}$$

公式（1）中，$i_{t,t+1}$，$i^*_{t,t+1}$ 分别是本币和外币债券的利息，等式左边为两国的利率差，等式右边的 $F_{t,t+1}$，S_t 是在 t 时刻的远期汇率和即期汇率，当 $F_{t,t+1} > S_t$ 时，称为远期汇率升水，相反为远期汇率贴水。根据 IRP，远期汇率升（贴）水等于利率差。实证结果表明，在可以自由兑换的市场中 IRP 是成立的，也就是说，在计算中利率差可以和远期汇率升（贴）水互相替换。

UIP 作为利率平价的另一个方面，讨论的是当不利用远期汇率工具对冲风险的时候，在一段时间内汇率的变化率等于两国的利率差。

$$S_{t+1} - S_t = \Delta S_{t,t+1} = i_{t,t+1} - i^*_{t,t+1} \tag{2}$$

也就是说，对于风险中性的理性投资者而言，两国存在的利率差必然被未来汇率变动产生的资本利得对冲掉；或者，高利率的货币未来将贬值，贬值的幅度等于其相对于低利率货币的利息差；在货币互换中，利率和汇率两个方面的总收益为零。又因为在 IRP 定理中等式（2）右边可以用远期汇率升（贴）水替换。

$$S_{t+1} - S_t = \Delta S_{t,t+1} = i_{t,t+1} - i^*_{t,t+1} = F_{t,t+1} - S_t \tag{3}$$

远期汇率升（贴）水的货币预期未来贬（升）值。

自 20 世纪 80 年代以来，大量的实证检验 UIP 在汇率市场中是否成立，以 Fama（1984）为代表性模型

$$\Delta S_{t,t+1} = \alpha + \beta(i_{t,t+1} - i^*_{t,t+1}) + \varepsilon_{t+1} \tag{4}$$

如果 UIP 成立的话，$\alpha = 0$，$\beta = 1$。早在 20 世纪 80 年代，Hansen 和 Hodrick（1980），Fama（1984）就对等式（4）进行了实证检验，其后，大量的文献致力于对 UIP 的验证①。但是，绝大多数实证结果都拒绝了 UIP 的成立：据统计，这些文献对 β 的平均估计值为 -0.88，显著低于理论值。$\beta < 0$ 意味着当本币债券的利息高于外币的利息时，本币兑外币的汇率在未来并非像理论预计的贬值而是升值，也就是说，投资本币可以获得较高的利息的同时还能够得到升值带来的利得。这就为套息交易提供了获利的可能：如果 $\beta < 1$，高利息的货币在未来

① Fama（1984），Bansal（1997），Burnside et al.（2007），Menkhoff et al.（2012），Doukas 和 Zhang（2013）等，Engel，1996；Backus 等人，2001；Leippol 等人，2003；Sarno，2005。

贬值的幅度小于利率差预计的范围，即通过投资高利息的货币享受到的利率差不会完全被货币未来的贬值所抵销。UIP 在现实世界中被证明不成立，这个现象也被称为“远期溢价之谜”。

对远期溢价之谜的解释大致可分为几类：

1. 样本观测期不够长，导致统计回归无法证明 UIP 成立。Lothian 和 Wu（2011）采用将近 200 年的英镑兑美元汇率数据发现无法拒绝 UIP 原假设的成立。不过，对于大多数汇率，尤其是新兴国家货币，很难追溯到较早时期的时序数据，长期数据的可得性存在问题。另外，国家政策和环境等因素在长期都可能发生变化，线性模型并不能很好地反映这些变化对变量之间关系的影响。鉴于长期时序数据以上的缺陷，Sweeney（2006）通过采用面板数据达到扩充样本的目标，并发现随着样本的增加，贝塔系数更接近 UIP 理论值 1，也就是说，统计计量条件的限制可能是导致 UIP 在实证中被拒绝的原因。

2. 传统模型没有考虑风险溢酬。UIP 假设投资者是风险中性的，也就是说，模型中不需要考虑任何风险溢酬。但是，在现实世界中，投资人不但不是风险中性的，而且对不同的货币可能存在非对称的风险态度。Fama（1984）较早地用风险溢价来解释远期溢价之谜，其后，Bansal（1997）发现风险溢酬是时变的，贝塔系数的符号随着远期升水的符号发生改变，也就是说，风险溢酬是非线性的。Bansal 在模型中用远期升水的二次方和三次方项来测度风险溢酬的大小和变化情况。Sarno 等人（2012）又进一步将风险溢酬分为对外汇风险和利率风险的补偿，并且发现外汇风险是主要的风险。Frankel 和 Poonawala（2010）用 1976—2004 年的数据对 21 个发达国家和 14 个新兴市场国家进行了对比，研究结果表明，新兴市场国家的贝塔系数反而更接近于 1，似乎更支持 UIP。新兴市场国家的货币较发达国家货币而言具有更高的风险，不过这些货币也如 UIP 中远期升水所预期的一样发生了贬值。这样的结果意味着对新兴体的货币进行套息交易可能面临着较大的风险，货币的贬值也许会吞噬利率差导致套息交易发生亏损，新兴经济体的套息交易风险可能和发达国家的风险情况有所不同。

3. 比索风险（Peso Risk）影响投资者预期。比索风险是指那些小概率事件对投资者预期的影响。这些事件一旦发生，损失是巨大的。投资者会在预期中考虑到这类事件的可能性，但是由于其发生的概率极低，在样本观测期内这类事件几乎不会实现。因此，投资者的预期和实际汇率变动率存在偏差，导致UIP在实证中不成立。Burnside等人（2007）试图从这个角度解释远期溢价之谜。但是，检验比索风险是比较困难的。首先，还没有一个统一客观的标准界定什么样的事件是这类极端事件；其次，即使能够定义极端事件，投资者的预期也是很难直接观测得到的。所以，这类文献基本都是从理论模型的角度解释外汇远期之谜。

当然，还有一些其他的理论，比如市场摩擦理论（Market Friction Theory）和套利限制理论（Limit - to - Arbitrage Theory）[①]，认为由于市场摩擦存在，例如交易费、税收等因素，套利活动只有当收益大于这些费用的时候，套利者才有动机进行套利，否则，即使市场存在套利空间也不足以吸引套利活动。因此，贝塔系数（β）是否接近或者等于1是和套利空间大小相关的，当套利空间足够大到吸引套利活动时，贝塔接近于1，否则偏离理论值。Burnside等人（2010）从投资者过度自信的角度解释了远期溢价之谜，认为过度自信的投资者对将来的通货膨胀率等相关信息的过度反应会使得远期价格比未来的即期价格“跑得更远”，也就容易使得远期溢价和未来的汇率变化呈现相反的关系。

也有一些学者从资本管制的角度进行探究。Phylaktis（1988，1990）将资本管制的影响分为直接的税收因素和间接的政治风险因素（政治风险因素是指对资本管制程度和严重性预期的变化），研究结果显示，资本管制的存在能够解释拉丁美洲国家货币的外汇远期之谜。Chinn（2006）认为，新兴市场国家政治风险和汇率风险是导致UIP不成立的原因。针对人民币汇率的样本，易纲和范敏（1997）认为UIP成立的前提条件是中国有均衡的市场利率并且货币是完全可兑换的，汇率的变动将等于利率差加上一个摩擦系数。姜波克（1999）、肖立晟和刘永余（2014）对人民币与美元的相关利率汇率进行检验，结论表明UIP是不

① 见Sarno（2006）。

成立的，央行的外汇市场干预影响到人民币对利差的响应时间和程度。

套息交易策略是外汇远期之谜在汇率市场操作中的重要应用。如果 UIP 不成立，意味着在货币互换的操作中应该借入低利息货币，因为未来其升值的幅度低于 UIP 所预期的幅度；投资高利息货币，因为它不会如理论预期的那样贬值；这就是套息交易的基本原理。在国际外汇市场上，传统的外汇套息交易是指从低息市场借贷，投资高利息的货币，赚取息差以及外汇兑换产生的资本收益（损失）的交易行为。对于可自由兑换的货币而言，利息差相当于远期汇率升水［见等式（3）］，利用外汇远期合约的套息交易策略为在期初卖出那些高利息货币的外汇远期合约（或者买入低利息货币的远期合约），并在到期日时从即期市场上买入现货（或者卖出低利息货币现货）用于平仓或者对冲头寸。因此，在期初投资者需要决定借入和投资的币种，Burnside 等人（2007）将套息交易表达为

$$x_t = \begin{cases} +1 & \text{如果} \quad F_t/S_t \geqslant 1 \\ -1 & \text{如果} \quad F_t/S_t < 1 \end{cases}$$

其中，F_t 和 S_t 分别表示外汇远期和即期的汇率在 t 时刻的价格。汇率表达为美元标价方式，即 1 单位美元等于多少单位外币，美元为基础货币（base currency）。$F_t/S_t > 1$ 时，美元远期汇率升水，当 UIP 成立的时候意味着未来美元升值，而当贝塔系数小于 1 时，意味着未来美元的升值幅度不超过远期汇率升水的幅度，换句话说，到期日的即期汇率 S_T 不高于远期汇率 F_t 。因此，当 $x_t=1$ 外汇远期为升水时，套息策略为在 t 时刻卖出美元外汇远期合约而在到期日从按即期汇率买入现货平仓。$F_t/S_t < 1$ 时，美元远期外汇贴水，意味着未来美元贬值，同样，当贝塔系数小于 1 时美元贬值的幅度小于远期贴水的幅度，即当 $x_t = -1$ 时，t 时刻借入美元外汇远期合约并在到期日卖出美元买入外币。如果 $F_t/S_t = 1$，则表明，对投资者来说，美元远期没有升贴水（外币也没有升贴水），参考 Burnside 等人（2007）的策略方法，卖出美元远期合约。

大多数文献都发现套息交易策略能够取得显著的正收益。Burnside 等人（2007）使用 63 个国家作为大样本，其中选出 10 个发达国家作为小样本，利用

这些国家的货币 1997—2006 年的汇率数据，采用买入远期贴水的货币外汇远期合约或者卖出远期升水的货币外汇远期合约的方式建立等权重套息交易，发现大样本国家货币的套息交易和小样本中发达国家货币的套息交易收益率都为正，但是包含新兴市场国家货币在内的大样本套息交易的夏普比率比发达国家样本的比率更高。但是 Burnside 和 Eichenbaum（2006）认为，如果考虑市场摩擦，包括买卖价差、价格压力及逆向选择等问题，套息交易的收益率可能为 0。Dimson 等人（2012）使用 19 种交易较活跃的货币，从 1900—2011 年的数据建立套息交易，发现在 1900—1950 年套息交易有显著的亏损（－0.4%/年）。近年来研究发现在金融危机期间套息交易常常蒙受巨额损失（Doukas 和 Zhang，2013），下行风险（Downside Risk）是套息交易的重要风险因素，体现在危机期间的流动性风险和贬值风险交互作用。

对套息交易的研究主要集中在可以自由兑换的主流货币上，这些货币多为发达国家货币，由于发达国家普遍利率较低且趋于一致，因此，这些货币之间的利息差也非常小，套利空间相对有限。以人民币为代表的新兴市场国家货币近年来受到关注，一方面是新兴经济体经济的高速增长带来较高的收益预期，另一方面是新兴经济体货币通常具有较高的利率吸引国际投资，当然也意味着货币的风险相对较高，不仅存在汇率等市场风险，国家的政治风险也不容忽视，比如这些国家对资本的进出实施控制给货币清算带来的困难。这些风险体现在高利率对投资者的风险补偿上。本章在研究人民币离岸远期市场套息交易的同时，也对其他新兴经济体的离岸市场进行分析，并对比发达国家货币的在岸套息交易，探讨人民币的套息收益是新兴经济体离岸市场所具有的普遍特征还是人民币特有的特征。相应地，收益的风险具有何种属性。

（二）人民币离岸市场

自 2005 年汇率改革以来，人民币由原来的盯住美元的固定汇率体制过渡为有管制的浮动汇率体制。这十年间，汇率逐步由 8.2 元人民币/美元升值到 6.3 元人民币/美元，升值幅度达 30%。而人民币债券的利率通常高于美元债券 3～5

个百分点。也就是说，借入美元投资人民币将获得每年至少6% ~8%的收益率，尤其是在当对人民币预期升值的时候，对国际游资而言以人民币标价的资产具有非常大的吸引力。

然而，进行人民币套息交易并非易事。中国还没有建立起人民币汇率二级市场，更没有相应的汇率远期和期货等风险对冲工具，投资者没有渠道进行货币互换。因此，人民币离岸市场为投资者进行套息交易提供了可能。离岸市场是指在货币发行国境外从事该货币交易的市场，交易双方通常为非该国的居民。人民币离岸市场是指在人民币不能完全自由兑换的前提下，境外的人民币贸易结算的资本市场。至今，人民币主要的离岸交易市场分布在中国香港、伦敦、法兰克福、新加坡等地，由于贸易往来和货币互换规模等因素，香港是人民币的最大的离岸市场，可以说中国香港的人民币汇率走势决定了人民币离岸汇率的走向。值得一提的是由于离岸和在岸市场是分隔的，离岸市场只对非中国居民的投资者开放，不像在岸市场可以通过央行的中间价、商业银行的竞价等来调控，离岸市场非常市场化，几乎就是国际投资者多空力量角逐的体现。随着中国对外开放程度的加深，越来越多的投资者，比如大的跨国公司、有资质的机构投资者为了规避汇率风险需要人民币汇率的衍生品工具（如外汇远期），除此之外，投机者对快速上涨的人民币标价的资产和严格管制下的汇率体系产生逐利需求。然而，因为受限于资本管制，即使是在离岸市场上也不能实现人民币的本金交换，所以直接进行货币互换的套息交易是较为困难的。在这样的背景下，无本金交割远期（Non - deliverable Forward，NDF）汇率应运而生。相比通常的在岸远期合约（Delivery Forward Contract，DF），NDF需要交易双方在未来指定的日期，就事先约定的汇率与到期日即期市场汇率的差价结算差额，最后以美元（或其他世界货币）进行结算，无须交割本金，因此不必担心结算日由货币兑换限制引起的违约风险。目前离岸NDF市场的参与者主要是境外的大银行和投资机构（他们的客户主要是那些涉及大量新兴市场国家货币业务的跨国公司），另外，还有一些对冲基金和其他投资者。近几年包括人民币NDF在内的新兴市场无本金交割远期市场越来越活跃，德意志银行（Deutshe Bank）的统计数据显示，韩元的NDF日换手率已经从2003—2004年的7亿～10亿美元增加至2013—2014年的50亿美元，中国人民币的NDF日换手率在2013—2014年平均达30亿美元，印度卢比的NDF日换手率则为14亿美元。随着新兴市场国家无本金交割外汇市场的繁荣，NDF市场的投资套利活动也越来越被投资者、学者以及新兴市场国家的政策制定者所关注。

离岸市场的套息交易有别于在岸市场的情况。通常是，在岸市场由于存在资本管制，无法进行自由的货币互换，离岸市场才成为替代的投资渠道。以人民币为例，在离岸市场上的远期汇率价格是由市场供需关系决定的均衡价格，而在资本无法自由进出的在岸市场，利率水平受到资本管制的影响，只能反映国内的资金价格而不能体现国际清算中对此货币的市场化价格。所以，以在岸市场计算的利息差可能不等于离岸市场上的远期外汇升水，也就是说，抛补定理（CIP）在资本管制存在的时候可能无法成立。那么，以离岸远期汇率计算的套息交易收益就有可能不同于在岸市场上的套息收益，并且，资本管制程度越大，离岸和在岸市场的套息收益可能就越不同。衡量资本管制的指标有很多种，这里我们用CIP偏离度代表资本管制程度，即利息差相对于远期汇率升水的偏离程度。

相比于在岸市场，关于离岸套息交易的文献并不多。Doukas和Zhang（2013）使用了1997—2011年的相关数据，对21个发达国家货币（1999年欧元出现后，变为10个发达国家货币）的外汇远期、30种在岸交易DF市场的发展中国家货币的外汇远期和13种离岸无本金合约NDF做套息交易，研究结果表明，新兴市场国家的离岸套息交易的收益率和夏普比率（Sharp Ratio）都较高。

三、计算NDF、DF套息交易收益率

本章借鉴Burnside等人（2007），Doukas和Zhang（2013）的套息交易算法，考虑交易费用的影响。其中，在岸市场DF的套息交易收益率为

$$R_{t+1}^{DF} = \begin{cases} x_t(F_t^b/S_{t+1}^a - 1) & 如果 x_t > 0 \\ x_t(F_t^a/S_{t+1}^b - 1) & 如果 x_t < 0 \end{cases}$$

其中，S_{t+1}^b、S_{t+1}^a 分别表示在外汇远期到期日汇率的即期买入价（bid price）和卖出价（ask price）。

对于 NDF 套息交易，其收益率为

$$R_{t+1}^{NDF} = \begin{cases} x_t(F_t^b/S_V^{valuation} - 1) & 如果 x_t > 0 \\ x_t(F_t^a/S_V^{valuation} - 1) & 如果 x_t < 0 \end{cases}$$

在计算 NDF 套息交易的收益率时，本章使用 $S_V^{valuation}$ 作为 NDF 合约清算日的参考价，原因是 NDF 各市场的结算日规则存在差异。有些币种的结算日是在到期日当天，有的是在到期日后的第二个工作日，所以，很难像 DF 市场那样用统一的时间下标标注结算日的即期汇率，我们就用 $S_V^{valuation}$ 代表结算日的即期汇率。对于人民币 NDF 市场而言，结算日为到期日后的第二个工作日，我们取那天的外汇中间价作为未来的即期汇率。另外 9 种 NDF 远期外汇市场的货币分别是印度卢比 INR、印尼盾 IDR、埃及镑 EGP、阿根廷比索 ARS、俄罗斯卢布 RUB、巴西雷亚尔 BRL、韩元 KER、林吉特 MYR、台币 TWD，其中，清算日参考价适用外汇远期到期日后的第二个工作日的外汇中间价的是印度卢比 INR、印尼盾 IDR、埃及镑 EGP、俄罗斯卢布 RUB、巴西雷亚尔 BRL、韩元 KER、林吉特 MYR 和台币 TWD；适用外汇远期到期日当天的外汇中间价的是，阿根廷比索 ARS。

为什么套息交易能够获利？为什么在危机中套息交易常常伴生较大的损失？套息交易具有怎样的风险？NDF 市场的套息交易风险和 DF 市场又有何不同？人民币 NDF 套息交易具有哪些风险特征？

对套息交易的风险分析常常同解释远期溢价之谜联系在一起。CAPM、Fama 三因素，Consumption－CAPM 等模型研究传统的市场风险因素对套息交易收益率的影响，认为套息交易的收益是对这些市场风险因子的补偿。此外，Lustig 等人（2011）提出了两个新的风险因子："美元风险因子（Dollar risk factor）"和"套息风险因子（HML_{FX}）"。"美元风险因子"可以理解为美元效应，而"套息风险因子”是本书构建的利差因子：将样本中37个国家的货币按照远期升水从低到高排序，并分为6个组合（第1组最低，第6组最高），套息风险因子是投资较高利率货币组（第6组）借入较低利率货币组的组合收益，也常被理解为杠杆因子。其他一些常用的风险因子，如反映流动性、波动率等也被文献广泛地检验，比如说Gyntelberg和Remolona（2007），使用亚洲和环太平洋国家的10种货币，用2001—2007年的样本货币的相关数据做日度的套息交易，然后统计出套息交易的平均收益率，以及套息交易自身的波动性（Volatility）、套息交易分布的VAR（value - at - risk）等风险因素。然后将所研究的10种货币在2001—2007年的平均套息交易收益率和波动性、VAR进行比较，研究结果表明波动性和VAR等风险因素的值越大时套息交易收益率越大，套息交易收益率和套息交易本身的风险成正比。Brunnermeier等人（2008）探究了TED和VIX对8种主要发达国家的货币套息交易表现的影响，研究结果显示利差交易的收益呈现负偏度的特征，且这种负偏特性往往出现在风险较大和融资流动性下降的时候（TED和VIX增量较大的时候），即TED和VIX的变化量及套息交易收益率有显著的负向关系。这种关系可以从投资保证金的要求方面解释：当市场波动较大的时候，远期合约保证金账户的要求也随之上升，引起流动性不足导致一些利差交易账户无法再满足保证金要求而被强行平仓，相应的套息交易收益率下降。Christiansen等人（2011）对外汇市场波动性、货币的偏度和VAR（value - at - risk）验证套息交易收益率及风险之间的均衡关系，其用10种货币对美元的相关外汇数据设立了套息交易，研究结果表明，这些风险因素（除了外汇市场波动性）和套息交易的收益率有显著的正向关系，表现出一种风险补偿的特性。Christiansen等人（2011）控制了多个相关的风险因素，研究各风险因素对套息交易收益率的影响，研究结果表明当波动性比较温和的时候，套息交易会取得正向的收益率，而当波动性很大时（可能预示危机的发生），套息交易则会承受巨大的损失。不同于应用传统的波动率因子，Menkhoff等人（2012）认为应该使用国际外汇市场波动率的未预期风险（innovation of global FX volatility）而不是已经实现了的风险，或者是可预期的风险。他们的研究结果表明，未预知到的风险越大，套息交易收益率越差。Menkhoff 等人（2012）还使用 TED 和外汇市场的平均买卖价差（bid - ask spreads）的变化量来衡量未预测到的流动性风险，当未预测到的流动性风险越大时，套息交易的收益率会下降，表明当未被预测到的大流动性危机发生时，套息交易收益率会下降。

也有一些学者从比索问题（Peso problem）的角度分析套息交易的收益。比索问题（Peso problem）首先由 Cochrane（2001）定义，特指一个发生概率很低但是影响又非常重大的事件。在套息交易中，比索问题（Peso problem）影响投资者预期：尽管货币发生巨大损失是小概率事件，但是因为亏损的规模巨大，所以仍然会使预期值偏低。在这种解释体系下，危机事件等也常被用来验证比索问题。比如 Farhi 和 Gabaix（2011）指出，每个国家对突发灾难事件的暴露是不同的，当一国比较频繁地暴露灾难性事件时，这个国家的货币估值预期就越偏离理性预期，然而如何界定这些极端事件是实证中比较困难的问题。

总结相关文献，套息交易的收益通常与以下市场风险相关，或者体现了投资者对以下市场风险的补偿要求：汇率的市场波动性、汇率变化率的偏度、VAR、流动性风险、市场恐慌程度、资本管制等政治风险以及突发事件等。

值得一提的是，大部分文献研究的都是资本自由流动的币种，即使一部分文献考虑了发展中国家的样本，也没有深入比较和探讨当这些国家的货币存在资本管制的情况时会对套息交易产生何种影响。近期，Doukas 和 Zhang（2013）通过对离岸远期交易（NDF）市场的研究填补了这个空白。他们用抛补的利率平价偏移（CID）代表一国资本管制的程度，在一定程度上资本管制指标解释了新兴市场国家 NDF 套息交易的收益率。早在 1973 年，Aliber 就对资本管制和抛补的利率平价偏移（Covered Interest Differential，CID）之间关系进行了研究，在这篇文献中，作者认为资本管制是决定抛补的利率平价发生偏移的一个决定因素。后来很多的文献都把抛补平价利率的偏移作为衡量一国资本管制的指标（Frankel，1992；Ma 和 McCauley，2008；Straetmans 等人，2013；Doukas 和 Zhang，2013；Cheung，2014）。Frankel（1992）认为抛补的利率平价 CIP 是衡量一国资本自由流动程度的最好指标，只要资本不能在不同的经济体自由流动，

CIP 就会存在偏移。Doukas 和 Zhang（2013）还进一步提出抛补的利率平价偏移因正负号的不同而显示出资本流入和资本流出的管制。

关于资本管制的程度，IMF 也提供了衡量指标［见 IMF's Annual Report on Exchange Arrangements and Exchange Restrictions（EAER）］，这个评分体系每年对各国资本账户管制情况进行评级，分数越高表明资本管制程度越高（Glick and Hutchison，2005）。Kraay（1998）则通过一国资本流入量和流出量占该国国内生产总值比重来衡量资本管制强度。金荦（2004）根据国际收支统计对资本与金融项目的分类和中国资本项目管理法规框架的特点，测算了我国 1994—2003 年度资本项目管制的情况，通过央行资产负债表的变化来验证货币政策是否独立，从而间接看出一国是否有资本管制（金荦和李子奈，2005）；或者通过分析一国投资和储蓄之间的关系，来判断跨境资本流动是否自由，也即是否有资本管制（于洋和杨海珍，2005），但是这些方法都是采用观测频率比较低的宏观变量。

四、实证检验

（一）实证分析

本章采用抛补利率平价的偏离（Covered interest differential，CID）作为衡量一国货币自由兑换限制和资本管制水平的指标

$$CID_{m,t} = i_{m,t} - i^*_{USA,t} - (f_{m,t} - s_{m,t})$$

其中，m 代表国家 m（或者货币 m），$i_{m,t}$ 表示货币 m 在 t 时刻的利率，$i^*_{USA,t}$ 表示美元在 t 时刻的利率，$f_{m,t} - s_{m,t}$ 表示 m 国货币的贬值率（或升值率），$f_{m,t} = \ln(F_t)$，$s_{k,t} = \ln(S_t)$，F_t 和 S_t 分别表示 t 时刻货币 m 对美元的外汇远期中间价和外汇即期中间价，外汇标价为一定单位的货币 m/美元。因本章采用的是一周的套息交易，因此对 CID 也将计算一周的 CID 情况。因此，其中 $i_{m,t}$ 表示货币 m 在 t 时刻的一周银行间拆放利率，$i^*_{USA,t}$ 表示美元在 t 时刻的一周 LIBOR 数据，同样外汇远期也为一周的外汇远期。

抛补利率平价的偏离度（CID 绝对值）越大，表明货币自由兑换的限制等资本管制就越强。Doukas 和 Zhang（2013）提出，当 CID 显著为正时，显示该国有资本流入的管制；而当 CID 显著为负时，显示该国有资本流出的管制。

除了资本管制之外，本章也检测以下市场风险指标：

1. 国际外汇波动性（GVOL）

本章参考 Menkhoff 等人（2012）的国际外汇波动率（GVOL）的变化量来衡量国际外汇波动率风险，计算公式如下

$$GVOL_t = \frac{1}{T}\sum_{t'\in T}\Big[\sum_{m\in M}\frac{|r_{m,t'}|}{M}\Big]$$

其中，$r_{m,t'}$ 表示 t' 时刻货币 m 当日即期汇率的对数变动值［$r_{m,t'} = \ln(S_{t'}) - \ln(S_{t'-1})$，S 为即期利率，货币标价一定单位货币 m/美元］，M 表示当日汇率市场上的货币总数（这里采用了交易比较活跃的66 种货币），因此 $\sum \frac{|r_{m,t'}|}{M}$ 表示国际外汇市场每天的平均波动率①，然后计算周平均波动率。此外，国家外汇市场波动性的增量（$DGVOL_t$）衡量未预期的国际外汇波动性风险。

2. 货币自身的波动性（VOL）

一国货币自身的波动性也代表了这个币种的风险特征

$$VOL_{m,t} = \sum_{t'\in T}|r_{m,t'}|/T$$

其中，T = 5，$VOL_{m,t}$ 表示过去一周货币 m 汇率变化的平均波动率，$DVOL_{m,t}$ 衡量货币 m 未被预测到的波动性风险。

Menkhoff 等人（2012）用国际外汇 bid - ask spread 来衡量国际汇率流动性风险，并且用 bid - ask spread 的变化量（innovations to bid - ask spread）作为 X 变量解释套息交易的收益率，DBAS 越大表示国际外汇市场流动性风险越大。这里借用他们的做法，计算国际外汇流动性 GBAS

---

① 这里用变化量的绝对值的平均数表示外汇市场平均波动率，并不是方差（volatility）的概念，使用绝对值而不用平方是为了减小那些出现非常大波动的异常值（outliers）的影响。

$$GBAS_t = \frac{1}{T}\sum_{t' \in T}\left[\sum_{m \in M}\frac{|BAS_{m,t'}|}{M}\right]$$

其中，$BAS_{m,t'} = (ask\ price_{m,t'} - bid\ price_{m,t'})/bid\ price_{m,t'}$，$m$ 表示货币 m，M 表示当日外汇市场上的货币数量（这里使用了 66 种交易比较活跃的货币），$GBAS_t$ 表示 t 所在周国际货币平均流动性水平。

货币 m 自身的汇率流动性

$$BAS_{m,t} = \frac{1}{T}\sum_{t' \in T}|BAS_{m,t'}|$$

这里用 $GBAS_t$ 、$BAS_{m,t}$ 当期与前一期的变化量作为解释变量。

3. 资金市场的流动性风险（TED）

市场的资金流动性风险可以用 TED 来衡量

$$TED_t = i_{t'}^{EUD} - i_{t'}^{TBILL}$$

$$DTED_t = TED_t - TED_{t-1}$$

其中，$i_{t'}^{EUD}$ 表示欧洲美元银行间存款利率，$i_{t'}^{TBILL}$ 表示美国 3 个月国库券利率，TED_t 衡量银行间市场的借贷状况，TED_t 值越大表明银行借钱的意愿越弱，也即套息交易的资金市场流动性越差。这里用 TED_t 的变化量作为解释变量，研究 TED_t 当期与前期的变化量与套息交易收益率的影响。

4. 市场恐慌情绪（VIX ）

采用 VIX_t 的变化量 $DVIX_t$ 衡量市场恐慌情绪。

5. 货币危机风险（SKEW）

测度货币的偏度指标，采用 Doukas 和 Zhang（2013）的计算方法

$$SKEW_{m,t} = \frac{\frac{1}{T}\sum_{t'=t}^{t'=t+T}(r_{m,t} - \bar{r}_{m,t})^3}{\left[\frac{1}{T}\sum_{t'=t}^{t'=t+T}(r_{m,t} - \bar{r}_{m,t})^2\right]^{3/2}}$$

（二）实证模型

这里的实证模型是在 Doukas 和 Zhang（2013）的基础上得来的，具体实证

模型如下

$$R_{t+1}^{m} = \alpha + \beta \times CID_{m,t} + \sum_{i=1}^{n} \gamma_i \times RKF_{m,t}^{i} + \sum_{i=1}^{n} \varphi_i \times RKF_{m,t+1}^{i} + \mu_{m,t}$$

其中，被解释变量为在t时刻对货币m所设套息交易的收益率。解释变量$CID_{m,t}$为套息交易建立到套息交易结算这一周的CID，$RKF^{i}_{m,t}$、$RKF^{i}_{m,t+1}$分别代表对应的各风险因素在当期和前一期的值，i表示第i个风险因素，包括国际外汇市场波动性指标$DGVOL_t$，货币m自身的波动性风险$DVOL_{m,t}$，国际外汇流动性风险$DGBAS_t$，货币m自身的流动性风险$DBAS_{m,t}$，资金市场流动性风险$DTED_t$，投资者恐慌情绪$DVIX_t$，以及货币m对美元发生快速贬值的风险$SKEW_{m,t}$。

（三）数据介绍

这里选取了存在离岸市场（NDF）的币种，包括中国、印度、印度尼西亚、埃及、阿根廷、韩国、巴西、俄罗斯、马来西亚、中国台湾等10个新兴市场国家和地区，使用这些国家和地区的期限为1周的NDF，在每周的周三①建立NDF套息交易策略。在发达国家中的在岸市场（DF）选择了加拿大、欧元区、丹麦、日本、瑞士、瑞典、英国等的期限为1周的DF建立DF套息交易策略。在计算各国家和地区资本管制衡量指标（CID）时，使用的是相关国家和地区1周的银行间同业拆放利率、美国的1周银行间同业拆放利率，数据来自Datastream数据库。

NDF的数据可追溯到2004年3月29日（部分新兴市场国家和地区的数据始于2006年6月7日），数据以各个币种最早可得时间开始截止到2015年2月28日。

（四）套息交易收益率情况

这部分将展示用各国家和地区货币对美元的外汇远期所做的套息交易每周收益率的平均值，数据单位为%（见表8－1）。

① 在每周三建立套息交易是考虑到周六、周日的市场信息的积累，汇率可能会在每周开始的时候出现一定的波动性和不合理性，而在每周快结束的时候比如周五汇率市场快收市的时候也容易出现一些不正常的波动，因此参考其他文献（Doukas和Zhang，2013）的做法在每周三建立套息交易策略。

表 8-1　NDF、DF 套息交易收益率

NDF 套息交易收益率（新兴市场国家和地区）

	中国	埃及	阿根廷	俄罗斯	中国台湾	印度尼西亚	巴西	马来西亚	韩国	印度	整体
Mean（%）	0.25***	0.13***	0.42***	0.10	-0.02	0.18***	0.12	-0.06*	-0.01	0.06	0.13***
	(12.79)	(6.60)	(21.58)	(5.04)	(-0.94)	(9.41)	(6.03)	(2.96)	(-0.31)	(3.22)	(6.66)
SD（%）	0.45	0.84	1.48	1.63	0.45	0.98	1.69	0.73	1.44	0.90	1.17
Skewness	1.24	6.54	1.49	-0.18	-0.44	0.28	-0.04	0.09	1.14	0.09	0.78
Kurtosis	4.48	48.90	20.80	20.31	6.02	8.17	8.55	4.14	30.36	5.24	27.16
Jarque - Bera	158	40328	7747	5710	92	515	495	25	14349	96	105903
Sharp Ratio	0.54	0.15	0.28	0.06	-0.04	0.18	0.07	-0.08	-0.00	0.07	0.11
#OBS	457	425	571	457	223	457	386	457	457	457	4347

DF 套息交易收益率（发达国家和地区）

	欧元区	丹麦	日本	瑞士	英国	瑞典	加拿大	整体
Mean（%）	-0.02	-0.02	0.01	-0.12*	-0.09	-0.04	-0.08*	-0.06**
	(-0.99)	(-0.94)	(0.47)	(-6.24)	(-4.73)	(-1.98)	(-4.11)	(-2.86)
SD（%）	1.38	1.39	1.40	1.70	1.36	1.67	1.47	1.48
Skewness	0.84	0.90	-0.01	-2.27	-0.46	-0.27	0.32	-0.40
Kurtosis	8.42	8.88	4.72	28.65	5.93	4.70	5.16	12.10
Jarque - Bera	765	815	70	16144	224	75	101	13355
Sharp Ratio	-0.01	-0.01	0.01	-0.07	-0.07	-0.02	-0.05	0.04
#OBS	571	518	571	571	571	571	479	3852

注：①第二行括号内表示相应年化收益率，括号内为周度收益率，***、**、*分别代表 1% 显著性水平下显著、5% 显著性水平下显著、10% 显著性水平下显著；表中 mean、SD（样本标准差）单位为%，其他单位均为 1 单位。②RNDF、RDF 分别表示，NDF 套息交易收益率和 DF 套息交易收益率，这里的套息交易是利用表中国家对应的货币的外汇远期所建立的套息交易策略。③#OBS 表示观测值个数，也即所建的套息交易的个数。

由表 8－1 中的信息可知，在 2004 年 3 月到 2015 年 3 月，新兴市场国家 NDF 套息交易有显著的正收益，为 0.128%/周，年化收益率为 6.66%，而发达国家和地区的 DF 套息交易收益率则为－0.06%/周，年化收益率为－2.86%。具体来看，在新兴市场国家和地区，人民币 CNY、埃及镑 EGP、阿根廷比索 ARS 和印尼盾 IDR 的 NDF 套息交易会有显著的正收益，年化收益率分别达到 12.79%、6.60%、21.58%和 9.41%，而其他新兴市场国家货币的套息交易并没有得到显著的正收益。但整体上来看，新兴市场国家 NDF 套息交易的收益率要比发达国家高。在发达国家和地区，平均收益率几乎都为负收益，且某些国家货币的套息交易收益率为负显著（瑞士、加拿大）。

上面的数据也表明，平均来看 UIP 在发达国家和地区是成立的，对单个货币建立套息交易是不能获利的。这与其他文献中所得出的正的套息交易收益率不同，可能是因为这里的时间段包含了金融危机期间，而套息交易在金融危机期间经历了巨大的损失，因此遭受重挫的一些发达国家的平均收益率被金融危机期间给拉低了，故而没有出现显著的收益率。

新兴市场国家和地区的 NDF 套息交易收益率表现出正偏的特性（skewness = 0.77），而发达国家的 DF 套息交易收益率分布表现出负偏的特性（skewness = －0.4），而且从 Sharp Ratio 值来看，CID 绝对值比较大的国家或者说表现出较强资本管制的国家的相关套息交易 Sharp Ratio 值更高，总体上来看，新兴市场国家 NDF 套息交易的 Sharp Ratio 比发达国家 DF 套息交易的值要高（前者约是后者的 3 倍），见表 8－2。

表 8－2　各国家和地区资本管制（CID）情况

CID（新兴市场国家和地区）											
	印度尼西亚	中国	埃及	阿根廷	俄罗斯	巴西	韩国	马来西亚	中国台湾	印度	整体
Mean（%）	－0.177	0.122	0.240	0.164	0.031	－0.001	－0.039	－0.001	0.013	－0.014	0.023
#OBS	457	457	425	571	457	386	457	457	223	457	4347

续表

CID（发达国家和地区）								
	欧元区	丹麦	日本	瑞士	英国	瑞典	加拿大	整体
Mean (%)	0.002	0.007	0.003	0.003	0.002	0.003	0.001	0.003
#OBS	571	518	571	571	571	571	479	3852

注：①Mean 是衡量一国资本管制水平的指标，CID 绝对值比较大时说明该国资本管制比较强，具体 CID >0 显示出平均有资本流入的管制，而 CID <0 时，平均来看有资本流出管制。② #OBS 表示观测值数量。

那么，新兴国家为什么能取得套息交易的正收益呢？我们先从资本管制的角度分析，相对于发达国家，大多数新兴经济体存在资本管制，而各个国家的资本管制的情况也不尽相同。表 8－2 提供了样本期各个 NDF 市场的资本管制指标的平均值。新兴市场国家整体的 CID 均值为 0.023%，而发达国家整体为 0.003%，前者是后者的近 100 倍，显示从整体来看，新兴市场国家和地区的资本管制比发达国家和地区强。具体来看，在新兴市场国家，印度尼西亚、中国、埃及、阿根廷的 CID 的绝对值比较大，大约是其他新兴市场国家 CID 绝对值的 10 倍，是发达国家和地区 CID 绝对值的近 100 倍。如果用 Z 统计量来检验显著性，印度尼西亚、中国、埃及和阿根廷的统计 Z 值分别为 4.37、5.28、6.30 和 2.78，表明这些国家的 CID 显著大于 0（中国、埃及和阿根廷）或小于 0（印度尼西亚），表现出比较明显的资本流入管制（中国、埃及和阿根廷）和资本流出管制（印度尼西亚）。对比表 8－1 和表 8－2，可以大致看出资本管制和套息交易的收益率有着一定的正向关系，即当一国有资本管制时（CID 偏移较大），使用其货币的外汇远期所建的套息交易的正收益就比较明显，而资本管制水平非常低时，套息交易的收益率就不明显。

（五）回归结果展示

这里对 17 个国家和地区的从 2004 年 3 月到 2015 年 3 月的相关时间序列数据使用OLS进行了回归（见表8－3和表8－4），以新兴市场国家和地区以及发

表 8-3 回归结果（NDF 套息交易）

	中国	埃及	阿根廷	俄罗斯	中国台湾	印度尼西亚	巴西	韩国	马来西亚	印度	整体
C	0.0024***	-0.0012***	0.0028	0.0007	-0.0003	0.0013	0.0009	-0.00008	-0.0006	0.0005	0.0012***
	(0.0005)	(0.0002)	(0.6447)	(0.0006)	(0.0003)	(0.0009)	(0.0007)	(0.0005)	(0.0004)	(0.0004)	(0.0002)
CID_t	0.1935***	1.0349***	0.8074***	0.5369*	0.4497**	-0.2696***	0.1960	-0.3239***	-0.5130**	-0.7084***	0.4702***
	(0.0437)	(0.0526)	(0.0691)	(0.2970)	(0.2217)	(0.1043)	(0.6663)	(0.1146)	(0.1993)	(0.1732)	(0.1412)
$DVOL_t$	-0.1970	0.4221	-0.8943	0.0721	-0.8587**	-0.1876	0.2951	0.4367	0.2438	-0.2290	0.0920
	(0.3763)	(0.3663)	(0.5635)	(0.2717)	(0.3829)	(0.2655)	(0.4350)	(0.5672)	(0.2623)	(0.2264)	(0.1886)
$DVOL_{t+1}$	-0.8799**	1.1865*	-2.8881***	-1.1173***	-0.9537*	-0.2689	-0.5529**	-0.5126	-0.1668	-0.3728	-0.9614***
	(0.3875)	(0.6096)	(0.6207)	(0.3245)	(0.5292)	(0.3413)	(0.2585)	(0.4092)	(0.3628)	(0.2995)	(0.2279)
$DBAS_t$	—	-0.2488*	-1.0776*	0.7353	0.5713	-0.2275	-1.5499	-3.8609**	-0.0964	0.9455	-0.1800
		(0.1381)	(0.5824)	(2.5420)	(0.7842)	(0.6114)	(2.7075)	(1.8695)	(1.1271)	(1.9379)	(0.2964)
$DBAS_{t+1}$	—	0.1875	-1.2697*	-3.8048	0.9740	-1.5667**	-1.2259	-2.1445	0.3664	-2.2658	-0.6939
		(0.1337)	(0.7559)	(6.1540)	(0.7417	(0.6665)	(2.7651)	(1.7769)	(1.0269)	(1.9712)	(0.4357)
$SKEW_t$	-0.0002	0.00004	-0.0002	-0.0002	0.0004	0.0006	0.0011	-0.0005	0.00001	-0.0002	-7.E-07
	(0.0003)	(0.0002)	(0.0004)	(0.0009)	(0.0005)	(0.0006)	(0.0011)	(0.0009)	(0.0006)	(0.0007)	(0.0002)
$SKEW_{t+1}$	0.00002	0.0001	-0.0006	0.0017*	-0.0007*	0.0008	0.0045***	-0.0008	-0.0003	0.0011*	0.0004*
	(0.0003)	(0.0002)	(0.0005)	(0.0010)	(0.0004)	(0.0007)	(0.0013)	(0.0008)	(0.0005)	(0.0006)	(0.0003)
$DGVOL_t$	-0.2004	-0.0794	-0.4027	-0.6885	-0.1083	-0.2742	2.8182*	-1.1755	-0.2219	1.4414*	0.2646
	(0.2169)	(0.1658)	(1.2733)	(0.9663)	(0.7728)	(0.6110)	(1.5126)	(1.3969)	(0.6067)	(0.8274)	(0.3750)
$DGVOL_{t+1}$	-0.1721	-0.2832	-1.4685	-0.2598	-0.8245	-0.4560	2.6198	1.5071	1.6775***	-1.1211	0.4642
	(0.2496)	(0.2359)	(2.1683)	(1.0190)	(0.7619)	(0.8186)	(1.6470)	(1.3011)	(0.5510)	(1.0148)	(0.4689)
$DGBAS_t$	2.5841	-1.9536	7.4581	-1.6719	-0.7929	-5.6634	-7.6402	13.2424	-3.4431	-3.3397	2.5898
	(3.6489)	(1.9023)	(7.4284)	(10.9215)	(3.6245)	(6.1927)	(14.6177)	(15.7267)	(3.3149)	(3.7273)	(3.0620)

续表

	中国	埃及	阿根廷	俄罗斯	中国台湾	印度尼西亚	巴西	韩国	马来西亚	印度	整体
$DGBAS_{t+1}$	5.2704	-1.1768	1.2530	5.5467	-0.9462	-9.6674	-18.4943**	-0.1300	1.2737	-2.5772	-0.1291
	(4.1881)	(1.8089)	(8.8846)	(10.8495)	(2.4797	(6.1791)	(8.3500)	(8.2693)	(4.4500)	(4.1796)	(2.5925)
$DTED_t$	0.0004	0.0003	-0.0018	0.0037	-0.0030	0.0061***	-0.0076	-0.0044	0.0034***	0.0047*	-0.0001
	(0.0007)	(0.0008)	(0.0022)	(0.0028)	(0.0137)	(0.0022)	(0.0081)	(0.0042)	(0.0013)	(0.0024)	(0.0012)
$DTED_{t+1}$	0.0004	-0.0020***	-0.0036	0.0023	-0.0080	0.0021	-0.0034	0.0125***	0.0033	-0.0004	0.0011
	(0.0008)	(0.0005)	(0.0037)	(0.0020)	(0.0153)	(0.0024)	(0.0037)	(0.0040)	(0.0016)	(0.0020)	(0.0012)
$DVIX_t$	0.00007	-0.0001**	-0.0001	0.00004	0.00003	-0.0002	0.0002	0.0002	-0.0002	-0.0002**	0.0001
	(0.0001)	(0.00004)	(0.0001)	(0.0002)	(0.0001)	(0.0001)	(0.0005)	(0.0004)	(0.0001)	(0.0001)	(0.0001)
$DVIX_{t+1}$	0.00005	0.00005	-0.0004**	-0.0007***	0.00005	-0.0002*	-0.0010***	0.0005	-0.0001	-0.0002	-0.0002**
	(0.0001)	(0.00004)	(0.0002)	(0.0002)	(0.0001)	(0.0001)	(0.0003)	(0.0003)	(0.0002)	(0.0002)	(0.0001)
$Adj-R^2$	20.94%	86.90%	72.52%	27.47%	6.93%	10.92%	11.42%	11.05%	4.32%	6.61%	25.20%
F - stat	2.43	188.22	97.27	12.49	1.959	4.72	4.30	4.77	2.37	3.15	52.80
#OBS	457	425	571	457	223	457	386	457	457	457	4347

注：①回归方程为 $R^m_{t+1} = \alpha + \beta \times CID_{m,t} + \sum_{i=1}^{n} \gamma_i \times RKF^i_{m,t} + \sum_{i=1}^{n} \varphi_i \times RKF^i_{m,t+1} + \mu_{m,t}$，m 为国家或者货币 m，被解释变量为货币 m 的相关 NDF 套息交易收益率，C 代表常数项，CID_t 代表从 t 时刻建立套息交易到 t+1 时刻，一周的 CID 水平，RKF 表示相关的风险因素，包含货币 m 自身的波动性风险（DVOL）、货币 m 自身的流动性风险（DBAS）、货币 m 的货币危机风险（SKEW），以及国际外汇市场的波动性风险（DGVOL）、国际外汇流动性风险（DGBAS）、资金市场流动性风险（DTED），以及市场的恐慌指数（DVIX），建立套息交易当日 t 时刻和套息交易清算日 t+1 时刻的风险因素都包含在回归模型中。②Adj - R^2 表示回归的调整 R^2，F - stat 表示回归的 F 值，#OBS 表示观测值数量。③括号内是 Newey - West HAC Standard Errors。④ ***、**、* 分别表示系数在 1%、5%、10% 显著性水平内显著。⑤单个国家的回归是时间序列回归，整体的回归是使用 pool data 进行的回归，对中国相关数据的回归有两项缺失，系人民币实行中间价，bid - ask spread 保持为 0 所致。

表 8-4　回归结果（DF 套息交易）

	欧元区	丹麦	日本	瑞士	英国	瑞典	加拿大	整体
C	-0.0003	-0.0004	0.0003	-0.0017***	-0.0007	-0.0002	-0.0011	-0.0006**
	(0.0006)	(0.0007)	(0.0007)	(0.0007)	(0.0006)	(0.0008)	(0.0007)	(0.0003)
CID_t	-0.4291	1.9551	-8.8511	11.9077	-9.1768	-6.5443	36.4080	2.7493
	(11.4541)	(8.5187)	(9.3267)	(11.6938)	(17.7660)	(13.6863)	(54.8037)	(3.9388)
$DVOL_t$	0.0683	0.3194	-0.1042	-0.8797***	-0.7915**	0.0986	-0.5031	-0.3238*
	(0.3242)	(0.3095)	(0.2964)	(0.3753)	(0.3674)	(0.3012)	(0.3752)	(0.1816)
$DVOL_{t+1}$	0.4097	0.1979	-0.5334**	-1.8875**	-0.8305*	-0.2185	-0.0912	-0.6536*
	(0.4115)	(0.4065)	(0.2689)	(0.8759)	(0.4312)	(0.4609)	(0.3135)	(0.3780)
$DBAS_t$	11.2084	19.9412	-14.4004	-2.1419	8.6494	0.5051	-8.0991	-2.8332
	(16.1823)	(15.8942)	(9.6722)	(9.7372)	(13.1352)	(8.2536)	(10.4806)	(4.5679)
$DBAS_{t+1}$	10.8509	28.4161*	5.2339	-12.2794	-6.1478	-3.2532	18.4494	-0.8319
	(15.9542)	(15.5746)	(9.4613)	(11.0043)	(10.4385)	(9.1353)	(11.6670)	(5.4860)
$SKEW_t$	0.0004	0.0005	0.0011	0.0016	0.0001	-0.0007	0.0019*	0.0007**
	(0.0008)	(0.0008)	(0.0009)	(0.0010)	(0.0009)	(0.0010)	(0.0010)	(0.0004)
$SKEW_{t+1}$	-0.0017*	-0.0015	-0.0004	-0.0013	0.0001	0.0011	-0.0006	-0.0006*
	(0.0009)	(0.0010)	(0.0009)	(0.0011)	(0.0008)	(0.0010)	(0.0009)	(0.0004)
$DGVOL_t$	2.2645	1.9339	-2.5468*	0.7924	2.9293**	1.9880	2.6226	1.6721**
	(1.7011)	(1.8060)	(1.3768)	(1.6020)	(1.3473)	(1.5187)	(1.7689)	(0.7638)
$DGVOL_{t+1}$	4.6024**	5.0369**	-3.0092**	0.6385	2.9915	4.8851**	1.6446	2.8199***
	(2.2516)	(2.3708)	(1.4255)	(2.3944)	(1.8911)	(2.1067)	(1.5486)	(1.0666)
$DGBAS_t$	18.4808***	-1.3157	10.9902	9.3474	-30.6726***	-31.1452*	-24.6372	-5.5478
	(7.0892)	(10.5766)	(8.0745)	(10.0544)	(11.4347)	(15.8188)	(22.5234)	(5.9187)

续表

	欧元区	丹麦	日本	瑞士	英国	瑞典	加拿大	整体
$DGBAS_{t+1}$	9.3154	13.2686*	6.9007	-7.2149	12.3866	-8.3306	10.3357	5.2464
	(10.6401)	(7.6033)	(8.0407)	(8.0758)	(12.3705)	(12.1974)	(16.9222)	(3.9573)
$DTED_t$	0.0032	0.0054	0.0032	0.0006	0.0014	-0.0016	0.0009	0.0014
	(0.0038)	(0.0051)	(0.0039)	(0.0052)	(0.0070)	(0.0071)	(0.0056)	(0.0022)
$DTED_{t+1}$	-0.0061	-0.0091	-0.0011	0.0053	0.0089*	0.0100*	-0.0139*	-0.0005
	(0.0051)	(0.0059)	(0.0056)	(0.0054)	(0.0050)	(0.0057)	(0.0076)	(0.0030)
$DVIX_t$	-0.0001	0.00003	0.0004	0.0001	0.00003	0.00003	0.0003	0.0001
	(0.0003)	(0.0003)	(0.0003)	(0.0004)	(0.0002)	(0.0003)	(0.0004)	(0.0001)
$DVIX_{t+1}$	0.0007**	0.0004	-0.0004	-0.0002	-0.0010***	-0.0011***	-0.0005	-0.0003**
	(0.0003)	(0.0003)	(0.0003)	(0.0004)	(0.0002)	(0.0003)	(0.0005)	(0.0001)
$Adj-R^2$	6.92%	7.10%	4.59%	13.18%	11.13%	6.16%	8.03%	21.76%
F-stat	3.82	3.63	2.82	6.75	5.74	3.49	3.77	6.69
#OBS	571	518	571	571	571	571	479	3852

注：①回归方程为 $R^m_{t+1}=\alpha+\beta\times CID_{m,t}+\sum_{i=1}^{n}\gamma_i\times RKF^i_{m,t}+\sum_{i=1}^{n}\varphi_i\times RKF^i_{m,t+1}+\mu_{m,t}$，m 为国家或者货币 m，被解释变量为货币 m 的相关 DF 套息交易收益率，C 代表常数项，CID_t 代表从 t 时刻建立套息交易到 t+1 时刻，一周的 CID 水平，RKF 表示相关的风险因素，包含货币 m 自身的波动性风险（DVOL）、货币 m 自身的流动性风险（DBAS）、货币 m 的货币危机风险（SKEW），以及国际外汇市场的波动性风险（DGVOL）、国际外汇流动性风险（DGBAS）、资金市场流动性风险（DTED），以及市场的恐慌指数（DVIX）。建立套息交易当日 t 时刻和套息交易清算日 t+1 时刻的风险因素都包含在回归模型中。②$Adj-R^2$ 表示回归的调整 R^2，F-stat 表示回归的 F 值，#OBS 表示观测值数量。③括号内是 Newey-West HAC Standard Errors。④***、**、*分别表示系数在 1%、5%、10% 显著性水平内显著。⑤单个国家的回归是时间序列回归，整体的回归是使用 pool data 进行的回归。

达国家和地区的相关 NDF 或 DF 建立套息交易的收益率为被解释变量，以各套息交易对应的资本管制水平（CID），以及其他风险指标，货币 m 自身的波动性风险（DVOL）、货币 m 自身的流动性风险（DBAS）、货币 m 的货币危机风险（SKEW），以及国际外汇市场的波动性风险（DGVOL）、国际外汇流动性风险（DGBAS）、资金市场流动性风险（DTED），以及市场的恐慌指数（DVIX）为解释变量的回归结果。

回归模型很好地解释了阿根廷和埃及的相关 NDF 套息交易的收益率，R^2达到 86.90% 和 72.52%。

对新兴市场国家而言，CID 的系数普遍是显著的，而且 CID 和套息交易收益率呈现一种正向的关系，因此，CID 和套息交易收益率呈现比较显著的正向关系，CID 绝对值越大，也即一国资本管制越强，相关货币的 NDF 套息交易收益率就越高。但在发达国家和地区，CID 和套息交易收益率没有统计上显著的关系。

表 8-3 是对发展中国家 NDF 市场的检验结果，表 8-4 是对发达国家 DF 市场的回归检验。从表 8-3 中，我们发现 NDF 市场中资本管制指标 CID 较其他的风险因子更为显著，除了巴西，所有的 NDF 国家都显示出显著的 CID 系数，说明资本管制的程度和套息交易具有统计上和经济上的相关性。当一国对资本进行管制的时候，在岸市场由于资本不能够自由流动，导致在岸汇率并不能反映真实的供需关系，而离岸市场有较大的自由度，更能体现国际投资者的预期，因此资本管制越强，在岸和离岸市场汇率的背离会越大。对流入资本进行管制的国家，如中国，进行资本管制的目的之一是限制热钱的流入。国际游资的逐利性说明一国实行资本流入管制政策本身就向市场发出一个信号，这个地区存在资本利得的可能性。由于在岸资本受到限制，国际投资者的需求转向其相应的离岸市场进行套息交易，所以我们看到流入资本管制程度和套息交易收益性是正相关的，管制越高对汇率的市场价格扭曲越大，意味着套息交易的资本利得越丰厚。如果一国的资本管制是限制资本流出的，比如韩国、印度和印度尼西亚，说明游资在撤离这个地区，这种投资品种存在较大的潜在下行性风险，离

岸市场上国际投资者也不看好这样的品种，呈现出负相关性，管制越强套息交易收益率越差。表 8 - 4 中的发达国家的在岸市场（DF）的情况与表 8 - 3 十分不同。首先，资本管制指标都不显著，这些国家的货币基本上是自由流动的，资本管制指标对套息交易的收益率没有什么解释能力。在市场风险因子中，当期的国际货币波动率表现得较为显著，也就是说，可自由流动的发达国家的货币受到国际外汇市场的影响，这些货币有可能存在同涨同跌的现象，系统性风险比重大。其次，我们发现无论是 NDF 还是 DF 市场，市场恐慌性指标 DVIX 都表现出与套息交易收益显著的负相关性，也就是说，当市场恐慌情绪比较高的时候，我们常观测到投资者追逐安全资产的现象（Flight - for - Quality），套息交易的风险投资遭到投资者厌恶，从而收益率下降。

五、结论

本章介绍了套息交易的原理，总结了关于其收益率的各种解释理论。发展中国家，比如中国，由于资本管制的原因，在岸的套息交易受到一定的限制，但是这并不意味着这些国家和地区的货币没有投资价值。我们通过对这些存在资本管制的国家货币的离岸市场的套息交易进行研究发现，它们的收益率普遍高于发达国家在岸市场的收益率，尤其是那些对资本流入有管制的国家，对资本流入的限制越高，其离岸市场上的套息交易收益率也越高。我们对这种现象的解释是资本管制的存在说明了在岸市场对汇率价格产生的扭曲一定程度上对离岸市场的预期产生影响，离岸市场因为较少受到资本管制的约束，投资者可以进行套息交易。当在岸市场的资本管制程度升高，向离岸市场传递了信号，例如，对流入资本的限制可能意味着投资该国的货币存在资本利得的可能性。离岸市场的套息交易可能存在正收益，而对资本流出的限制可能意味着未来该国货币可能具有较大的投资风险，套息交易可能面临着损失。所以，资本管制指标在 NDF 市场对套息交易收益率成为一个较好的解释变量。而对于那些没有资本管制的国家，对套息交易收益的解释还是主要依据市场风险，如国际市场的波动率、外汇市场的流动性以及市场的恐慌情绪等。

人民币将于2016年10月1日加入SDR一篮子货币，届时，遵循世界银行要求，资本管制程度将大幅下降。这也就意味着，离岸市场和在岸市场的传导作用越来越强，通过对离岸市场的理解和套息交易的分析，有助于我们通过在离岸市场上操作来影响投资者对人民币的预期，从而达到对在岸市场汇率的调整。这个方法是以市场行为而非政策的方式影响人民币汇率，是资本管制的一种替代方法，更容易被市场接受，也对人民币走向世界成为世界主要交易货币起到推动作用。

参考文献

［1］韩剑．全球套息交易的机制、根源及规模测量［J］．经济学家，2011（9）：86－96.

［2］黄少明．套息交易与国际金融动荡新形式［J］．国际金融研究，2007（7）：19－21.

［3］黄益平，王勋．中国资本项目管制有效性研究［Z］．中国金融40人论坛，2010.

［4］金荦．中国资本管制强度研究［J］．金融研究，2004（12）：12－16.

［5］姜波克．人民币自由兑换和资本管制［M］．上海：复旦大学出版社，1999.

［6］肖立晟，刘永余．人民币非抛补利率平价为什么不成立：对四个假说的检验［J］．中国社会科学院世界经济与政治研究所国际金融研究中心 Working papers No. 2014w25.

［7］易纲，范敏．人民币汇率的决定因素及走势分析［J］．经济研究，1997（10）：12－23.

［8］张斌．如何评价资本管制有效性［J］．世界经济，2003（3）：

23 – 28.

[9] Accominotti, O., Chambers, D., 2013. The Returns to Currency Trading: Evidence from the Interwar Period. University of Cambridge working paper.

[10] Aliber, R. Z., 1973. The interest rate parity theorem: a reinterpretation. Journal of Political Economy 81, 1451 – 1459.

[11] Backus, D., Foresi, S., Mozumdar, A., Wu, L., 2001. Predictable changes in yields and forward rates. Journal of Financial Economics 59, 281 – 311.

[12] Bansal, R., Dahlquist, M., 2000. The forward premium puzzle: different tales from developed and emerging economies. Journal of International Economics 51, 115 – 144.

[13] Brunnermeier, M. K., Nagel, S., Pedersen, L. H., 2008. Carry Trades and Currency Crashes. NBER Macroeconomics Annual, 2008, 313 – 347.

[14] Burnside, C., 2011. Carry trades and risk. NBER working paper 17278.

[15] Burnside, C., Eichenbaum, M., Kleshchelski, I., Rebello, S., 2006. The Returns to Currency Speculation, NBER working paper.

[16] Burnside, C., Eichenbaum, M., Kleshchelski, I., Rebelo, S., 2011. Do peso problems explain the returns to the carry trade? Review of Financial Studies 24, 853 – 891.

[17] Burnside, C., Eichenbaum, M., and Rebelo, S., 2007. Understanding the Forward Premium Puzzle: A Microstructure Approach. Duke University and NBER working paper.

[18] Burnside, C., Eichenbaum, M., and Rebelo, S., 2007. The Returns to Currency Speculation in Emerging Markets. The American Economic Review 97, 333 – 338.

[19] Burnside C., Han B., Hirshleifer D., and Wang T. Y., 2010. Investor overconfidence and the forward premium puzzle. NBER working paper 15866.

[20] Cheung, Y., W. and Herrala, R., 2014. China's capital controls:

through the prism of covered interest differentials. Pacific Economic Review 19, 112 – 134.

[21] Chinn, M. D., 2006. The (partial) rehabilitation of interest rate parity in the floating rate era: longer horizons, alternative expectations, and emerging markets. Journal of International Money and Finance 25, 7 – 21.

[22] Christiansen, C., 2011. Intertemporal risk – return trade – off in foreign exchange rates. Journal of Financial Markets, Institutionsand Money 21, 535 – 549.

[23] Cochrane, John H. Asset Pricing, Princeton University Press, 2001.

[24] Dooley, P. M., Isard, P., 1980. Capital controls, political risk, and deviations from interest rate parity. Journal of Political Economy 88, 370 – 384.

[25] Dimson, E., Marsh, P., Staunton, M., 2012. Currency Matters. Chapter 2 in Credit Suisse Global Investment Yearbook 2012.

[26] Doukas, J., A., and Zhang H., 2013. The performance of NDF carry trades. Journal of International Money and Finance 36, 172 – 190.

[27] Engel, Charles, 1984, Testing for the absence of expected real profits from forward market speculation, Journal of International Economics 17, 299 – 308.

[28] Fama, E. F., 1984. Forward and spot exchange rates. Journal of Monetary Economics 14, 319 – 338.

[29] Farhi, E., Gabaix, X., 2011. Rare Disasters and Exchange Rates. Harvard University and New York University working paper.

[30] Farhi, E., Fraiberger, S., Gabaix, X., Ranciere, R., Verhelhan, A., 2009. Crash risk in currency markets. NBER working paper No. 15062.

[31] Frankel, J., 1991. Quantifying international capital mobility in the 1980s. In: Bernheim, B. D., Shoven, J. B. (Eds.), National Savings and Economic Performance. University of Chicago Press, Chicago, 227 – 270.

[32] Frankel, J., 1992. Measuring international capital mobility: a review. American Economic Review 82, 197 – 202.

[33] Frankel, J. , MacArthur, A. T. , 1988. Political vs. currency premia in international interest differentials: a study of forward rates for 24 countries. European Economic Review 32, 1083 – 1121.

[34] Frankel, J. , Poonawala, J. , 2010. The forward premium in emerging economies: less biased than in major currencies. Journal of International Money and Finance 29, 585 – 598.

[35] Glick, R. , and Hutchison, M. , 2005. Capital controls and exchange rate instability in developing economies. Journal of International Money and Finance 24, 387 – 412.

[36] Gyntelberg, J. and Remolona, E. M. , 2007. Risk in carry trade: a look at target currencies in Asia and the Pacific. BIS Quarterly Review, 2007, 73 – 82.

[37] Hansen, L. , Hodrick, R. , 1980. Forward exchange rates as optimal predictors of future spot rates: an econometric analysis. Journal of Political Economy 88, 829 – 853.

[38] Jurek, J. W. , 2008. Crash – Neutral Currency Carry Trades. Journal of Financial Economics 113, 325 – 347.

[39] Kraay A. , 1998. In Search of the Macroeconomic Effects of Capital Account Liberalization. The World Bank Group working paper.

[40] Kumhof, M. , 2001. International capital mobility in emerging markets: new evidence from daily data. Review of International Economics 9, 626 – 640.

[41] Leippold, M. , Wu, L. , 2003. Multi – currency quadratic models: Theory and evidence. manuscript. University of Zurich and Fordham University working paper.

[42] Lothian, J. , Wu, L. , 2011. Uncovered interest – rate parity over the past twocenturies. Journal of International Money and Finance 30, 448 – 473.

[43] Lustig, H. , Roussanov, N. , Verdelhan, A. , 2010. Countercyclical Currency Risk Premia. UCLA Anderson, Wharton and MIT working paper.

[44] Lustig, H. , Roussanov, N. , Verdelhan, A. , 2011. Common risk factors

in currency markets, Review of Financial Studies (forthcoming).

[45] Lustig, H., Verdelhan, A., 2007. The cross section of foreign currency risk premia and consumption growth risk. The American Economic Review 97, 89 – 117.

[46] Ma, G. and R. N. McCauley, 2008. Efficacy of China's Capital Controls: Evidence from Price and Flow Data. Pacific Economic Review 13, 104 – 123.

[47] Menkhoff et al., 2012. Carry trades and global foreign exchange volatility. The Journal of Finance 2, 681 – 718.

[48] Merton, R. C., 1973. An intertemporal asset pricing model. Econometrica 41, 867 – 887.

[49] Obstfeld, M., 1995. International capital mobility in the 1990s. In: Kennen, P. B. (Ed.), Understanding Interdependence: The Macroeconomics of the Open Economy. Princeton University Press, Princeton.

[50] Phylaktis, K., 1988. Capital controls: the case of Argentina. Journal of International Money and Finance 7, 303 – 320.

[51] Phylaktis, K., 1990. Capital controls in Argentina, Chile, and Uruguay. In: Phylaktis, K., Pradhan, M. (Eds.), International Finance and the LDCs. Macmillan.

[52] Sarno, L., 2005. Towards a solution to theory puzzles in exchange rate economics: where do we stand? The Canadian Journal of Economics 38, 673 – 708.

[53] Sarno, L., Schneider P., and Wagner C., 2012. Properties of foreign exchange risk premiums. Journal of Financial Economics 105, 279 – 310.

[54] Streatmans, S., T. M., Versteeg, R. J., Wolff, C. C. P., 2013. Are capital controls in the foreign exchange market effective. Journal of International Money and Finance 35, 36 – 53.

第九章
高管持股与风险承担[①]

本章以2003—2011年我国A股沪深两市的上市公司为样本，重点研究了上市公司高管持股对于企业风险承担的影响。研究表明，在我国上市公司股权相对集中的背景下，高管持股比例与企业现金持有成正比，与资产负债率成反比，证实了高管持股是使得管理人和企业所有者利益趋同的重要手段，高管持股比例越大，企业管理的风险厌恶程度越高。同时，通过将国有企业和非国有企业进行分别分析得出，高管持股比例对于企业风险承担的影响在国有企业中表现得更为显著。

① 本章撰稿人为卢钧，郭晓萌。

一、 引言

众所周知，随着社会化大分工的日益深化，现代企业制度的产生导致所有权与经营权分离，委托—代理问题应运而生。由于委托人和代理人即公司管理者利益并不趋同，使得各方对于公司治理的目标产生分歧，从而致使代理人并不能完全按照委托人的希冀实现其财富最大化。这一问题一直以来都是理论界和实务界关注的重点，随着不断研究，人们发现高管持股是联结所有者和管理人的重要纽带，当管理人的利益也被企业运行成果所牵动，这将大大削弱他们偏离股东利益最大化的倾向。

虽然学者们对于以高管持股方式来解决代理问题基本达成共识，但是在研究上市公司代理问题时，我们不得不考虑到公司治理的一个首要因素——股权结构。相比西方国家较为分散的股权结构，我国上市公司表现出了高度集权的公司治理特征。本章所选取的2003—2011年的数据样本显示，我国上市公司第一大股东持股比例都显著高于西方国家，其中，国有企业均值为41.46%，最高达到89.41%，非国有企业第一大股东持股比例均值为34.06%，最高为86.49%。这些数据都表明，在我国，第一大股东对上市公司可谓持有绝对控制力。这种绝对控股模式使得控股股东选择和更换管理层更加轻而易举，这将大大减少我国上市公司股东所要面临的代理成本问题，监督机制的有效发挥也将对内部人控制问题起到一定的抑制作用。当然，绝对的股权控制力也使得我国上市公司控股股东将承担更大的风险，因而他们在进行风险决策时更加审慎，或是作出风险规避的决策。

因此，本章结合我国上市公司股权相对集中的特点，考察高管持股这一激励机制是否能够有效地促使经理层按照股东利益最大化的原则进行企业风险承担决策，并且进一步研究高管持股对企业风险承担在国有企业和非国有企业的影响是否一致。

二、 文献综述

Morck，Shleifer 和 Vishny 早在 1988 年的研究中就指出，高管持股将对企业造成两种效应，一种是利益趋同效应（The Convergence Effect），即高管持股比例的增加，会使得管理层与股东利益趋于一致，从而减少代理成本，增加企业价值；另一种是堑壕效应（The Entrenchment Effect），表明随着高管持股比例的增加，管理层对企业的控制力逐渐增加，这将使得管理层在更大限度内追求个人利益，从而提高企业代理成本，损害企业价值。Morck、Shleifer 和 Vishny 的研究表明，高管持股比例在 0～5% 或大于 25% 时，利益趋同效应起主导作用，当持股比例处于 5%～25% 范围内时，堑壕效应占主导。结合 2003—2011 年上市公司样本，我国企业高管持股比例普遍较小，除极少上市公司高管持股超过 30% 外，一般多为 0～6%，因此，我们认为高管持股将是联结我国上市公司管理层和股东利益的重要纽带。

关于管理层持股对于企业价值和企业风险的影响，国内外学者一直给予了高度关注。Thomas（2002）的研究表明，在其他条件相同的情况下，CEO 持股越高的公司越倾向于选择风险较小、较为保守的投资项目。高雷，宋顺林（2007）上市公司 2000—2004 年五年的面板数据证明，高管人员持股规模与企业绩效显著正相关。于福生，张敏等（2008）以我国证券市场 2002—2005 年上市公司为研究对象，研究表明高管持股比例、高管薪酬比例与企业风险之间存在显著的负相关关系，董事长和总经理兼任企业的风险大于二职分离的企业。E. Han Kim，Yao Lu（2011）研究指出，高管持股比例较小时，有助于降低企业代理成本，但当持股比例较高时，经理层随之提升的风险厌恶程度将损害企业价值。刘鑫，薛有志（2014）以现金流权与控制权分离和股权制衡两个维度，对公司风险承担进行研究，研究证实控股股东往往会放弃高风险高收益的项目，采取保守的策略从而避免损失。Ying Sophie Huang（2015）也证实了高管持股比例与公司风险负相关。

虽然上述文献都指出高管持股比例的增加会提高企业风险厌恶水平，使得管理者倾向于选择保守的风险管理决策，然而还有一些学者对此得出不尽相同的研究结论。白重恩（2005）指出，能使企业价值最大化的一个最重要的方法就是合理的股权结构，其研究结果显示外部董事比例将提高公司价值，而高管持股比例对于企业价值的影响并不显著。薛有志，李国栋（2009）指出，高管持股分布设计的差异，将会影响利益趋同效应的发挥。王建文，李莉（2010）指出，高管持股比例与公司经营业绩之间为非线性关系，存在“区间效应”。解维敏，唐清泉（2013）对上市公司治理机制与公司风险承担关系进行系统的理论分析和实证检验，结果表明高管持股可以抵消管理层对企业异质性风险的规避，从而有利于激励公司风险承担。苏坤（2015）的研究结果表明，股权激励有助于管理层克服风险规避倾向，促使管理层更注重公司长期利益，减少公司代理问题，进而促进公司风险承担。

由上可见，国内外学者对于高管持股影响企业风险承担的研究并未达成一致的结论。李小荣，张瑞君（2014）指出，高管持股对企业的影响主要受代理成本假说和风险规避假说主导。代理成本假说认为高管持股有助于降低代理成本，提高企业风险承担水平，但当持股比例超过某一临界值时，堑壕效应将减少企业风险承担。而风险规避假说则认为，高管持股将高管的人力资本集中于某一公司，分散化程度减弱，这将大大加重管理者的风险厌恶水平。

我们在前文已经指出，我国上市公司第一大股东绝对控股，财富分散化程度较低，这本身也使得大股东更加厌恶风险。鉴于高管持股是将管理层与大股东利益趋于一致的有效手段，我们认为高管持股的风险规避假说在我国上市公司居于主导，即高管持股比例的增加会提高企业风险厌恶。因此，本章作出如下研究假设：高管持股与企业风险承担水平负相关。

三、 实证设计

（一）变量选取

风险承担是企业主动或非主动地对面临的不确定性风险采取的管理决策。

公司的风险管理决策由管理层做主，管理层在对企业内外部各项资源进行考量之后作出的风险承担行为最终主要表现在公司相应的风险指标上，所以这里选用公司的风险指标作为风险承担的代理变量。衡量企业风险的指标有很多，于福生，张敏等（2008）选用 Z－Score 模型中的 Z 指数衡量企业财务风险，苏坤（2015）选用企业股票年化日收益率标准差的自然对数作为代理变量，谢获宝，石佳（2015）选用企业盈余波动，即 ROA 的标准差衡量企业风险。

因为我国证券市场并不完善，投资者大都持有投机心理，股票波动率并不能很好地解释企业决策风险。由于企业风险主要表现在经营风险和财务风险两个方面，现金是企业流动性的来源，而负债比率是企业偿债能力的核心要素，因此，借鉴 Huang（2015）中代理变量的选取，这里选用上市公司未来一期的现金持有比率和资产负债率作为企业风险的代理变量。结合研究假设，我们认为高管持股与企业预期现金持有比率正相关，与资产负债率负相关。

按照《公司法》的有关规定，高级管理人员指公司总经理、副总经理、财务总监、上市公司董事会秘书和公司章程规定的其他人员。本章重点研究高管持股比例对于上市公司风险承担的影响，选用上市公司高管持股比例以及高管持股股数作为主要的解释变量。另外，从高管激励的角度来讲，除了股权激励之外，现金薪酬也是牵连上市公司高管和企业绩效之间的重要纽带，所以这里还选用上市公司前三名高管的薪酬作为另一主要解释变量进行研究。

为保证实证的稳定性和有效性，借鉴国内外以往学者的相关研究，选取以下变量作为控制变量，CEO 的年龄、性别，第一大股东持股比例，CEO 和董事会的兼职情况，董事会规模，独立董事比例，资产规模，市净率，资产收益率，以及行业和年度（见表 9－1）。

表 9-1 变量描述

变量类型	变量名称	变量代号	变量定义
实验变量	风险承担	leverage	总负债/总资产
		cash	现金持有量/总资产
	高管持股	ex_pct	高管持股比例
		ex_hld	高管持股股数
控制变量	高管薪酬	pay3	前三名高管薪酬合计
	高管年龄	age	CEO 年龄
	高管性别	female	虚拟变量，女性为 1
	股权集中度	shrcrl	第一大股东持股比例
	两职兼任	duality	CEO 和董事长兼职为 1
	独董比例	indratio	独立董事占董事会比例
	董事会规模	dirnum	董事会人数
	资产规模	ln_ta	总资产的自然对数
	市净率	mb	市场价值/账面价值
	总资产回报率	roa	净利润/总资产

（二）数据来源

这里选取 2003—2011 年沪深两市 A 股市场的上市公司作为研究样本。数据全部来源于国泰安数据库（CSMAR），共计 10437 个样本观测值，其中，国有企业占 54%，非国有企业占 46%。

（三）模型设计

关于高管持股与企业风险承担之间关系的研究，国内外学者普遍采用面板数据回归分析的方法。面板数据具有时间序列和截面数据混合的优点，可以有效地削弱模型中多重共线性的问题，扩大样本容量提高模型估计的精度，还可以反映一些难以观察的易被忽略个体与时间的综合影响。

这里选用多元线性回归模型对面板数据进行实证回归分析，选用的实证回归模型如下

$$cash_{i,t+1} = \alpha + \beta_1 \cdot ex\_pct_{i,t} + \beta_2 \cdot \ln pay_{i,t} + \sum \beta_i \cdot x_{i,t} + indu_t + year_i + \varepsilon_{i,t} \quad (1)$$

$$leverage_{i,t+1} = \alpha + \beta_1 \cdot ex\_pct_{i,t} + \beta_2 \cdot \ln pay_{i,t} + \sum \beta_i \cdot x_{i,t} + indu_t + year_i + \varepsilon_{i,t} \quad (2)$$

模型（1）用于检验假设 1，模型（2）用于检验假设 2，x 表示模型中涉及的一组控制变量，具体见表 9－1，indu 和 year 为行业和年度虚拟变量。

四、 实证研究

（一）描述性统计

表 9－2 为描述性统计分析表。由表 9－2 中可以看出，我国上市公司的资产负债率基本上在 50%，标准差较小，说明我国 A 股市场企业的资产负债率水平基本持平，而现金持有量水平在各个企业之间也相差不大，但是对比非国有企业的资产负债率 43%，现金持有率 23%，国有企业的 51% 和 17% 则略显出了其风险耐受程度高于非国有企业。从高管持股比例来看，国有企业的高管持股比例最大 34%，平均持股股数 1913 万股；非国有企业最大持有 84%，平均持股股数 22618 万，从这一数值的巨大差异上足以见得国有企业与非国有企业在制度监管上的区别。

表 9－2　描述性统计

	Variable	Mean	p50	Std. Dev.	Min	Max	N
国有企业	leverage	0. 51	0. 53	0. 19	0. 05	1	6889
	cashhld	0. 17	0. 13	0. 12	0	0. 73	6889
	ex_pct	0	0	0. 01	0	0. 34	6890
	ex_hld	19. 13	0	305. 36	0	16136	6890
	pay3	1068. 16	733. 5	1208. 21	0	16930	6828
	age	47. 23	47	6. 09	26	75	6709
	female	0. 04	0	0. 2	0	1	6723
	shrcr1	41. 46	40. 67	16. 03	5. 02	89. 41	6890

续表

	Variable	Mean	p50	Std. Dev.	Min	Max	N
国有企业	duality	0. 1	0	0. 3	0	1	6826
	indratio	0. 35	0. 33	0. 05	0	0. 8	6812
	dirnum	9. 57	9	2	4	18	6812
	ln_ta	21. 74	21. 57	1. 25	17. 47	28. 28	6889
	mb_w	3. 56	2. 5	3. 46	0. 23	23. 81	6888
	roa_w	0. 03	0. 03	0. 06	-0. 44	0. 2	6889
非国有企业	leverage	0. 43	0. 43	0. 21	0. 05	1	6353
	cashhld	0. 23	0. 17	0. 18	0	0. 73	6353
	ex_pct	0. 06	0	0. 13	0	0. 84	6350
	ex_hld	226. 18	0	724. 97	0	16645	6350
	pay3	992. 33	730	964. 63	0	14590	6320
	age	45. 74	45	6. 91	24	74	6238
	female	0. 07	0	0. 25	0	1	6251
	shrcr1	34. 06	30. 59	14. 75	2. 2	86. 49	6353
	dua	0. 24	0	0. 43	0	1	6309
	indratio	0. 36	0. 33	0. 05	0	0. 75	6290
	dirnum	8. 91	9	1. 78	3	19	6290
	ln_ta	21. 18	21. 08	1	14. 94	25. 33	6353
	mb_w	4. 02	2. 98	3. 56	0. 52	23. 81	6352
	roa_w	0. 04	0. 04	0. 07	-0. 44	0. 2	6353

国有企业前三名高管年薪平均106. 8万元，非国有企业略少，为99. 2万元，两者的标准差都较大，说明我国无论国有企业还是非国有企业间高管薪酬并不统一，各个企业区别较大。从年龄和性别来看，我国企业CEO平均年龄45～47岁且多为男性，当然存在少数年轻有为的CEO或者女性管理者，不可否认这将对企业风险承担决策产生较大影响。国有企业的第一大股东持股比例为41. 46%，非国有企业也达到34. 06%，从这一比例可以见得我国企业的股权集

中度较高，尽管并未超过规定的临界值50%，但基于市场分化的原因，这些股东足以取得企业的实际控制权。非国有企业董事长和总经理兼职的虚拟变量均值为0.24，国有企业为0.1，这说明非国有企业间董事长和总经理兼职的这一情况较为普遍，而国有企业董事长大多是受政府直接任命，其兼职情况也受到相关法律政策的约束，董事长和总经理兼职的情况较少。独立董事比例在国有企业和非国有企业之间区别不大，基本上平均为35%，其董事会规模也大多为9人左右。国有企业总资产的自然对数均值为21.74，非国有企业为21.18，由此可见，国有企业的资产规模普遍大于非国有企业。而从盈利性和发展层面，非国有企业 ROA 均值为0.04，市净率均值为4.02，都大于国有企业的0.03和3.56，这说明国有企业无论是从盈利性上还是企业的发展前景上都略低于非国有企业。

综上，可以看出，国有企业和非国有企业在高管持股比例、现金持有规模、资本结构、公司治理结构等很多方面都存在差异，有必要对国有企业和非国有企业分别进行实证研究分析，以探究高管持股对于企业风险承担可能的不同影响。

（二）实证检验

这里主要分两个步骤展开实证分析，首先是以样本所选取的我国 A 股市场上市公司为研究对象，从整体上探究高管持股对于企业风险承担的影响；其次鉴于之前的分析，特将国有企业和非国有企业分为两个样本，以通过对比分析探寻高管持股对于企业风险承担是否有不同影响。

表9－3是对于全部样本的回归结果。为了解决标准误的时间序列相关性，我们用 Peterson（2009）的方法进行调整。结果显示，我国上市公司的高管持股与企业现金持有规模呈正相关关系，与公司资产负债率呈负相关关系，这与之前的假设相一致。从表9－3中可见，公司高管持股比例增加1个百分点，企业就将增加相比资产规模0.15%的现金持有量，这说明当企业高管持股比例上升的时候，高管人员与企业所有者的利益趋同程度更高，为了自身利益得以保全，

企业高管的风险厌恶程度将提高，对于风险管理决策也更加保守。高管持股与资产负债率的负相关关系也说明了这一点。资产负债率越高，企业面临的财务风险越大，同时负债的增加也将导致企业的破产风险提高，故而高管持股比例越大，越表现为风险厌恶，企业的资产负债率也将下降。

表 9－3　高管持股比例与风险承担的回归结果

	(1)	(2)		(1)	(2)
Variables	cash	leverage	Variables	cash	leverage
ex_pct	0.149***	－0.278***	ln_ex	0.001***	－0.002***
	(0.027)	(0.033)		(0.000)	(0.000)
ln_pay	0.009***	－0.010***	ln_pay	0.008***	－0.009**
	(0.002)	(0.004)		(0.002)	(0.004)
age	0.002	0.002	age	0.002	0.002
	(0.003)	(0.004)		(0.003)	(0.004)
age_sq	－0.000	－0.000	age_sq	－0.000	－0.000
	(0.000)	(0.000)		(0.000)	(0.000)
female	0.017*	0.020	female	0.018*	0.019
	(0.009)	(0.012)		(0.009)	(0.012)
shrcr1	0.001*	0.002***	shrcr1	0.001*	0.002***
	(0.001)	(0.001)		(0.001)	(0.001)
shrcrsq	－0.000	－0.000***	shrcrsq	－0.000	－0.000***
	(0.000)	(0.000)		(0.000)	(0.000)
duality	0.005	0.003	duality	0.012**	－0.009
	(0.005)	(0.008)		(0.005)	(0.008)
indratio	－0.028	－0.019	indratio	－0.018	－0.039
	(0.033)	(0.051)		(0.033)	(0.051)
dirnum	0.002*	0.000	dirnum	0.002**	－0.000
	(0.001)	(0.002)		(0.001)	(0.002)
ln_ta	0.001	0.075***	ln_ta	－0.001	0.079***
	(0.002)	(0.004)		(0.002)	(0.004)
leverage	－0.215***		leverage	－0.220***	
	(0.014)			(0.013)	
mb_w	0.003***	0.013***	mb_w	0.003***	0.014***
	(0.001)	(0.001)		(0.001)	(0.001)

续表

	(1)	(2)		(1)	(2)
Variables	cash	leverage	Variables	cash	leverage
fixed_w	-0.204***	-0.006	fixed_w	-0.208***	0.002
	(0.012)	(0.021)		(0.012)	(0.021)
roa_w	0.145***	-0.963***	roa_w	0.148***	-0.974***
	(0.029)	(0.054)		(0.029)	(0.054)
Constant	0.066	-1.029***	Constant	0.099	-1.108***
	(0.080)	(0.125)		(0.080)	(0.124)
year&industry	yes	yes		yes	yes
Observations	10437	10437	Observations	10437	10437
R-squared	0.338	0.353	R-squared	0.334	0.349

注：*、**、*** 表示估计系数在10%、5%、1%置信度水平显著。

同时，回归结果也显示，企业前三名高管的现金薪酬总额与公司风险管理的关系与高管持股的结果相一致。正如前文所言，无论企业对高管人员实施的是薪酬激励还是股权激励，都是使得企业管理者和所有人利益趋同的手段。因此，企业高管的薪酬越大，管理人员出现道德风险的可能性就越低，管理人员就越有可能以所有者的利益最大化为己任，所以面对风险决策表现得更加保守。

另外，第一大股东持股比例与企业资产负债率呈负相关关系，这说明第一大股东持股比例越大，企业股权集中度越大，公司控股股东的风险暴露越大，故而风险厌恶程度越大。董事会规模与现金持有量也有一定的正相关关系，说明当董事会规模越大，决策人数增加的时候，集体表现的风险厌恶水平越高，较强的风险偏好水平可能容易在个人决策时表现突出。企业董事长与CEO兼职的情况与现金持有规模也表现出一定程度的正相关关系，这也表明了高管在兼任董事长时表现的风险厌恶程度更高。

其他控制变量也大多与理论研究的结果相一致。企业滞后一期的资产负债率、企业固定资产规模与当期现金持有量成反比，企业市净率和资产回报率与现金持有规模成正比，市净率与资产负债率成正比，资产回报率与资产负债率成反比。

表9－4通过比对国有企业和非国有企业的数据结果可以看出，高管持股比例与现金持有规模和资产负债率的关系与总体样本一致，但从回归系数上看，国有企业的高管持股比例对风险承担的敏感程度远大于非国有企业。高管持股比例增加1个百分点，国有企业现金持有量增加0.7%，非国有企业增加0.11%，资产负债率结果也与之类似。从这一实证结果中可以看出，国有企业依附于政府而存在，风险偏好的敏感性更大，如果高管持股比例增加，管理人员和所有者的利益趋同程度加深，企业越倾向于风险规避，越会选择较为保守的经营管理策略。

表9－4　区分国企与非国企的回归结果

	国企		非国企	
Variables	cash	leverage	cash	leverage
ex_pct	0.733***	－0.973***	0.107***	－0.185***
	(0.193)	(0.323)	(0.029)	(0.034)
ln_pay	0.007***	－0.007	0.012***	－0.016***
	(0.003)	(0.004)	(0.004)	(0.006)
age	－0.002	－0.002	0.006*	－0.000
	(0.005)	(0.007)	(0.003)	(0.005)
age_sq	0.000	0.000	－0.000**	－0.000
	(0.000)	(0.000)	(0.000)	(0.000)
female	0.008	0.037*	0.025*	0.015
	(0.014)	(0.019)	(0.013)	(0.016)
shrcr1	0.001	0.003**	0.001	0.001
	(0.001)	(0.001)	(0.001)	(0.001)
shrcrsq	－0.000	－0.000***	－0.000	－0.000*
	(0.000)	(0.000)	(0.000)	(0.000)
duality	－0.006	0.012	0.011	0.003
	(0.008)	(0.013)	(0.007)	(0.010)

续表

	国企		非国企	
Variables	cash	leverage	cash	leverage
indratio	0.005	-0.100	-0.067	0.136**
	(0.043)	(0.069)	(0.048)	(0.069)
dirnum	0.003**	-0.002	0.001	0.004*
	(0.001)	(0.002)	(0.002)	(0.002)
ln_ta	0.000	0.061***	-0.001	0.098***
	(0.003)	(0.005)	(0.004)	(0.006)
leverage	-0.168***		-0.253***	
	(0.020)		(0.019)	
mb_w	0.004***	0.014***	0.002**	0.013***
	(0.001)	(0.001)	(0.001)	(0.002)
fixed_w	-0.190***	-0.020	-0.211***	-0.002
	(0.016)	(0.029)	(0.018)	(0.030)
roa_w	0.139***	-0.896***	0.149***	-0.986***
	(0.041)	(0.074)	(0.042)	(0.076)
Constant	0.155	-0.658***	0.008	-1.435***
	(0.131)	(0.201)	(0.114)	(0.165)
year & industry	yes	yes	yes	yes
Observations	5679	5679	4758	4758
R-squared	0.274	0.305	0.396	0.411

注：*、**、*** 表示估计系数在10%、5%、1%置信度水平显著。

从高管薪酬的角度，国有企业相较非国有企业的结果则并不十分显著。可以看出，国有企业作为我国市场上的特殊企业，其高管薪酬在一定程度上并不取决于公司绩效，所以高管薪酬可能也并不能作为激励管理人员的有效手段。第一大股东持股比例在国有企业和非国有企业中的影响基本相当，董事长和CEO兼职的情况在国有企业和非国有企业中的影响并不显著。另外，在非国有企业中，独立董事比例与资产负债率呈正相关关系，而这一关系在国有企业中并不显著。

表9-5是以高管持股股数的自然对数为解释变量的回归结果，大体结果与表9-3一致。值得一提的是，在这一回归结果中，非国有企业董事长和CEO兼职状况与企业现金持有规模成正比，可以看出在非国有企业中，兼职的状况是使得管理人和所有者利益趋同的有效手段。另外，在非国有企业中，CEO年龄的增长和身为女性这一性别特征与现金持有量呈正相关关系，也就是说，年龄的增长和性别特征会表现出一定程度的风险厌恶，这与常理相符。

表9-5　以高管持股股数为解释变量的回归结果

	国企		非国企	
Variables	cash	leverage	cash	leverage
ln_ex	0.000	-0.002***	0.001***	-0.001***
	(0.000)	(0.001)	(0.000)	(0.001)
ln_pay	0.007***	-0.006	0.011***	-0.015**
	(0.003)	(0.004)	(0.004)	(0.006)
age	-0.001	-0.001	0.006**	-0.001
	(0.005)	(0.006)	(0.003)	(0.005)
age_sq	0.000	-0.000	-0.000**	0.000
	(0.000)	(0.000)	(0.000)	(0.000)
female	0.008	0.040**	0.026**	0.014
	(0.014)	(0.019)	(0.013)	(0.016)
shrcr1	0.001	0.003**	0.001	0.001
	(0.001)	(0.001)	(0.001)	(0.001)
shrcrsq	-0.000	-0.000***	-0.000	-0.000*
	(0.000)	(0.000)	(0.000)	(0.000)
duality	-0.004	0.011	0.017***	-0.009
	(0.008)	(0.013)	(0.007)	(0.009)
indratio	0.004	-0.107	-0.060	0.125*
	(0.043)	(0.069)	(0.048)	(0.069)
dirnum	0.002**	-0.002	0.001	0.004*
	(0.001)	(0.002)	(0.002)	(0.002)

续表

	国企		非国企	
Variables	cash	leverage	cash	leverage
ln_ta	0.001	0.063***	-0.002	0.101***
	(0.003)	(0.005)	(0.004)	(0.006)
leverage	-0.173***		-0.257***	
	(0.020)		(0.019)	
mb_w	0.004***	0.014***	0.002**	0.013***
	(0.001)	(0.001)	(0.001)	(0.002)
fixed_w	-0.193***	-0.016	-0.215***	0.008
	(0.016)	(0.029)	(0.018)	(0.029)
roa_w	0.148***	-0.904***	0.145***	-0.999***
	(0.041)	(0.074)	(0.042)	(0.076)
Constant	0.142	-0.718***	0.038	-1.493***
	(0.132)	(0.200)	(0.113)	(0.164)
year & industry	yes	yes	yes	yes
Observations	5679	5679	4758	4758
R - squared	0.268	0.306	0.395	0.406

注：*、**、*** 表示估计系数在10%、5%、1%置信度水平显著。

五、结论

本章以2003—2011年我国A股沪深两市上市公司为研究对象，重点研究了高管持股与企业风险承担之间的关系。通过实证分析，结果表明高管持股比例越高，企业风险管理决策就会愈发保守。根据委托—代理理论，高管人员持股比例增加，管理者的利益就会逐渐与企业所有者趋同。结合我国上市公司股权相对集中的现状，股东和高管都存在财富分散化程度不足的问题，从而使得企业的风险管理决策偏向于风险厌恶。同时，通过将国有企业和非国有企业分别分析，发现尽管高管持股比例上升会使得企业风险厌恶程度增大，但是这一关系在国有企业中敏感程度更高，这或许与国有企业背后依靠政府、享有与非国有企业不同的公司治理结构有关。

参考文献

[1] 高雷，宋顺林．高管人员持股与企业绩效——基于上市公司 2000～2004 年面板数据的经验证据 [J]．财经研究，2007 (3)：134－143.

[2] 于富生，张敏，姜付秀，任梦杰．公司治理影响公司财务风险吗？[J]．会计研究，2008 (10)：52－59＋97.

[3] 刘鑫，薛有志，严子淳．公司风险承担决定因素研究——基于两权分离和股权制衡的分析 [J]．经济与管理研究，2014 (2)：47－55.

[4] 白重恩，刘俏，陆洲，宋敏，张俊喜．中国上市公司治理结构的实证研究 [J]．经济研究，2005 (2)：81－91.

[5] 薛有志，李国栋．多元化战略、高管持股分布设计与公司治理 [J]．管理科学，2009 (2)：2－13.

[6] 王建文，李莉．我国上市公司高管持股与公司业绩的实证分析 [J]．会计之友，2010，698－100.

[7] 解维敏，唐清泉．公司治理与风险承担——来自中国上市公司的经验证据 [J]．财经问题研究，2013 (1)：91－97.

[8] 苏坤．管理层股权激励、风险承担与资本配置效率 [J]．管理科学，2015 (3)：14－25.

[9] 李小荣，张瑞君．股权激励影响风险承担：代理成本还是风险规避？[J]．会计研究，2014 (1)：57－63＋95.

[10] 谢获宝，石佳．产权性质、机构投资者持股与企业风险承担——来自我国上市公司的经验证据 [J]．财会通讯，2015 (5)：35－39.

[11] Morck, R., A. Shleifer, R. W. Vishny. Management Ownership and Market Valuation: An Empirical Analysis. Journal of Financial Economics, 1988, 20 (1/

2)：293 –315.

[12] Thomas R. Eisenmann. The Effects of CEO Equity Ownership and Firm Diversification on Risk Taking. Strategic Management Journal, 2002, 23: 513 –534.

[13] E. Han Kim , Yao Lu . CEO Ownership, External Governance, and Risk – taking. Journal of Financial Economics, 2011 , 1102: 272 –292.

[14] Ying Sophie Huang , Chia – JaneWang. Corporate governance and risk – taking of Chinese firms: The role of board size. International Review of Economics and Finance , 2015 , 37: 96 –113.

[15] Petersen, M. A. (2009) . Estimating standard errors in finance panel data sets: Comparing approaches. *Review of Financial Studies*, 22 (1): 435 –480.

第十章

股票市场对道德风险的长期反应①

上市公司在出现虚假利润、业绩预告，以及关联交易、担保、诉讼等违规操作时，面临监管机构对其包括关联公司在内的相应处罚。处罚的详细信息作为上市公司重大事项进行披露，会对公司股价产生一定的影响。本章通过研究上市公司受到违规处罚之后12个月的超额收益率、累计超额收益率，再与基准行业指数对比，来检验股票市场对上市公司道德风险的长期反应。

① 本章撰稿人为李建栋，韩雨辰。

一、 文献综述

（一）国内研究成果

国内在股票市场对道德风险反应方面的研究主要集中在违规信息公布前后股票价格的变动上，并且得到的主要结论都是违规信息披露之前几天和披露当天股价会有明显的负向变动，说明媒体等渠道已经将信息传播出去，以胡攀峰和江磊的《信息披露前后的股价波动与内幕交易分析》为例，选取2009—2012年未违规的上证A股126家上市公司共423个重大事项作为第一组样本，以受证监会行政处罚的上证A股18家上市公司共21个重大事项作为第二组样本，得出受处罚上市公司的重大事项信息在公开披露后对股价没有显著影响，而在公开披露前就已经产生显著影响。

此外，违规处罚的有效性也是研究的主要内容之一，陈婧在《信息披露违规处罚对上市公司股价冲击的实证研究》中选取违规公布前后各5个交易日作为事件窗口，计算超额收益率，通过回归累积超额收益率和上一年的净资产收益率、资产负债率得出负的截距项，得出结论：多元回归模型中，处罚公告是包含有信息量的，会对股票的累积超额收益率产生负向影响。这一结论与本章研究结果一致。

朱冠东在《上市公司违规行为的市场反应研究》中发现，违规公司股票在公告日前后有明显的负向反应。分组样本研究结果表明，违规公司所在行业、处罚机构、处罚原因、处罚措施这几个因素会对市场反应产生影响。

（二）国外研究成果

Melissa S. Baucus，David A. Baucus在1997年研究了上市公司发生违规行为之后的长期表现并发现，在违规信息公布后5年内，公司的会计回报较低，在公布后第三年到第五年，销售额增速减缓，说明该公司的顾客（Customers）的反应相比利益相关者（Stakeholders）更为滞后。对于不同类别的违规行为，利益相关者都给予一视同仁的惩罚，但是将个别的违规视为更严重的行为。

Jonathan M. Karpoff，D. Scott Lee 和 Gerald S. Martin 研究了24 年中被证监会处罚的585 家公司，截至2005 年11 月15 日，虽然证监会要求的罚金平均每家公司是2350 万美元，市场对这些公司的惩罚是很严重的，用预期损失和未来减少的现金流折现值代表损失，大概能达到监管机构罚金的7.5 倍。

Ehsan H. Feroz，Kyungjoo Park，Victor S. Pastena 研究了违规的种类、处罚形式以及违规公司受到的影响，发现在信息披露之前的几年中，违规公司的业绩已经出现下降趋势，尽管他们用不当方式修改了会计报表以使收益看上去更高。此外，被处罚的对象平均在两天之内收益减少13%，并且违规公司在会计方面虚假的盈利越多，其在信息披露之后经历的损失就越多。

与国外研究文献的结论不同，从信息披露之后的即时股票收益率来看，各家公司的平均表现并没有马上变差，但是从信息公布的未来一年来看，这些公司的总体业绩比违规公布之前差并且几乎没有恢复的迹象。

二、 股票市场对道德风险反应的定量研究——CAR

（一）研究方法

这里主要使用的研究方法是事件研究法，以上市公司违规当天作为事件发生的时间，事件窗口是违规信息公布的前一个交易日至违规信息公布一年之后，选取每个月的收盘价和行业指数来监测事件造成的影响。目前的事件研究主要是通过观察事件窗口内，CAR（累计超额收益率）是否存在事件效应，即是否对上市公司的违规披露作出反应。

（二）数据收集及处理

本部分选取 RESSET 数据库中 2005—2015 年公布的全部上市公司违规信息进行研究，违规公布的事项包括虚假利润、业绩预告，以及关联交易、担保、诉讼等。由于本章主要考察违规公布对公司股价及收益的影响，同一日期公布多个违规事项，看做一次违规公布，而同一公司不同日期的违规公布分别作为不同的违规事项公布。

从2005年1月4日到2015年3月25日为止，剔除同一日期重复公布的违约，共有违约信息2774条，其中，包括A股和B股，主板、创业板和中小板股票。

选取违规公司的违规前两年内的月度交易日收盘价，违规后一年内的月度交易日收盘价都来自Wind数据库。

选取上证指数日收盘价来衡量市场表现，通过计算违规公司的贝塔系数，进一步得出违规公司的超额收益率。

（三）数据分析

为了研究违规上市公司信息披露后的市场反应，采用事件研究的方法进行回归，通过采用违规公布日前两年及公布后一年内的违规股票月度收盘价数据，进行如下线性回归分析

$$R_{it} = \alpha + \beta R_t^M \tag{1}$$

其中，R_{it} 为该股票在 t 时间的收益率，R_t^M 为市场（上证指数）在 t 时间的收益率，I_t^M 为 t 时间上证指数。

$$R_{it} = (P_{it} - P_{i(t-1)}) / P_{i(t-1)} \tag{2}$$

$$R_t^M = (I_t^M - I_{t-1}^M) / I_{t-1}^M \tag{3}$$

从上述线性回归中得到 $\hat{\alpha}, \hat{\beta}$，然后采用如下方式计算违规信息发布之后一年之内每个月交易日的超额收益率 AR_{it}

$$AR_{it} = R_{it} - \widehat{R_{it}} \tag{4}$$

$$AR_{it} = R_{it} - \hat{\alpha} - \hat{\beta} R_t^M \tag{5}$$

$$AR_t = \frac{1}{n} \sum_{i=1}^{n} AR_{it} \tag{6}$$

通过AR（超额收益率）计算CAR（累计超额收益率）

$$CAR_t = \prod (1 + AR_t) - 1 \tag{7}$$

（四）研究结论

通过公式（4）、（5）、（6）计算出的违规公布一年内的超额收益率 AR 结果如图 10－1 所示。

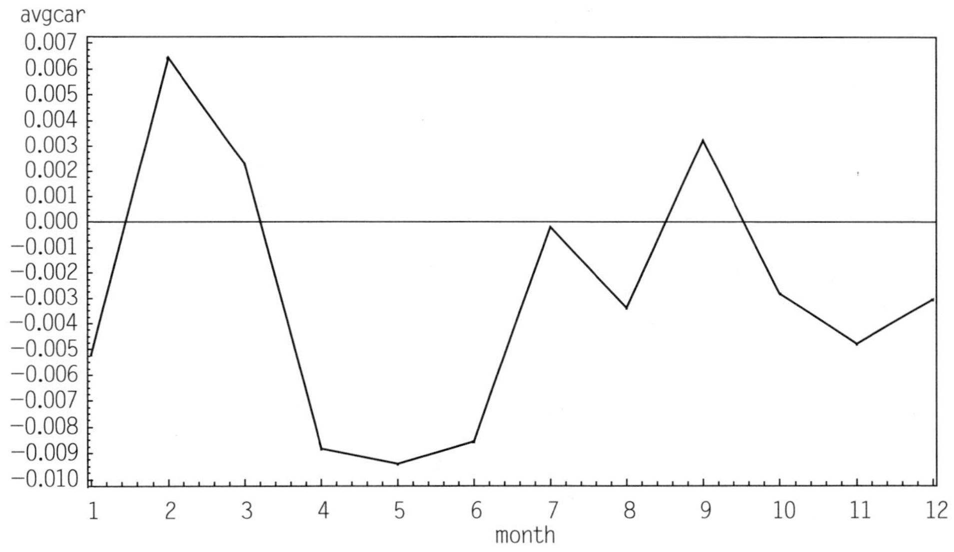

图 10－1　违规信息公布后一年内超额收益率

违规上市公司信息披露后一个月内超额收益率不下降反而上升，说明股票市场对违规信息即道德风险的反应存在一定的滞后，信息披露 2～4 个月内超额收益率下降且幅度较大，说明违规信息的披露影响了股票业绩，股票市场作出反应。从公布后的第五个月开始，AR 轻微上升，随后逐渐上升直到公布后 1 年内恢复到违规公布之前的超额收益率水平。

通过公式（7）计算出的违规公布一年内的 CAR（累计超额收益率）结果如图 10－2 所示。

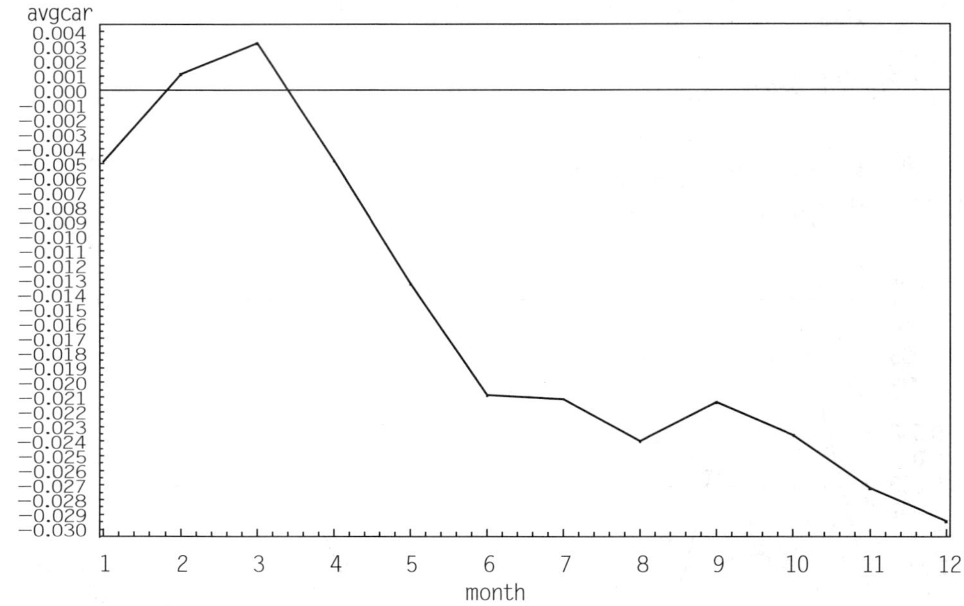

图 10－2　违规信息公布后一年内累计超额收益率

从累计超额收益率来看，违规信息披露后的 2 个月内，CAR 没有下降反而上升，同 AR 一样说明股票市场对违规信息即道德风险的反应存在一定的滞后。在违规公布之后的一年内，累计超额收益率仅有很小的回升，总体来看，违规信息公布一年之后的股票表现比公布之前差，说明股票市场对于道德风险的反应是有效的，而且一年后几乎没有恢复到信息披露之前业绩的迹象。

总的来说，违规发布之后，股票市场反应滞后，这可能由于在信息披露之前，市场已经对违规信息有一定的预知和准备，所以在公布当天及当月不仅股票收益率没有下降反而上升，从参考文献看来，这一推断是成立的，已有的研究表明违规公告前 2～3 个交易日股票收益率有显著的下降，但是本章的研究重点是违规信息公布后的股票表现跟踪。

虽然股票市场的反应是滞后的，但是从超额收益率来看，违规信息公布半年后每月的表现有回升的迹象；从 CAR（累计超额收益率）来看，在违规信息披露后的一年后，收益率表现不如从前而且很难恢复到信息公布之前的状态，证明股票市场对道德风险的反应是长期的，超过一年的。

三、 股票市场对道德风险反应的定量研究——GAP 及 CGAP

（一）研究方法及创新

本章除了应用事件研究法对 CAR 进行检验，还选取了申万行业指数和 Wind 银监会一级行业指数作为标的检验了违规公司和标的指数的收益率差值，把违规公司在违规一年内相对标的行业指数的表现作为超额收益率和累计超额收益率之外的参考项，来验证关于股票市场对道德风险存在长期反应的结论。

本部分定义了 GAP，CGAP 为违规上市公司股票收益率和标的行业指数收益率对比得出的差额及累计差额，类比 AR，CAR，GAP（差额收益率）和 CGAP（累计差额收益率）作为本部分的重点，来验证股票市场对违规信息的反应。

（二）数据收集及处理

本部分选取 RESSET 数据库中从 2005—2015 年公布的全部上市公司违规信息进行研究，违规公布的事项包括虚假利润、业绩预告，以及关联交易、担保、诉讼等。由于本章主要考察违规公布对公司股价及收益的影响，同一日期公布多个违规事项，看做一次违规公布，而同一公司不同日期的违规公布分别作为不同的违规事项公布。

以申万行业指数作为标的时，在剔除重复项和空值后，十年内有 A 股主板 1692 条违规信息，A 股中小板 717 条，A 股创业板 221 条。

以 Wind 银监会行业指数作为标的时，剔除重复项和空值，2005—2015 年内有 A 股主板 1741 条违规信息，A 股中小板 716 条，A 股创业板 221 条，及 B 股 20 条违规信息。其中，B 股由于存在极端值，股票代码 200512，将其两条违规信息剔除。

由于两种行业分类各不相同，数据完整度也不相同，所以处理后没类别的数量有所不同。

违规公司的违规前一个交易日收盘价，违规后一个月交易日直至违规后一年交易日的收盘价都来自于 Wind 数据库，同时选取的申万行业指数和 Wind 银监会行业指数也提取于该数据库。

（三）数据分析

选取违规公司的违规操作公布前一个交易日收盘价作为基数，以及公布后 12 个月每个月交易日的收盘价作为后续表现，计算出的收益率作为 n 个违规上市公司的股票收益率

$$R_{it} = (P_{it} - P_{i(t-1)}) / P_{i(t-1)}$$

$$R_t = \frac{1}{n} \sum_{i=1}^{n} R_{it} \tag{8}$$

其中，P_{it}代表受处罚的公司股票 i 在 t 时间的收盘价，R_{it}为该股票在 t 时间的收益率，R_t为 t 时间违规上市公司的平均股票收益率。

为了控制标的不同对于结论的影响，同时选取对应交易日，对应行业代码的申万指数和 Wind 银监会行业指数作为计算行业收益率的数据，共 m 个行业。对于股票 i 所在的申万或 Wind 银监会行业 j，其在 t 时间的行业指数是 I_{jt} ，则申万或 Wind 银监会行业指数收益率为

$$R_{jt}^{B} = (I_{jt} - I_{j(t-1)}) / I_{j(t-1)} \tag{9}$$

$$R_t^{B} = \frac{1}{m} \sum_{i=1}^{m} R_{jt}^{B} \tag{10}$$

得出日期相匹配的股票收益率和相应的行业指数收益率之后，相减得出收益率的差值

差额收益率：GAP_t = 当期股票收益率 – 当期行业指数收益率

$$GAP_t = R_t - R_t^{B} \tag{11}$$

累计差额收益率：$CGAP_t$ = 累计股票收益率 – 累计行业指数收益率

$$CGAP_t = \prod (1 + GAP_t) - 1 \tag{12}$$

1. 按板块分类

（1）以申万行业指数为标的

将上市公司按照 A 股主板、A 股中小板及 A 股创业板分开观察，得到走势如图 10－3 所示。

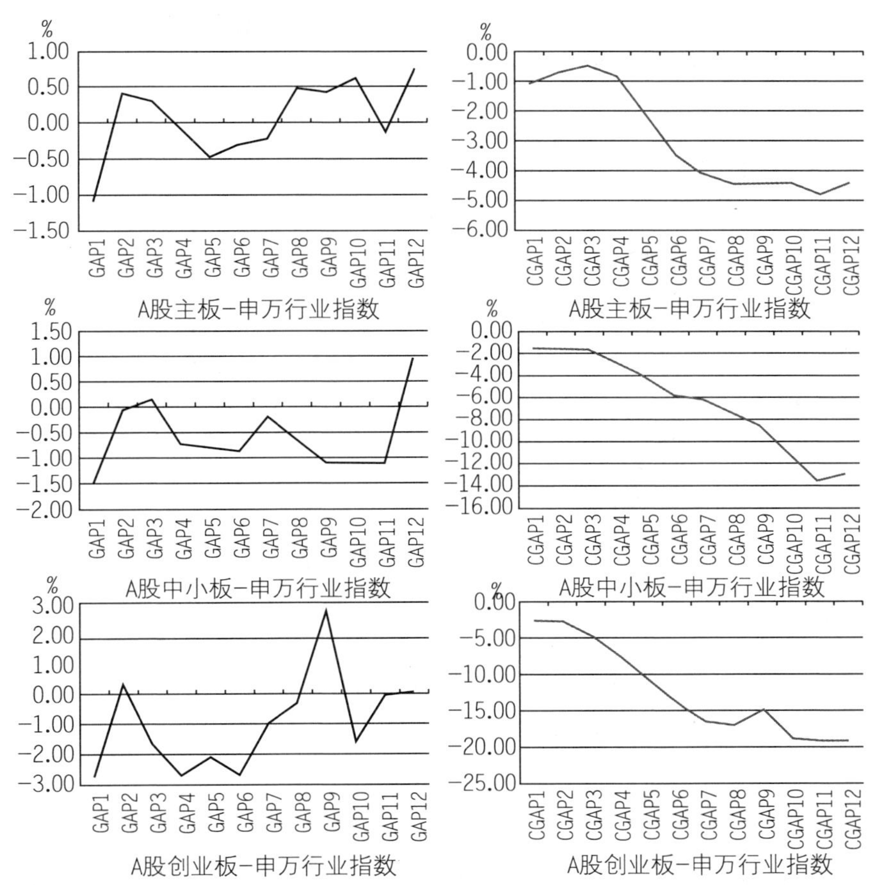

图 10－3　A 股主板、中小板、创业板—申万行业指数

从三个板块的差额收益率（GAP）可以看出，违规信息公布对于上市公司的影响存在一定的滞后，说明股市对道德风险的反应存在滞后。在违规公布的 1.5 个月之内，违规公司的差额收益率首先是直线上升的。随后违规公布后的第

2 ~3 个月内，收益率会下降，违规公布半年后差额收益率反弹，随后恢复正常。

从三个板块的累计差额收益率（CGAP）来看，三个板块的违规公司在违规公布一年之内，公司总体表现差于违规公布之前，说明股票市场对道德风险的反应存在滞后。从 CGAP12（一年期的累计差额收益率）的数值可以看出，A 股主板受到的影响最小，创业板股票受到的影响最大。主板和中小板的累积差额收益率都是在违规信息公布 3 ~4 个月之后才开始降低，而创业板从第二个月内就开始下降。

从 CGAP 的走势来看，违规信息公布一年之后，整个 A 股违规公司的平均表现都不如一年之前。但是 GAP 走势在违规公布半年之后到一年之后都有所上升，其中以 A 股主板最为明显，说明半年之后，违规公司开始恢复业绩，但是在违规公布一年之后仍然表现不如违规公布之前。总的来说，A 股市场对于道德风险的反应，存在 2 ~3 个月的滞后，虽然半年后公司业绩逐渐恢复，但是长期来看摆脱该惩罚的速度不是非常理想，至少在违规公布一年之后违规公司的业绩都基本没有恢复的迹象。

（2）以 Wind 证监会行业指数为标的

同样将上市公司按照 A 股主板、A 股中小板及 A 股创业板分开观察，得到走势如图 10 –4 所示。

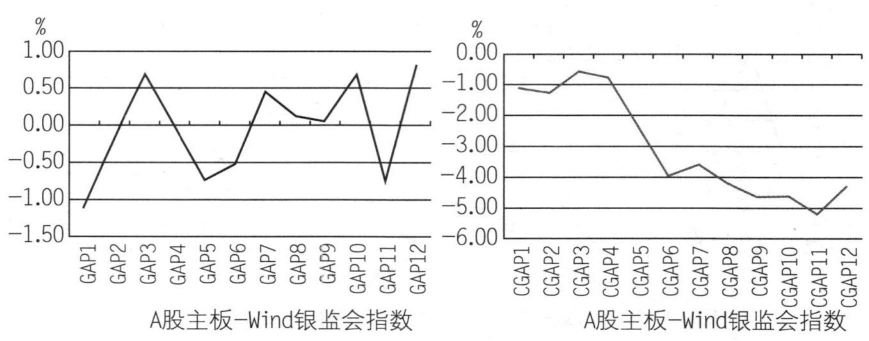

图 10 –4　A 股主板、中小板、创业板—Wind 银监会指数

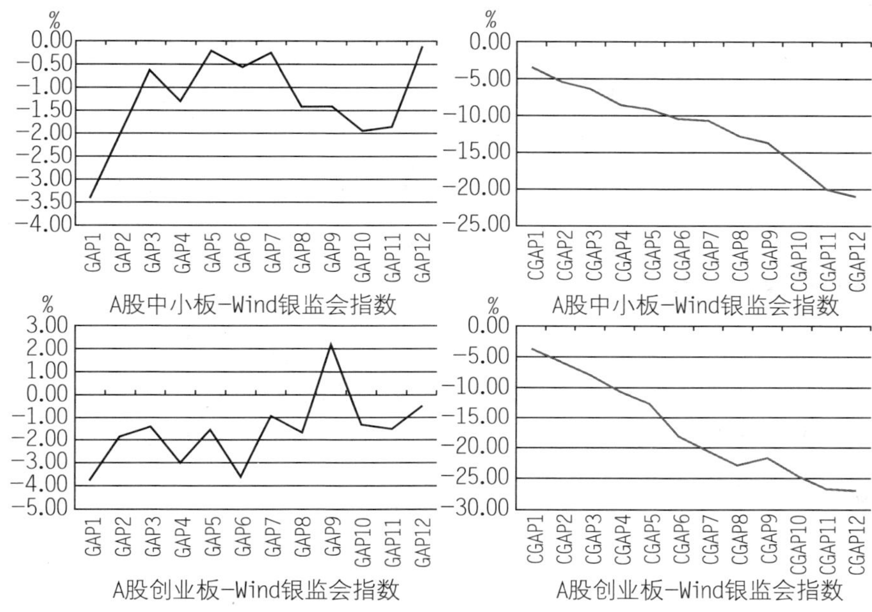

图 10－4　A 股主板、中小板、创业板—Wind 银监会指数（续图）

除此之外，选取能够提取行业数据的 20 条 B 股违规信息（去掉 2 个极端观测值），得出走势如图 10－5 所示。

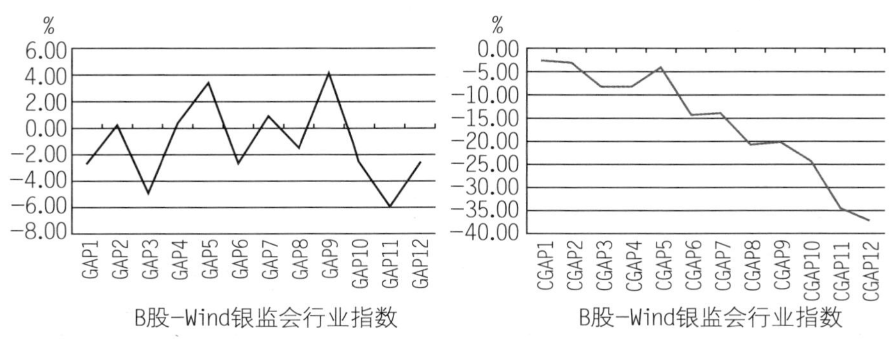

图 10－5　B 股—Wind 银监会行业指数

分析以上走势，使用 Wind 行业指数得出的主要结论与申万行业指数相同，值得注意的是，A 股主板在违规信息公布 11 个月之后，累计差额收益率（CGAP）有一定的回升，体现 A 股主板上市的违规公司出现摆脱道德风险惩罚的迹象，说明长期来看，A 股主板的恢复相比 A 股中小板、创业板更快更有效。

从少量 B 股来看，违规信息的公布在短期（半年之内）并未对 B 股造成很大的影响，从 GAP 和 CGAP 都能看出。但是在半年至一年间，B 股的表现在剧烈震荡中，总体逐渐差于违规信息公布之前，并且在违规信息公布一年后，并没有回转的迹象，且受到的影响比 A 股市场严重。

2. 按违规类型分类

由于按照违规类别分析差额收益率 GAP 及累计差额收益率 CGAP 时，个别违规类别下的样本公司数量太小，扩大研究区间，选取 1994 年 4 月 22 日开始至今，锐思数据库中对于上市公司违规的公布信息，统计违规事件的种类和对应的样本量（见表 10－1）。

表 10－1　上市公司违规分类

编号	涉及类别	样本量
701	虚假利润	145
703	业绩预告	144
705	风险提示	39
711	募资运用	152
713	关联交易	314
715	担保	154
716	诉讼	41
799	其他	2084

首先仍以申万行业指数作为标的，分别研究各类违规分类下违规公司在违规信息发布之后一年内的表现（见图 10－6）。

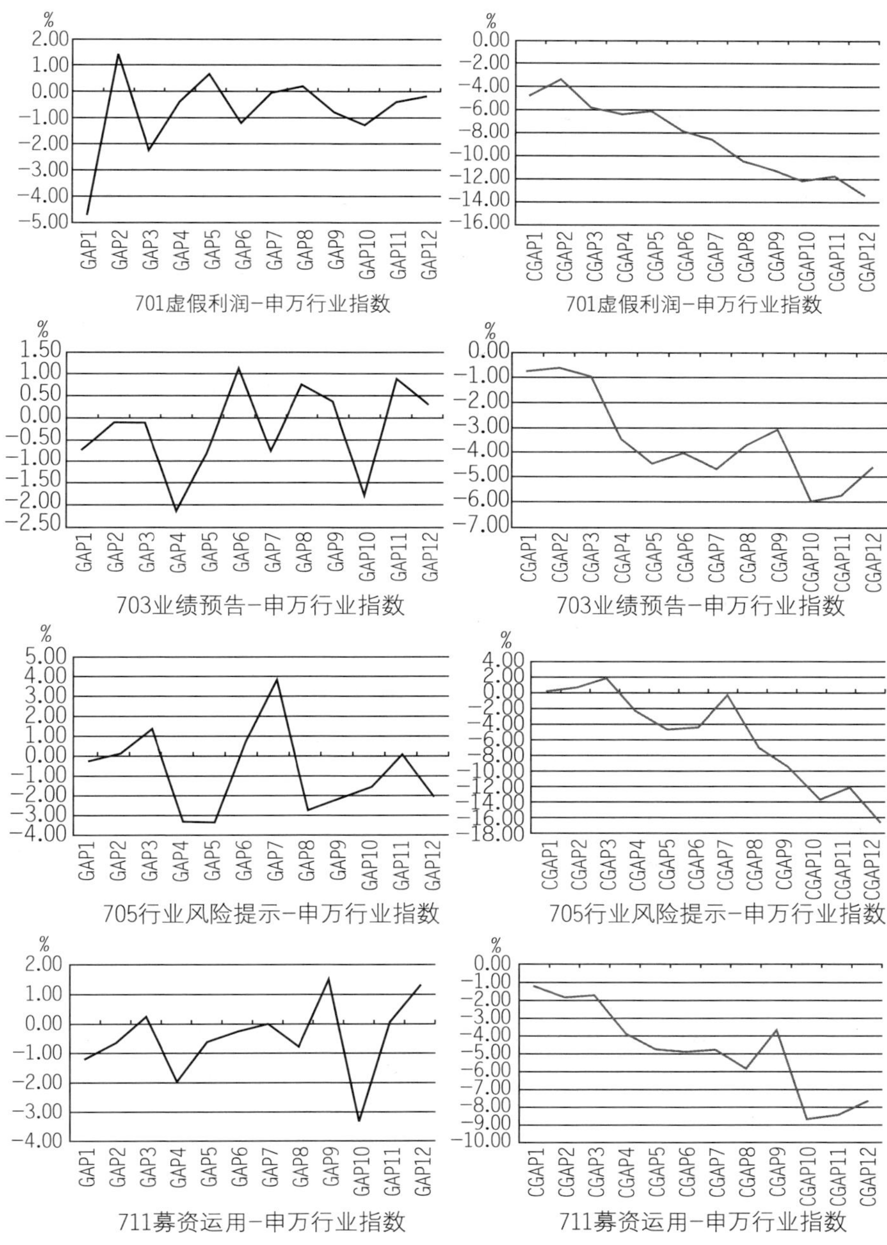

图 10－6　不同股票板块在违规分类下的超额收益率与

累积超额收益率（申万行业指数）

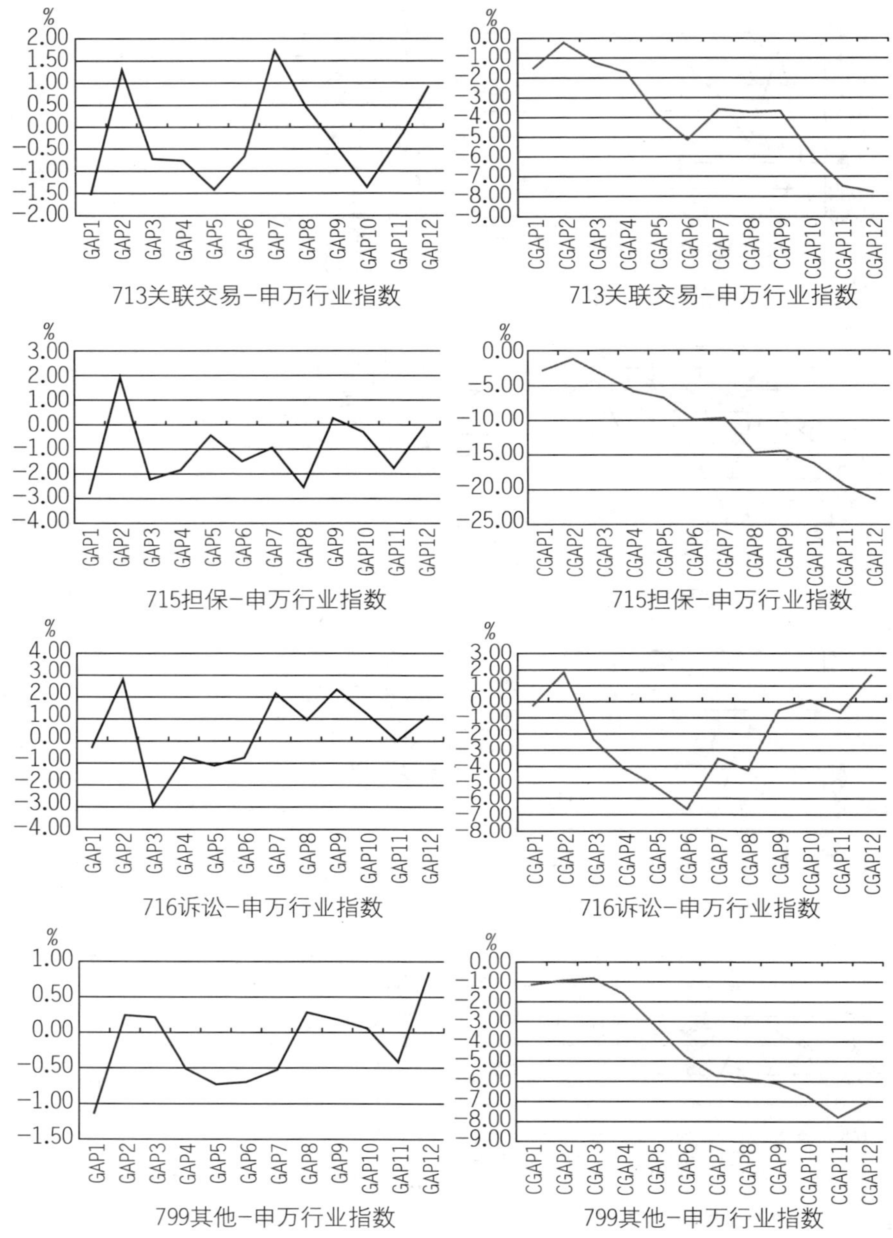

图 10－6　不同股票板块在违规分类下的超额收益率与累积超额收益率（申万行业指数）（续图）

从以上涉及的各类违规股票的表现来看，结论基本与按照板块分类一致。可以看出，在违规信息公布后的一个月之内，各类违规公司的股票表现都好于公布之前，GAP（差额收益率）上升；而在违规之后的 2 ~3 个月之内 GAP（差额收益率）下降，说明股市对道德风险的反应存在一定的滞后。除了“711 募资运用”类别下的股票，违规信息公布之后 CGAP（累计差额收益率）出现下降之外，其余类别的 CGAP 都出现 1 ~2 个月的持平或者上升，再次说明滞后效应的存在，也说明股票市场对募资运用类的违规更加敏感。

从各类违规股票业绩的恢复情况来看，“716 诉讼”类别下的公司恢复得最快，相比较按照板块分类得出的结果，违规信息公布平均半年后，CGAP 累计差额收益率就开始回升，且在公布后的 11 个月里股票业绩再次超过违规信息公布之前，说明在公布之后的一年里，“716 诉讼”类别下的公司已经不再受到违规信息的影响了。此外，同时出现恢复迹象的类别还有：“703 业绩预告”、“711 募资运用”、“799 其他”。这说明出现这几类违规的公司恢复得比较快，但是出现“701 虚假利润”、“705 风险提示”、“715 担保”这三类违规的公司受到的惩罚较大，在违规信息公布一年之后 CGAP（累计超额收益率）均小于 -13%，其中以担保类的受到的影响最大，小于 -20%。总体来讲，股票市场对道德风险的反应是有效的，因为大部分股票在违规信息公布一年之后都没有恢复到之前的收益水平。股票市场对于虚假利润、风险提示、担保的容忍度较低，但是对业绩预告、募资运用等其他违规的容忍度较大。

四、 研究结论

通过分板块研究违规上市公司业绩得到的主要结论：股票市场对道德风险有一定的反应，尽管存在 2 ~3 个月滞后，且违规公布半年之后违规公司的当期收益逐渐好转，但是长期来看，违规公布之后一年的收益表现平均大不如公布之前，尤其是中小板和创业板，主板市场受到的影响最小，一年之后体现着非常微弱的恢复迹象，但是长期来看恢复到违规信息公布之前的收益表现是几乎不可能的，至于具体的恢复情况，仍需要跟踪违规信息公布后几年的收益表现。

通过分违规类别研究得出主要的结论：股票市场对道德风险的反应仍然存在滞后。除了“716 诉讼”类别下的公司在违规信息公布一年之后已经不再受到违规信息的影响，其余种类的违规公司仍然受较大的影响，但是“703 业绩预告”、“711 募资运用”、“799 其他”三个类别的公司出现恢复迹象。股票市场对于虚假利润、风险提示、担保的容忍度较低，但是对业绩预告、募资运用等其他违规的容忍度较大。

从 AR 和 CAR 来看：单月的表现存在 1 ~ 2 个月的滞后，即违规信息公布 1 ~ 2个月后超额收益率不降反升，可能是由于事前股票市场已经对违规披露有一定的预期，从累计超额收益率来看，同样存在 2 ~ 3 个月的滞后，虽然单月 AR 在违规公布至少半年后有回升，但是从累计的表现看来，违规信息公布一年之后的总体表现是不如公布之前的，而且几乎没有恢复的迹象。所以长期来看，股票市场对道德风险的反应虽然短期滞后，但是长期有效。

从 GAP 和 CGAP 来看：在违规公布的 1.5 个月之内，违规公司的差额收益率首先直线上升，公布后的第 2 ~ 3 个月内，收益率下降，公布半年后差额收益率反弹。CGAP 在公布之后 2 ~ 3 个月先上升随后下降直到违规公布一年后表现比公布之前差，而且几乎没有恢复的迹象。这和 AR 及 CAR 的结论几乎相同。

分板块来看：A 股主板受到的影响最小，创业板股票受到的影响最大。主板和中小板的累计差额收益率都是在违规信息公布 3 ~ 4 个月之后才开始降低，而创业板从第二个月内就是开始下降。A 股主板在违规信息公布 11 个月之后，累计差额收益率（CGAP）有一定的回升，体现着 A 股主板上市的违规公司出现摆脱道德风险惩罚的迹象，说明长期来看，A 股主板的恢复相比 A 股中小板、创业板更快更有效。从少量 B 股来看，违规信息的公布在短期（半年之内）并未对 B 股造成很大的影响，但是在半年至一年间，B 股的表现在剧烈震荡中，总体逐渐差于违规信息公布之前，并且在违规信息公布一年后，并没有回转的迹象，受到的影响比 A 股市场严重。

分违规类型来看：违规信息公布后的一个月之内，各类违规公司的股票表现都好于公布之前，GAP（差额收益率）上升。而在违规之后的 2～3 个月之内 GAP（差额收益率）下降，说明股市对道德风险的反应存在一定的滞后。除了"711 募资运用"类别下的股票之外，都存在滞后效应，说明股票市场对募资运用类的违规更加敏感。从各类违规股票业绩的恢复情况来看，"716 诉讼"类别下的公司恢复得最快，违规公布一年之后已不受该信息影响。总体来讲，股票市场对道德风险的反应是有效的，因为大部分股票在违规信息公布一年之后都没有恢复到之前的收益水平。股票市场对于虚假利润、风险提示、担保的容忍度较低，尤其以担保类的违规最为严重，但是对业绩预告、募资运用等其他违规的容忍度较大。

综合超额收益率和差额收益率，考虑到按照板块和违规类别的分类，总的来说，股票市场对道德风险的反应存在滞后，但是长期来看违规信息的披露影响了违规股票的收益表现且在长期之内恢复的迹象很微小。

以上研究结论的局限如下：

在已有的事件研究中，β 系数来源于线性回归，这个估计出的 β 作为固定值来计算 AR 超额收益率及 CAR 累计超额收益率，但是实际上违规信息披露的前后违规股票的 β 系数很有可能已经发生变化，所以计算出的 AR 和 CAR 也存在一定的偏差。

虽然违规信息公布之前短时期的股票收益不是本章的研究重点，但是后续可以结合违规发布前 10 个交易日的收盘价，来更深入地探究股票市场对道德风险的反应为什么存在滞后效应。

通过选取的数据得出的结果中，除了极少部分的违规公司（"716 诉讼"类违规）在违规信息披露一年之后平均表现出明显的恢复甚至总体股价高于违规发布之前，其余的分类标准下，违规上市公司都没有明显的恢复迹象，虽然单月的超额及差额收益率有回升，但是以一年期来看，不仅没有股票收益反而表现不佳，后续研究可以对满足条件的违规公司进行更长时间的跟踪和研究，来观察股票市场对道德风险的反应期限。

最后，道德风险的表现有许多种，有的被发现并被惩治，有的并没有显露出来。本研究只关注了那些违规并且受到监管部门惩治的行为，所得的结论因此也就包含了监管部门惩治措施的影响，而不仅仅是纯粹的道德风险，更纯粹的道德风险的研究需要积累、挖掘更细致的数据来进行。

参考文献

[1] 胡攀峰，江磊. 信息披露前后的股价波动与内幕交易分析 [J]. 经济论坛，2013.

[2] 朱冠东. 上市公司违规行为的市场反应研究 [J]. 山西财经大学学报，2011.

[3] Ehsan H. Feroz, Kyung Joo Park , Victor S. Pastena, The Financial and Market Effects of the SEC's Accounting and Auditing Enforcement Releases: Journal of Accounting Research Vol. 29 Supplement 1991.

[4] Jonathan M. Karpoff, D. Scott Lee, and Gerald S. Martin. The Cost to Firms of Cooking the Books: Journal of Financial and Quantitative Analysis Vol. 43, No. 3, Sept., 2008, pp. 581 - 612.

[5] Melissa S. Baucus, David A. Baucus. Paying the Piper: An Empirical Examination of Longer - Term Financial Consequences of Illegal Corporate Behavior. The Academy of Management Journal, Vol. 40, No. 1 (Feb., 1997), pp. 129 - 151.

第十一章
监管政策更迭下保险机构投资者持股偏好研究[①]

本章以保险机构投资者作为研究对象，利用2006—2014年保险重仓股持股信息考察了投资管制放松背景下保险机构投资者的持股偏好。首先，在总结保险机构投资者持股特点的基础上提出了一系列研究假设，然后利用面板随机Tobit模型实证检验了保险机构投资者的持股偏好。回归结果表明：保险机构投资者偏好于持有规模大、上市时间长、股息率高、收益波动小、股价高、短期表现差、外部评级好的价值型股票，但对股票的贝塔系数、换手率以及长期表现没有表现出显著的偏好。最后，在稳健性分析中，将保险公司股票投资决策分为建仓期和建仓后期两个时段，分别利用面板随机Logistic模型和固定效应模型检验了保险机构投资者在两个阶段中的投资偏好，结果发现保险公司建仓期作出的是否买入股票的决定在很大程度上决定了最终的持股偏好。总之，目前来看，保险机构投资者的股票投资行为基本符合谨慎人监管规则，并没有因为管制放松而过分增加风险暴露，这与保险资金运用安全性、流动性和盈利性原则有直接的关系。

① 本章撰写人为宋霈苑，温健。

一、引言

保险公司的经营业务主要包括承保和资金运用两大类，其中承保业务体现在保险事故发生后保险公司对被保险人的偿付中，是最基本的业务；资金运用业务是保险企业为保证偿付能力，将暂时闲置的保险基金用于投资，使资金增值的活动。资金运用需求的产生原因在于保费收入和赔付支出之间存在时间差和价值差。承保业务和资金运用业务相辅相成，共同构成保险公司利润的两大来源。随着保险公司数量的不断增长，承保端利润增长空间不断压缩，资金运用业务的经营成果成为保险公司可持续发展的保证。

2015 年下半年保险行业频繁刮起“举牌潮”，截至年底，10 家保险公司累计举牌了 36 家上市公司的股票，平均持股比例为 10. 1%。其中，阳光保险在 2015 年 11 月 30 日当天举牌中青旅、银泰股份和承德露露，累计花费超过 2300 万元。消息公布后，保险公司在证券市场上的大手笔引起监管层和市场参与者的高度关注。

自 2004 年险资入市获准以来，监管机构不断放开其股票投资上限，最初入市时保监会要求保险公司股票投资比例不得超过上季末总资产规模的 5%。2007 年 7 月，保监会在小范围内试行将保险公司投资股票的比例提高至 10%。2014 年 2 月，《关于加强和改进保险资金运用比例监管的通知》颁布，保险公司权益投资上限改为 30%。2015 年 7 月，保监会出台文件允许险企在权益类资产投资比例达 30% 后继续买入蓝筹股，增持后权益类资产投资上限为 40%。

随着资本市场和保险行业的不断发展，监管层对保险资金运用管制从数量限制逐渐向谨慎人监管规则过渡。数量限制监管即监管层对险企的投资渠道、投资资产类别以及投资资产比例作出具体数量规定，是保险投资监管的初级阶段。谨慎人监管规则要求监管机构以投资经理的投资行为为监管对象，检验其是否在综合考虑市场情况以及险资的负债属性后作出审慎、专业的投资决策，是保险投资监管的高级阶段。鉴于目前我国保险投资环境不成熟，保险资金运用相关的制度建设经验不足，采用数量限制监管方式有利于控制保险投资风险，保障资金安全。但未来在资本市场和保险行业发展到一定阶段时，保险投资约束会降低资金的利用效率，故从中长期来看，谨慎人监管规则是保险投资监管的必然选择。

保险公司作为我国重要的机构投资者，其投资行为势必会影响资本市场的运作和资本市场参与者的投资行为。鉴于目前我国保险机构投资者有超常规发展的态势，有必要考察保险机构投资者的股票投资偏好，验证其投资行为是否有悖于谨慎人监管规则。

二、 文献综述

机构投资者股票投资行为研究早期多集中于美国市场，并以机构投资者整体为研究对象。Badrinath，Gay 和 Kale（1989）最早研究了机构投资者整体的股票投资偏好。他们以 1985 年末在纽交所和美交所上市的全体股票为样本，研究了审慎人监管约束下机构投资者的持股偏好。研究结果表明，规模大、流动性好、收益波动低、贝塔系数高、资产负债率低、上市时间长、过去超额回报率高、S&P 评级好的股票，由于更容易满足审慎的监管要求而更受机构投资者青睐。Falkenstein（1996）从股票的交易成本、信息披露、市场风险、动量交易和价值性五个角度研究了 1991—1992 年美国资本市场上基金的持股偏好。研究发现，基金偏好规模大、流动性强、上市年限长、信息透明度高的股票，厌恶价格低、信息缺乏以及特质风险高的股票。

随着机构投资者异质性研究的不断深入，国外学者逐渐认识到不同类别的机构投资面临经营目标、客户、投资约束等差异，由此带来资产配置决策差异，于是开始着手研究某一类机构投资者如银行、证券投资基金、养老金、外国投资者、保险公司等机构投资者的持股偏好。其中，基金的股票投资理论和实证研究已经非常丰富，但保险公司股票投资的研究主要集中于法律制度建设、投资风险衡量以及最优投资组合模型的构建等方面，从机构投资者视角出发研究保险公司股票投资偏好的学术成果较少。

Guercio（1996）考察银行和共同基金两类机构投资者的持股偏好，发现银行受审慎人监管更为严格，所以更倾向于投资高质量的股票。Pinnuck（2004）对澳大利亚市场中基金持股特征进行了研究，结果显示基金经理偏好于持有规模大、流动性强、收益波动小的股票。另外，他还对基金的衍生品投资偏好进行了研究，发现投资衍生品的偏好并不与基金的投资规模相关。Dahlquist 和 Robertsson（2001）考虑到国内外机构投资者在信息优势上的差异，研究了二者在 1993—1997 年对瑞士公司的持股偏好特征。研究结果对“本土偏好”产生质疑，即二者的持股偏好并不存在显著差异。Badrinat 和 Ryan（1996）研究了保险公司的持股偏好，发现与非保险公司机构投资者相比，规模、流动性、评级、过去收益、风险等指标并不能解释保险公司持股比例的多少，但能够决定保险公司是否投资该只股票。

国内方面，汪光成（2001）采用 Tobit 模型研究了基金公司在 1999 年末的重仓股持股的横截面特征，发现基金持股的多少与每股收益变动、每股收益和每股净资产呈正相关关系，与流通股比例、公司市值、股票的流动性、贝塔值负相关，与股价和股票收益率正相关。杨德群、蔡明超、施东晖（2004）从上市公司股票的收益率、成长能力、波动性、流动性和信息含量等角度考察了基金在 2002 年底的持股决策，结果表明，基金的持股比例与股票的每股收益、波动率、价格、流通盘、换手率以及上市年限等特征变量具有显著的相关性。胡倩（2005）利用逐步回归法考察了基金持股偏好与 4 类 21 个指标的关系，发现基金在牛市时以盈利最大化为目标，偏好持有市净率高、波动大的股票，而熊市时则以最小化风险为目标，喜欢持有波动率低的股票。胡大春和金赛男（2007）采用 GMM 方法对基金持股的风险偏好进行了研究，结果发现基金偏好持有收益波动高的股票，且基金的持股行为会在一定程度上降低所持股票的收益率波动。范鑫（2008）对我国机构投资者在 2006—2007 年第三季度的持股审慎倾向进行了研究，并没有发现我国机构投资者具有明显的审慎持股偏好。张晓东（2013）采用 Logistic 模型研究了保险公司风险性持股偏好和流动性持股偏好，发现保险公司偏好于持有安全性和流动性都高的股票。

三、 实证检验

（一）研究假设

这里以 Badrinath、Gay 和 Kale（1989）提出的机构投资者安全网假说为基础，结合保险公司审慎性资产配置监管要求，提出以下假设。

1. 公司规模和年限的影响

H1a：保险公司偏好于持有规模大的公司的股票。上市公司的规模通过两方面影响保险公司的投资决策：一方面，公司规模越大，意味着其可用于交易的股票数量越多，股票的流动性越好。险资的负债特性和保险事故发生的偶然性要求险企资金运用要遵循流动性原则，能够随时抽回部分资金以补偿投保人的损失。如果投资小公司股票，保险公司可能会面临流动性风险。另一方面，从交易成本来看，保险资金由于规模大，并不是投资越分散越好，因为投资分散会带来管理成本和调查成本的提高，所以保险公司一般会为了节省交易成本而选择少量个股重点投资。综上所述，这里假设保险公司偏好于持有大规模公司的股票。

H1b：保险公司偏好于上市年限长的股票。越早上市的股票，经受股市考验的时间越长，受到公众和媒体监督的时间越长，成熟度越高，积累的供投资者参考的数据也更为丰富。因此，这里假设保险公司偏好于投资上市时间长的股票。

2. 股票流动性和风险的影响

H2a：保险公司偏好于持有贝塔系数低、总风险低的股票。股票风险包括系统风险和非系统风险，其中系统风险可以用贝塔系数衡量。贝塔系数越大的股票，收益对大盘的波动越敏感。如果投资者具有择时能力，应当在上涨行情来临前，增加投资组合的贝塔值，放大相对于大盘的投资收益。反之，在下跌行情来临前，减少投资组合的贝塔值以抵御市场风险。但对于保险机构投资者而言，与投资高贝塔系数股票在牛市获得超额收益相比，保险公司更担心的是，是否会选错投资方向而承担成倍的损失，无法保证偿付能力，从而受到法律和客户的惩罚，所以假设偏好于持有贝塔值低的股票。股票的总风险可以用股票收益率标准差衡量。尽管投资组合理论认为，分散投资可以在一定程度上降低投资组合风险，但鉴于保险公司股票投资比例受到监管约束，无法完全分散投资以降低总风险，所以假设二者呈负相关关系，即保险公司偏好于持有收益波动低的股票。

H2b：保险资金股票投资比例与换手率正相关。换手率衡量了一段时间个股在股票市场上交易的数量相对于该股可交易的数量的大小，反映了股票的流通速度，换手率越高的股票流动性越高。保险资金运用对投资资产的流动性要求较高，因此，假设保险公司偏好于持有换手率高的股票。

3. 股票股息和股价的影响

H3a：保险机构投资者偏好持有股息率高的股票。发放股利与否体现了公司的成熟程度，发放股利的公司成熟度更高。由于保险公司的资金具有长线投资的特点，与其他投资者相比，其投资目的往往不是通过买卖赚取差价，而是获得稳定股利，所以股利支付水平是保险股票投资决策制定的重要参考。因此，假设保险机构投资者偏好持有股息率高的股票。

H3b：保险资金偏好于投资高价股。股票的价格是供求双方共同作用的结果，反映出股票的市场表现。价格越低的股票，市场表现越差。投资于低价股，虽然不排除股价被严重低估的可能，但短期来看不符合谨慎人的监管要求。另外，低价股的股票波动较大，会增加投资者的交易成本。在我国股市中，低价股常常伴随着较差的业绩表现和公司治理问题，所以保险公司资金运用为了遵循安全性原则，偏好于持有价格高的股票。

H3c：保险公司偏好于投资价值型股票。利用账面市值比可以判断股票是成长型还是价值型，账面市值比高的公司为价值型，反之为成长型。Falkenstein（1996）、Pinnuck（2004）等在回归模型中加入了账面市值比变量，发现其与基金的持股比例呈显著正相关，即偏好于持有价值型股票。可能的原因：基金经理对价值型股票的强烈需求导致低账面市值比股票的价格被抬高，从而降低了价值型股票的未来收益率。鉴于价值型股票具有收益稳定、估值低、安全性高的特点，符合险资安全性的投资原则，所以假设保险偏好于持有账面市值比高的股票，即价值股。

4. 股票评级和不同期表现的影响

H4a：保险机构投资者偏好于近期表现差、长期来看表现好的股票。Falkenstein（1996）对美国共同基金的持股偏好研究中考虑了前一年的股票收益率，其回归结果证明基金偏好于持有前期收益率低的股票，即基金的投资行为存在动量反转效应。Pinnuck（2004）在基金持股比例决定模型中加入最近三年的股票收益率和最近一年的股票收益率，分别衡量基金的长期和短期的惯性持股策略。研究结果发现，由于基金每年有考核的压力，所以偏好于持有近期表现好的股票，而对长期收益率好的股票没有显著的偏好。保险公司对于股票收益表现的态度可以反映出其投资策略，如果机构投资者的持股比例与股票近期的收益表现正相关，则表明该投资者的投资策略是“追涨杀跌”型，股票投资不审慎，所以假设审慎投资的保险公司偏好于持有短期表现较差的股票。另外，长期来看，投资平均表现较好的股票更加安全，所以假设审慎投资的保险公司偏好于持有长期表现较好的股票。

H4b：保险公司偏好于持有外部确认好，即评级高的股票。Badrinath、Gay和Kale（1989）认为为了满足监管要求，机构投资者有必要让自身的投资行为看起来审慎，因此一般会持有得到外界认可的股票。他们以标准普尔公司发布的股票评级作为股票是否被外界认可的风向标，研究结果证明，机构投资者持股比例和标准普尔股票评级显著正相关。Guercio（1996）也在研究中证实了这一观点。本章以Wind资讯综合各大研究机构对个股的评级数据后计算出的1～5档标准化得分作为个股的外部确认变量，研究股票评级与险资持股比例的关系。该评级的第一档是最受好评的股票，表明券商建议买入。第五档是最不受好评的股票，建议卖出。[①]

（二）研究方法

1. 样本选取和数据来源

虽然在2004年保监会就开闸险资股票投资，但直到2005年底才对保险公司股票投资的证券账户、交易席位、资金结算等具体问题作出规定，所以这里选择的保险公司重仓的股票样本从2006年开始，截至2014年底，共9年。

根据监管要求，目前保险公司仅需披露举牌的上市公司信息，无须披露全部持仓明细，所以有关保险公司的持股信息只能根据在上市公司年报中披露的前十大重仓股股东的持股情况确定。尽管保险公司的重仓股投资数据无法完全代表其股票投资情况，但可以在一定程度上体现保险公司的选股偏好。因此，这里主要研究保险机构投资者的重仓股持股偏好。

本章机构投资者重仓持股信息和股票行业信息来源于国泰君安经济金融数据库，上市公司股票市场信息、公司基本面数据和股票评级数据均来源于Wind资讯数据库。

对于原始数据，在剔除了上市不足2年和研究期间停牌的股票之后，最终得到15505条观测条，具体每年的样本量分布如表11－1所示。

表11－1　每年样本数量分布

2006年	2007年	2008年	2009年	2010年	2011年	2012年	2013年	2014年	总观测
1293	1307	1373	1499	1576	1674	2022	2303	2458	15505

2. 变量定义

这里以保险公司重仓持有个股的数量占该上市公司发行在外的流通股股数作为被解释变量，用公式表示如下

---

① 标准化分数具体的含义：[1.00，1.25)：买入；[1.25，1.50)：买入－；[1.50，1.75)：增持＋；[1.75，2.25)：增持；[2.25，2.50)：增持－；[2.50，2.75)：中性＋；[2.75，3.25)：中性；[3.25，3.50)：中性－；[3.50，3.75)：减持＋；[3.75，4.25)：减持；[4.25，4.50)：减持－；[4.50，4.75)：卖出＋；[4.75，5.00)：卖出。

$$Holdings_{i,t} = \frac{\sum_{m=1}^{M} \text{t 期末保险机构投资者 m 重仓持有股票 i 的数量}}{\text{t 期末 i 股票的流通股数}}$$

其中，M 为重仓持有股票 i 的保险机构投资者数量，i 为上市公司。

对于每只股票，当保险公司对其重仓持有时，Holdings 等于重仓持股比例；反之，Holdings 为 0，即被解释变量只能以受限方式被观测到。因此，根据 Tobit 模型定义潜在变量 $\ln Holdings^*$，用公式表示为

$$\ln Holdings_{i,t}^* = \beta_0 + \beta_1 x_{1,i,t} + \beta_2 x_{2,i,t} + \cdots + \beta_k x_{k,i,t} + \varepsilon_{i,t}$$

$$\ln Holdings_{i,t} = \max(0, \ln Holdings_{i,t}^*)$$

$$\ln Holdings_{i,t} = \ln(1 + Holdings_{i,t})$$

根据提出的假设，表 11 -2 列出了因变量和自变量符号、名称以及定义。

由于个别变量数量级不同且呈偏态分布，为避免异方差问题，方便参数估计，对其进行对数变换。虽然经过数据变换后，某些变量的系数不再具备可解释的经济含义，但由于我们主要关注变量的符号和显著性，所以并不矛盾。

表 11 -2　变量定义

符号	名称	定义
Holdings	保险机构投资者持股比例	对于每只股票，当保险机构投资者对其重仓持有时，Holdings 为重仓持股比例；若保险机构投资者没有对其重仓持有，Holdings 为 0
MV	股票市值	年末个股的 A 股流通市值
Age	上市月份数	报告期末距上市公司上市时间的月数
Dy	股息率	每年分配给股东的股息占股价的百分比
Beta	贝塔系数	利用个股年末前 24 个月的月度收益率与同期上证综指以及无风险利率回归，贝塔系数为超额市场收益率的回归系数
Vol	波动率	个股年末前 24 个月的市场表现计算的月收益率的标准差，再年化
Liq	换手率	日均转手买卖的频率，以自由流通股本为计算基础

续表

符号	名称	定义
Price	股票价格	年末个股的股票价格
BP	账面市值比	年末股票的每股净资产与股价的比值，市净率的倒数
PreRet	上一年度股票平均收益率	前一年股票月收益率的平均值
PreRet3	近三年股票平均收益率	近三年股票月收益率的平均值
Rank	股票评级	最高评级为 1 分，最低为 5 分

3. 模型设计

采用随机面板 Tobit 回归模型研究保险公司重仓股持股比例与自变量的关系，模型可表示为

$$\ln Holdings_{i,t}^{*} = \beta_0 + \beta_1 \ln MV_{i,t} + \beta_3 \ln Age_{i,t} + \beta_3 \ln Dy_{i,t} + \beta_4 Beta_{i,t} + \beta_5 \ln Vol_{i,t} + \beta_6 \ln Liq_{i,t} + \beta_7 \ln Price_{i,t} + \beta_8 \ln BP_{i,t} + \beta_9 \ln PreRet_{i,t-1} + \beta_{10} \ln PreRet_3 + \beta_{11} Rank_{i,t} + \varepsilon_{i,t}$$

（三）数据描述统计

表 11 -3 对 Tobit 模型中的被解释变量和解释变量进行了全样本描述性统计。

表 11 -3 数据描述

变量名称	样本数	均值	标准差	最大值	中位数	最小值
Holdings（%）	15505	0.0047	0.0002	0.9301	0	0
MV（百万）	15505	8273.453	370.261	1812278	2580	51.875
Age（月）	15505	124.813	0.508	288	126	24
Dy（%）	15505	0.810	0.012	33.945	0.280	0
Beta	15505	0.962	0.004	5.715	0.982	-2.912
Vol（%）	15505	49.858	0.161	523.262	45.634	0
Liq（%）	15382	3.508	0.022	125.011	3.041	0.002
Price（元）	15505	12.194	0.088	249.740	9.230	0.680
BP	15340	0.364	0.002	2.027	0.319	-4.195
PreRet	15505	0.027	0.0005	1.845	0.285	-0.137
PreRet3	15505	0.021	0.0002	0.615	0.019	-0.048
Rank（分）	11756	2.027	0.006	5	2	1

（四）实证结果与分析

1. 面板 Tobit 回归结果

表 11－4 利用 2006—2014 年保险机构投资者重仓股持股的面板数据，考察了在控制年份和股票所在行业之后，保险重仓股持股比例与股票特征的关系。

表 11－4　Tobit 回归结果

	模型（1）	模型（2）
lnMV	0.0082***	
	(9.9)	
lnAge	0.00448***	0.0080***
	(3.63)	(6.61)
Beta	0.0016	0.0034
	(0.94)	(0.99)
lnVol	-0.00891***	-0.0101***
	(-2.72)	(-3.07)
lnDy	0.00477***	0.0080***
	(3.73)	(6.38)
lnLiq	-0.00179	-0.0081***
	(-0.84)	(-3.87)
lnPrice	0.01312***	0.0162***
	(7.58)	(9.32)
lnBP	0.02733***	0.0307***
	(4.63)	(5.16)
lnPreRet	-0.2053***	-0.1811***
	(-9.11)	(-8.09)
lnPreRet3	0.00558	0.0227
	(0.14)	(0.59)
Rank	-0.01023***	-0.0115***
	(-8.4)	(-9.39)
年份	控制	控制
行业	控制	控制
Log likelihood	1399.5156	1360.7952
Wald chi2（24）	816.84***	731.14***
Obs	15505	15505

注：***、**和*分别表示在 1%、5%和 10%的水平上显著。

表11－4方程（1）回归结果表明，保险公司持股比例与市值规模、上市年限、股息率、股票价格、账面市值比、评级分数变量显著正相关，与股票收益率总风险、短期股票收益率表现呈显著负相关，符合审慎性持股特点，但与股票贝塔系数、换手率以及股票长期表现无显著相关关系，可能的解释如下：首先，被解释变量和贝塔系数的回归结果与张晓东（2013）的结果相同，可能的原因在于险资运用途径和比例均受到严格监管，难以实现完全分散，所以保险公司投资股票时仅仅把注意力集中于股票的总风险上。其次，由于股票市值和换手率都能体现股票的流动性，已经证明了股票市值规模与保险机构投资者持股比例正相关，所以如果换手率能够作为股票流动性度量的方式，那么二者应当呈正相关关系。鉴于换手率变量的估计系数不显著有可能与共线性有关，所以回归模型（2）将规模变量从解释变量中剔除后，研究保险机构重仓股持股比例与换手率的关系，回归结果显示二者显著负相关。这种现象可能的一种解释是，换手率在国内并不是度量股票流动性好坏的指标，这与张峥和刘力（2006）的研究结果一致。最后，保险机构投资者偏好持有短期表现差的股票，但与股票的长期表现不存在显著相关关系。保险机构投资者偏好持有过去变现不好的股票，即采取反向交易策略，而非追涨杀跌，体现了审慎性持股偏好。但股票的长期业绩与保险机构重仓持股比例不相关，可能与国内资本市场发展不成熟有关，股票收益变动较大，因此保险公司投资经理的投资策略以短期为主。

2. 回归模型可能存在的问题及修正

回归模型可能会出现的问题有共线性、异方差和内生性。首先，计算了所有解释变量的方差膨胀因子，由于自变量的方差膨胀因子均未超过10，所以可以断定解释变量间共线性问题并不严重。其次，由于回归模型可能存在异方差问题，所以在面板数据回归模型中选择使用经过White修正的稳健标准差。最后，模型可能存在内生性的问题，无法区分是低风险、高流动性、高股价、高股息率的价值股先吸引了保险机构投资者，还是保险机构投资者先对股票重仓然后导致了股票风险低、流动性高、股价高、股息率高，所以模型可能存在内生性问题。参照张晓东（2013）检验内生性的方法，采用后一期保险机构投资者重仓数据与本期的股票自变量回归，回归结果如表 11－5 所示。

表 11－5　内生性检验回归结果

变量	回归系数	Z 统计量	P 值
lnMV	0.0092***	9.3	0.0000
lnAge	0.0045***	2.85	0.0040
Beta	0.0002	0.1	0.9220
lnVol	－0.0093**	－2.39	0.0170
lnDy	0.0037***	2.59	0.0100
lnLiq	0.0018	0.78	0.4340
lnPrice	0.0133***	6.47	0.0000
lnBP	0.0155**	2.33	0.0200
lnPreRet	－0.0732***	－3.27	0.0010
lnPreRet3	0.0168	0.43	0.6650
Rank	－0.0096***	－7.22	0.0000
年份	控制		
行业	控制		
Log likelihood	1493.2666		
Wald chi2（24）	563.02***		
Obs	12853		

注：***、**和*分别表示在 1%、5%和 10%的水平上显著。

由于表 11－5 各个变量的回归系数和显著性程度类似于表 11－4（1），所以实证检验的 Tobit 模型并不存在内生性问题。

四、稳健性检验

Tobit 模型中因变量保险公司持股比例大于等于 0，持股比例是否为 0 反映了保险公司是否持有该股的判断，持股比例的大小反映了保险公司对该股票的偏好程度，所以持股比例既反映了保险公司是否持股的决策又反映了持股比例的大小。但在具体选股时，是否买入股票和买入比例的决策制定是分开的，前者体现了建仓的过程，后者反映了加减仓的过程，所以在稳健性分析中我们把两个决策分开，首先检验保险公司建仓时的选股偏好，然后以已经建仓的股票为样本研究保险公司增减仓位时的偏好。

在第一阶段，因变量为保险机构投资者重仓持股虚拟变量。保险机构投资者重仓虚拟变量的定义：当保险公司重仓持有某一公司股票时，虚拟变量取值为1；反之，虚拟变量取值为0。这里采用随机效应面板 Logistic 模型研究保险机构投资者的重仓决策与以上自变量的关系，回归结果如表 11－6 所示。在第二阶段，对重仓持股比例大于0 的数据，即重仓虚拟变量为1 的观测作普通面板数据回归，回归结果如表 11－7 所示。

表 11－6　建仓期回归结果

变量	模型（1）	模型（2）
lnMV	0. 5540***	
	(13. 64)	
lnAge	0. 2261***	0. 4799***
	(3. 79)	(8. 14)
Beta	0. 0822	0. 1892
	(0. 96)	(1. 21)
lnVol	－0. 4839***	－0. 5254***
	(－2. 95)	(－3. 21)
lnDy	0. 2554***	0. 4599***
	(4. 13)	(7. 55)
lnLiq	0. 1150)	－0. 2731***
	(1. 1)	(－2. 68)
lnPrice	0. 5108***	0. 7094***
	(6. 07)	(8. 38)
lnBP	1. 2703***	1. 4460***
	(4. 44)	(5. 03)
lnPreRet	－11. 0602***	－9. 5091***
	(－9. 84)	(－8. 53)

续表

变量	模型（1）	模型（2）
lnPreRet3	-1.2689 （-0.64）	-0.0665 （-0.04）
Rank	-0.4864*** （-8.15）	-0.5627*** （-9.46）
年份	控制	控制
行业	控制	控制
Log likelihood	-5314.5256	-5408.913
Chibar2（01）	866.34***	727.11***
Obs	15505	15505

注：***、**和*分别表示在1%、5%和10%的水平上显著。

表11-6结果显示保险公司在建仓时的重仓股偏好与使用Tobit模型的回归结果十分相似，保险机构投资者都偏好市值大、上市时间长、总风险低、股息率高、价格高、上年收益率低、外部评级好的价值股。由此可知，保险公司建仓时的股票重仓投资偏好与保险公司整体重仓持股偏好相似，所以偏好持有的股票大部分是在建仓时就已经确定的，保险资金由于负债经营特点，一般会选择买入并持有的投资策略。

表11-7　建仓后期间回归结果

变量	回归系数	T统计量	P值
lnMV	-0.0008*	-1.65	0.098
lnAge	-0.0014	-1.08	0.28
Beta	0.0000	0.05	0.964
lnVol	-0.0003	-0.25	0.799
lnDy	0.0012***	2.71	0.007
lnLiq	-0.0015**	-2.3	0.021
lnPrice	0.0023***	3.08	0.002
lnBP	0.0017	0.95	0.34
lnPreRet	-0.0234***	-3.83	0

续表

变量	回归系数	T 统计量	P 值
lnPreRet3	0.0288**	2.5	0.012
Rank	-0.0009***	-2.66	0.008
年份		控制	
行业		控制	
R-sq	within	between	overall
	0.0165	0.0023	0.0082
F-statistics		8.26***	
Obs		15505	

注：***、**和*分别表示在1%、5%和10%的水平上显著。

表 11-7 显示了面板个体固定效应回归模型的回归结果，结果表明，除了股息率、股价、上年收益率、近三年收益率以及股票评级符合审慎性持股偏好特点外，其他变量的符号或显著性违背假设，如股票规模偏好，结果显示保险机构投资者在建仓后偏好于重仓规模小的股票，这与 Pinnuck（2004）的结果相似。表 11-6 和表 11-7 的回归结果表明在建仓期，保险公司要对每只股票作出是否投资的决定，此时所依据的股票筛选标准可以解释保险公司最终的股票重仓结果。

五、总结

本章利用 2006—2014 年保险机构投资者重仓股持股信息，采用面板随机 Tobit 模型考察了保险公司的重仓股持股偏好，并在此基础上研究是否符合审慎性持股偏好特征。研究发现：保险机构投资者偏好于持有市值大、上市时间长、总风险低、股息率高、价格高、上年收益率低、外部评级好的价值型股票，基本符合审慎性持股要求。然后考虑到保险公司持股决策分为建仓期和减仓后两个阶段，分别采用随机面板 Logistic 模型和固定效应模型对两个阶段的保险股票投资偏好进行研究，结果表明保险公司在建仓期的持股偏好特征与Tobit模型结果一致，从而证明了保险公司股票投资比例决策主要受是否投资个股的决策的影响。

参考文献

[1] 范鑫. 我国机构投资者审慎性持股偏好研究 [D]. 中国人民大学, 2008.

[2] 辜真. 我国证券投资基金持股偏好的变迁及其对股市的影响 [D]. 厦门大学, 2008.

[3] 郭兆睿. 中国社保基金、保险资金、券商自营的信息优势与投资偏好的实证研究 [D]. 复旦大学, 2012.

[4] 胡大春, 金赛男. 基金持股比例与A股市场收益波动率的实证分析 [J]. 金融研究, 2007 (4): 129-142.

[5] 胡倩. 中国基金持股偏好的实证研究 [J]. 财经问题研究, 2005 (5): 50-55.

[6] 黄勤. "谨慎人" 法则和定量限制: 两种养老基金投资监管模式的比较 [J]. 社会科学, 2003 (9): 14-19.

[7] 汪光成. 证券投资基金持股特征的实证研究 [J]. 中国会计与财务研究, 2001 (2): 139-177.

[8] 杨德群, 蔡明超, 施东晖. 我国证券投资基金持股特征的实证研究 [J]. 中南财经政法大学学报, 2004 (2): 68-74.

[9] 张晓东. 保险公司持股偏好的实证研究 [J]. 保险研究, 2013 (7): 34-41.

[10] 张峥, 刘力. 换手率与股票收益: 流动性溢价还是投机性泡沫 [J]. 经济学 (季刊), 2006: 871-892.

[11] Badrinath S G, Ryan H E. Characteristics of Common Stock Holdings of Insurance Companies [J]. Journal of Risk & Insurance, 1996, 63 (1): 49-76.

[12] Badrinath, S. G. Gay, Gerald D. Kale, Jayant R. Patterns of Institutional Investment, Prudence, and the Managerial "Safety - Net" Hypothesis [J]. Journal of Risk & Insurance, 1989, 56 (4): 605-629.

[13] Bennett J A, Sias R W, Starks L T. Greener Pastures and the Impact of Dynamic Institutional Preferences [J]. Review of Financial Studies, 2003, 16 (4): 1203-1238.

[14] Dahlquist M, Robertsson G. Direct foreign ownership, institutional investors, and firm characteristics [J]. Journal of Financial Economics, 2001: 413-440.

[15] Dahlquist M, Robertsson G. Direct foreign ownership, institutional investors, and firm characteristics [J]. Journal of Financial Economics, 2001: 413-440.

[16] Falkenstein, Eric G.. "Preferences for Stock Characteristics as Revealed by Mutual Fund Portfolio Holdings" [J]. The Journal of Finance, 1996: 111-135.

[17] Gompers P A, Metrick A. How Are Large Institutions Different from Other Investors? Why Do These Differences Matter? [J]. Electronic Journal, 1998.

[18] Guercio D D., The distorting effect of the prudent-man laws on institutional equity investments [J]. Journal of Financial Economics, 1996, 40 (1): 31-62.

[19] Pinnuck M. Stock preferences and derivative activities of Australian fund managers [J]. Accounting & Finance, 2004, 44 (1): 97-120.